제2판

사회복지실천의 이해

김향선 · 황희숙 · 김봉순 · 김현호
박영국 · 오정옥 · 이금숙 · 이연복

창지사

머/리/말

21세기 우리 사회는 고령 사회로 접어들었고 소외계층에 대한 사회의 관심이 확대되고 이들에 대한 사회적 의무감까지도 강화되는 변혁기를 겪고 있다. 이에 사회복지실천 현장에도 제도와 내용 면에서 많은 변화가 요청되고 있다.

이러한 시점에서 사회복지실천은 개인과 집단과 지역사회의 사회적 기능을 회복시키고 강화시켜 주는 전문적 활동을 지향해야 하고, 사회복지실천 영역과 분야의 확대 및 전문성에 대한 요구와 함께 사회복지실천 교육의 욕구로 점점 관심이 집중되고 있다. 이 교재는 이러한 추세에 발맞추어 사회복지실천의 기본적인 이론과 실제를 학습하는 데 주안점을 두었다.

이 책은 총 9장으로 구성되어 있다. 제1장과 제2장(김향선 교수)에서는 사회복지실천의 개념, 정의 그리고 실천 가치와 윤리를 다루어 사회복지실천의 이해를 돕고자 하였다. 제3장(김봉순 교수)에서는 서구, 한국의 사회복지실천의 발달 과정을 살펴보았고, 제4장(이금숙 교수)은 사회복지실천의 통합적 방법론을 다루었고, 제5장(이연복 교수)에서는 사회복지실천의 관계론을 접근하였고, 제6장(황희숙 교수)에서는 사회복지면담의 기술, 면담기록 등을 다루어서 사회복지 면담론을 소개하였다. 제7장(박영국 교수)은 접수, 사정, 계획수립, 개입, 평가와 종결 등을 통한 사회복지실천의 과정론을, 제8장(김현호 교수)은 사례관리의 개념, 발달 과정, 개입 과정, 실천 과정 등을 통한 사회복지실천에서의 사례관리를 다루었다. 마지막으로, 제9장(황희숙 교수, 오정옥 교수)은 가장 많이 사용되는 개별 실천모델 중 5개를 선택하여 모델의 개요, 주요 이론적 배경, 실천 과정, 평가 등을 다루었다. 1절 클라이언트중심모델, 2절 권한부여모델, 3절 위기개입모델은 황희숙 교수가 집필하였고, 4절 과제중심모델, 5절 인지행동모델은 오정옥 교수가 집필하였다.

이 책을 개정하여 출판해 주신 창지사 사장님과 관계자 분들에게 감사드린다.

2019년 10월

호원동에서 **저자 일동**

차/례

CHAPTER 01

사회복지실천의 개관

제1절 사회복지실천의 개념

1. 사회복지의 정의

사회복지란 모든 사람이 행복하고 만족스러운 삶을 살 수 있도록 도와주는 사회적 서비스이고, 기관의 조직화된 체계이며 제도이다. 사회복지는 이러한 목적을 위해 개인이나 집단이 갖고 있는 심리·사회·경제적인 욕구를 해결하고, 이들의 잠재능력과 사회적 기능을 향상시키는 노력을 한다.

사회복지라는 용어 속에는 크게 다음과 같은 2가지 차원의 의미가 들어 있다. 첫째는 목적에 해당하는 것으로서 사회 구성원 모두가 복지를 누리는 상태, 즉 사회적 안녕상태(social well-being)를 가리키고, 둘째는 수단에 해당하는 것으로서 일반 구성원 모두가 안녕상태를 누릴 수 있도록 사회가 취하는 가능한 모든 조치를 말한다. 즉, 목적과 수단 모두를 가리키는 것으로 사회복지는 그러한 안녕상태를 만들기 위한 사회의 총체적 제도 및 노력을 의미한다.

사회복지란 이를 위해 사회가 인간의 생활에 필요한 욕구를 충족시키고 사람들이 사회의 일원으로서 책임을 수행하도록 도움을 제공하는 것이며, 나아가 빈곤 등 사회문제를 예방하는 것이다. 또한 사회복지란 개인의 사회기능을 유지 또는 증진시킬 의도로 사회적 개입을 하는 것이다.

사회복지는 광의의 의미와 협의의 의미로 나누어 정의할 수 있다. 광의의 사회복지는 하나의 이념이고, 협의의 의미는 사회복지실천이다. 이념으로서의 사회복지는 인간적인 삶을 영위할 기회와 일할 기회를 제공하는 공평한 사회, 결핍과 폭력으로부터 안전을 제공하는 사회, 개개인을 장점에 기초하여 평가하고 평등을 권장하는 사회, 경제적으로 생산적이고 안정된 사회의 구현을 의미한다. 따라서 광의의 의미는 국민의 기본권을 모두 포함하는 사회보장제도를 말한다. 반면에 협의의 사회복지는 빈곤과 고난을 경감시킬 목적으로 사회가 공공 또는 민간의 형태로 수행하는 비영리적인 서비스 기능을 의미한다(양옥경 외, 2000: 29).

이 밖에도 사회복지는 윌렌스키(Wilensky)와 르보(Lebeaux)가 정의한 잔여적(residual) 개념과 제도적(institutional) 개념으로 설명할 수 있다(Wilensky & Lebeaux, 1965). 잔여적 개념의 사회복지는 협의의 사회복지를 말하는 것으로, 가족이나 시장경제가 개인의 문제나 욕구를 해결해 줄 수 없을 때 국가가 일정 기간에만 이들의 기본적인 삶을 유지시켜 주는 보충적 기능을 말한다. 잔여적 복지는 가족과 시장체계에서 제 역할을 하지 못하거나 탈락한 사람을 일시적·한정적·보완적으로 보호하고 지원하는 공공근로, 한시적 생활보호사업, 무료급식, 노숙자 보호 등의 복지개념이다. 이것은 최소생활 보장, 사회적 낙인, 시장논리의 강조 등과 관련된다.

반면에 제도적 개념의 사회복지는 광의의 사회복지로서 개인과 사회의 복지에 대한 국가의 책임을 말한다. 제도적 개념의 사회복지는 가난한 사람에게 최저 생활을 보장해 주는 보완적 기능이 아니라, 모든 사회 구성원의 기회, 평등, 권력, 교육 등과 같은 다양한 기본적 권리를 보장해 주는 핵심적인 사회 기능을 말한다. 제도적 개념의 사회복지에서 국가는 사회 구성원의 개개인의 욕구를 고려하는 차원에서 복지를 적극 실천해야 한다. 이러한 개념은 현대 국가의 복지이념을 수립하는 데 기초가 되었다.

2. 사회복지실천의 정의

사회복지실천은 사회복지학에서의 하나의 방법 또는 접근 노력이다. 사회복지실천은 다양한 형태 및 종류의 서비스를 계획, 개발, 전달하는 계획된 변화를 위한 전문가에 의한 노력이다. 이 개념은 사회복지를 보다 기술적이고 미시적인 측면에서 규정하거나 사회복지의 전문적인 실천기술을 강조할 때 사용되어 왔다. 사회복지실천이라는 용어는 Social Work Practice를 번역한 것으로 그 이전에는 '사회사업'이라는 용어를 사용하였다. 처음에는 주로 미국에서 사회복지 발달 초기에 사회사업이라는 개념으로 출발하였으며, 이후에 사회복지실천이라는 용어가 등장하였다. 이 용어는 사회사업, 개별사회사업, 일반사회사업(generalist social work) 등을 대신하게 된다. 20세기 후반에 들어와서 사회사업은 이론과 실천의 양면 중에서 특별히 실천을 중시하는 학문적 기풍으로 발전하였고, 이러한 경향에 따라 사회사업이 사회복지실천으로 대체되었다.

우리나라에서는 과거의 대학교육 교과목 명칭 중 개별사회사업(개별지도)과 집단사회사업(집단지도)이 없어지고, 그것들이 사회복지실천론과 사회복지실천기술론으로 변경된 2000년부터 '사회복지실천'이란 말을 공식적으로 사용하였고, 「사회복지사업법」의 개정과 더불어 2003년부터 사회복지사 자격취득 국가고시 제도가 도입됨으로써 그러한 명칭 사용이 확정되었다(전재일 외, 2006: 17 참조).

국내외의 문헌에서 사회사업과 사회복지를 분명히 다르게 정의하고 있음에도 불구하고 사회사업을 사회복지와 혼용하고 있다. 이러한 사회사업과 사회복지의 혼용은 사회복지실천의 개념을 명쾌하게 정립하는 데 어려움을 주고 있다. 그러므로 사회복지와 사회사업은 분명히 구분되어야 한다. 사회복지는 국민의 욕구를 충족시키기 위한 법률, 프로그램, 서비스 체계인 반면, 사회사업은 개인, 집단, 지역사회의 욕구를 위한 전문적 서비스이기 때문에 사회복지는 사회사업보다 넓은 의미를 지니고 있다. 또한 사회복지는 국민의 복지를 위한 일련의 목표와 제도로, 사회사업은 지식과 가치, 기술을 포함하는 전문직으로 간주되고 있다(이경남 외, 2008: 15-16 재인용; Compton & Galaway, 1994 참조).

사회복지실천을 가장 일반적으로 정의하면, 사회복지사가 사회적 안녕상태를 이루는 데 필요한 구체적 서비스를 그 서비스가 요구되는 현장에서 실천에 옮기는 작업이라 할 수 있다. 이러한 실천 작업은 사회복지사가 개인, 집단, 가족, 지역사회, 제도 및 사회적 수준에서 클라이언트가 스스로 문제와 욕구를 해결하도록 도와주어 사회적 기능을 향상시키고, 나아가서는 삶의 질을 높이는 데 목적을 둔 종합적인 실천 활동이라고 할 수 있다.

이러한 의미의 사회복지는 거시적 측면에서는 인간 개개인의 행복과 만족을 추구하는 일체의 제도적이고 직접적인 노력 또는 과정으로 간주될 수 있다. 이때 거시적인 측면은 사회복지를 제도적, 정책적인 것에 초점을 두는 것이다. 그리고 미시적 측면은 문제와 욕구를 특정한 개인, 가족, 집단, 지역사회 등에 대하여 보다 구체적이고 직접적인 서비스를 제공하는 것을 의미한다.

메리 리치몬드(Mary Richmond, 1922)는 사회복지실천에 대해 가장 고전적인 정의를 내리고 있다. 그는 사회복지실천을 "개개인 그리고 인간과 그 사회환경 사이에서 의식적인 조정을 통해 개개인의 인격발달을 이루어 가는 과정들"이라고 보았다. 사회복지실천은 인간과 그를 둘러싼 사회환경 간의 부적응이나 갈등을 해소하여 개인이 욕구를 충족하고 사회의 규범에 적응하도록 도와주는 것을 목적으로 한다는 것이다.

사회복지실천에 대한 공식적인 최초의 작업적 정의는 1958년 미국사회복지사협회(National Association of Social Wokers : NASW)에 의해 내려졌다. 협회의 규정에 따르면 사회복지실천 개념의 목적은 다음의 3가지로 규정된다(NASW, 1958).

첫째, 개인과 집단으로 하여금 그와 환경 간에 불균형상태가 일어났을 때 문제를 정확히 발견하여 그 정도를 경감시키거나 해결할 수 있도록 도와준다.

둘째, 개인 또는 집단과 그 환경 간의 상호작용 과정에서 발생할 수 있는 잠재적인 문제를 확인함으로써 양자 간에 불균형상태가 발생하는 것을 사전에 예방한다.

셋째, 개인, 집단, 지역사회 내의 잠재력을 찾아내고 확인하며, 이를 강화시켜 준다.

이와 같은 미국사회복지사협회의 정의는 사회복지실천의 통합적 방법을 활성화하는 데 중요한 역할을 하였다. 이후 1973년 미국사회복지사협회에서 공식적으로 내린 정의는 다음과 같다. "사회복지실천은 개인, 집단, 지역사회로 하여금 사회적 기능에 대한 그들의 능력을 향상시키거나 회복시키며, 그러한 목적에 합당한 사회적 여건들을 스스로 만들어 갈 수 있도록 돕는 전문적 활동이다."

미국사회복지교육협의회(CSWE)에서 따르고 있는 보엠(Boehm)의 정의를 살펴볼 필요가 있다. 보엠은 사회복지실천으로서 사회복지를 "개인이 단독으로 또는 집단 내에서 그의 사회적 기능을 강화시켜 주기 위한 하나의 모색이며, 사회적 기능의 강화는 인간과 그의 환경과의 상호작용으로 이루어지는 상호 관계에 중점을 두는 활동으로서 개인의 능력을 회복시켜 주는 활동, 개인과 사회자원을 보충시켜 주는 일, 개인의 역기능 현상을 예방하는 기능"이라고 말하면서 기존의 개인 중심 정의보다 확대된 형태로 정의하였다(Boehm, 1958: 18 참조). 보엠은 사회관계에 초점을 둔 활동의 3가지 기능으로 손상된 능력의 복귀(회복), 개인적 또는 사회적 자원의 제공, 사회적 역기능의 예방을 든다. 그는 관계 속에서 사회기능 향상을 목적으로 두고, 문제해결뿐만 아니라 문제 예방을 사회복지실천의 목표로 삼고 있는 것이다.

핀커스와 미나한(Pincus & Minahan, 1973)은 사회복지실천을 "사람들이 그들의 생활 과업을 수행하고 고통을 경감시키며 영감과 가치를 실현하기 위하여 사람들의 능력에 영향을 미치는 환경과 그 사람 사이의 상호작용에 관여하는 것이다."라고 하였다(김기태 외, 2008: 20 참조). 이러한 정의의 특징은 사회복지실천에 있어서 사람과 자원체계 간의 연결과 상호 관계를 강조한 데 있다.

2000년에 갱신된 국제사회복지사연맹(International Federation of Social Work : IFSW, 2000)의 정의에 따르면, 사회복지실천 전문직이란 크게 3가지 현상의 향상을 위해 노력하는 것이다.

첫째, 약자의 권익 증진을 위해 사회 변화를 촉진한다.

둘째, 인간관계 내의 문제해결을 촉진한다.

셋째, 개인의 복지 증진을 위한 개인의 역량강화와 함께 개인을 차별과 억압으로부터 해방시키기 위해 노력한다.

제2절 사회복지실천의 목적과 기능

1. 사회복지실천의 목적

사회복지실천은 사람과 환경 영역이 공유되는 곳에서 문제를 갖고 있는 사람과 환경에 개입해 문제를 해결하고, 궁극적으로 모든 사람의 삶의 질을 향상하는 것을 목적으로 한다. 사회복지실천은 기본적으로 개개인과 그들 간의 관계, 개인과 사회제도와의 관계, 사회제도의 상호 관계 등에 관심을 가지고 있고, 역사적으로도 인간다운 삶을 보호하고 보장하는 수단과 방법을 통해서 발달해 왔다.

미국사회복지사협회의 미국 시카고 회의(1979)에서 "사회복지실천의 목적은 모든 사람의 삶의 질을 향상시키기 위하여 개인과 사회 간의 유익한 상호작용을 촉진하고 회복시키는 것"이라는 실질적 목적에 합의하였다. 그것은 첫째, 모든 사람의 삶의 질을 향상시키고, 둘째, 사회적 기능의 향상을 위해 노력하며, 셋째, 사회적 역기능을 경험하고 있는 사람에 대해 개입을 하는 것을 구체적인 내용으로 한다. 이에 따르면 개인의 사회적 기능상의 문제는 열악한 환경에 의해서만 초래되는 것이 아니고 신체적·정신적 질환이 없음에도 불구하고 발생할 수 있다. 중요한 것은 개인의 사회적 기능이다. 그러므로 개인으로 하여금 대인관계기술을 습득하고 자신의 역할을 제대로 수행할 수 있도록 하며 사회적 자신감을 갖도록 도와주는 것이 사회복지실천의 목적이다(전재일 외, 2006: 30-31 참조).

핀커스와 미나한(1973)은 사회복지실천을 개인의 정신분석 치료에 치중하는 미시적 개입과 구별한다. 사회복지실천은 지역사회 및 주변의 자원을 포함하는 개인을 둘러싸고 있는 전체 체계를 보아야 한다. 이러한 관점에서 볼 때, 사회복지실천의 목적은 다음과 같다. 첫째, 개인의 문제해결 및 대처능력을 향상시키는 것, 둘째, 개인을 지역사회자원과 서비스 및 기회를 제공해 주는 체계와 연결시켜 주는 것, 셋째, 이러한 체계가 효과적이고 인도적으로 운영되도록 장려하고 촉진시키는 것, 넷째, 사회정책을 개발하거나 발전시키는 데 이바지하는 것을 목적으로 한다(Pincus & Minahan, 1973: 9). 이러한 목적을 달성하기 위해서 사회복지사는 다음과 같은 3가지의 기능을 수행해야 한다. 첫째, 부모교육, 노후설계 상담, 아동학대 방지 등의 예방, 둘째, 신체적·정신적 장애로 인해 일상생활에 어려움을 갖고 있는 사람의 회복, 셋째, 아동방임 가족이나 학교에서 따돌림 당하는 아이의 가족 등의 문제해결 또는 개선을 목적으로 하는 교정 등이 그것이다.

가장 널리 활용되고 있는 것은 미국사회복지교육협의회에서 제시한 것인데, 사회복지실천의 목적을 다음과 같이 규정하고 있다(CSWE, 1994: 97).

첫째, 개인, 가족, 집단, 조직, 지역사회가 목적을 달성하고 고통을 완화시키며 자원을 활용할 수 있도록 도와줌으로써 이들의 사회기능을 촉진, 회복, 유지, 강화시킨다.

둘째, 인간의 기본욕구를 충족시키고 인간이 갖고 있는 잠재력 및 가능성의 개발을 돕기 위해 필요한 사회정책, 서비스, 자원, 프로그램을 계획 및 공식화하고 시행한다.

셋째, 곤궁에 처한 집단에 힘을 실어 주고(권한부여, 역량강화 : empower), 사회적·경제적 정의를 실현하기 위해 조직적·행정적 옹호를 추구하며, 사회적·정치적 운동을 통해 정책, 서비스, 자원, 프로그램을 추구한다.

넷째, 이러한 목적과 관련된 모든 전문적인 지식과 기술을 개발하고 시험한다.

이상에서 제시한 바와 같이 사회복지실천의 목적은 개인의 욕구가 충족될 수 있는 좀 더 정의로운 사회를 구현하여 사회적 기능에 장애 요소를 제거하는 것이다. 사회복지실천은 뚜렷한 목적을 가지며 동시에 구체적 목표를 가진 활동이자 실천적인 개입인 것이다.

2. 사회복지실천의 기능

사회복지실천의 목적과 목표는 그것의 기능과 밀접하게 연관되어 있다. 사회복지실천은 예방, 재활, 치료활동을 통해서 개인의 사회적 기능을 증진하고 사회복지사의 옹호활동을 통해 사회정의를 향상시킨다는 크게 2가지 기능을 가지고 있다. 그동안 사회복지실천은 사회정의 향상보다는 사회기능 증진에 더 많은 관심을 두어 왔다. 이러한 문제점을 보완하여 미국의 사회복지사협회는 2가지의 사회복지실천의 기능을 다음의 6가지로 세분화하였다(Minahan, 1981: 6).

① 자신감을 고양하고 문제해결과 대처능력을 향상시키도록 돕는다.
② 자원을 취득하도록 돕는다.
③ 조직이 사람에게 반응하도록 한다.
④ 개인과 환경 내의 사람, 조직과 상호 관계를 하도록 촉진한다.
⑤ 조직과 제도 간의 상호 관계에 영향력을 행사한다.
⑥ 사회정책과 환경정책에 영향을 미친다.

이러한 세분화는 사회의 다양성과 시민의 상호 의존성을 고려하여 좀 더 포괄적이고 보완적인 기능을 제안한다. 자스트로(Zastrow)는 사회복지사의 역할을 다음의 13가지로 규정하는데(Zastrow, 1999: 14-16), 이는 사회복지사의 기능 또는 역할을 매우 적극적으로 제시해 준다.

① 가능자(enabler) : 사회복지사는 개인이나 집단, 지역사회가 그들의 욕구를 명백히 하도록 돕는다.
② 중개인(broker) : 사회복지사는 개인이나 집단이 지역사회 내에 있는 서비스 체계나 자원을 선택하여 활용할 수 있도록 돕거나 연결해 주는 역할을 한다.
③ 옹호자(advocate) : 사회복지사는 클라이언트의 권익을 보호하기 위하여 마땅히 수혜를 받아야 할 사회적 약자가 서비스를 받을 수 있는 권리를 박탈당할 때 더욱 적극적이고 직접적인 역할을 취한다.

④ 권한부여자(empowerer) : 사회복지사는 클라이언트로 하여금 자신의 권한과 능력을 향상·신장하는 역할을 한다.

⑤ 행동가(activist) : 사회복지사는 사회정의, 불평등과 사회적 발달에 관심을 가지고 개인의 욕구를 충족시켜 주기 위해서 불리한 사회환경의 변화에 관심을 가진다.

⑥ 중재자(mediator) : 사회복지사는 상이한 의견이나 가치를 가진 개인 간 또는 집단이나 조직 간의 논쟁이나 갈등 등이 고조될 때 차이점을 협상하고 중재하는 기능을 한다.

⑦ 협상자(negotiator) : 사회복지사는 하나 혹은 그 이상의 갈등적 문제를 가진 사람이 서로 화해하고 수용하며 의견의 일치를 이루어 내도록 돕는다.

⑧ 교사(educator) : 사회복지사는 클라이언트에게 정보처리를 촉진시키고 교육 프로그램을 제공한다.

⑨ 주창자(initiator) : 사회복지사는 사회문제를 다양한 사람에게 알리고, 문제에 주의를 기울여야 한다.

⑩ 조정자(coordinator) : 사회복지사는 서비스의 중복과 상호 간의 갈등을 피하기 위하여 조정을 시도한다.

⑪ 조사연구자(researcher) : 사회복지사는 문헌에 대한 조사, 실천의 결과평가, 프로그램의 장단점 사정 등을 수행한다.

⑫ 집단 촉진자(group facilitator) : 사회복지사는 치료집단, 교육집단, 자조집단, 감성집단, 가족집단 등에서 집단 내 지지를 자극하고 집단 상호작용을 관찰하여 체계적인 피드백을 제공한다.

⑬ 강연자(public speaker) : 사회복지사는 다양한 집단 문제를 대화를 통해 설명하고, 이를 해결하기 위한 서비스와 정책을 제시한다.

이렇듯 사회복지실천의 기능은 개인이 가족, 집단, 조직, 지역사회와 함께 사회적 기능을 하는 데 있어서 당면한 문제를 해결하려고 노력하는 매개인 역할을 수행하며, 사회정책의 개발과 수정, 물질적 자원의 분배와 사회통제에 기여하는 매개인 역할을 수행한다.

제3절 사회복지실천의 구성요소

펄만(Perlman, 1957)은 사회복지실천의 구성요소를 4P로 정의하고 있다(Perlman, 1957: 6-101). 사회복지실천에는 구체적 대상으로서 사람(person)이 있어야 하고, 그 사람은 반드시 문제(problem)를 가지고 있으며, 그러한 문제를 가진 사람을 도와주기 위해서는 일정한 장소(place)에서 일정한 과정(process)을 거치는 일이 필요하다. 여기에서 '사람'은 어떠한 도움을 필요로 하는 클라이언트를 말한다. 펄만은 사람을 대할 때 한 사람의 일부분의 특성만으로 평가하거나 단정하지 않고, 그 사람의 가치를 전인적으로 그 전체를 놓고 보는 시각이 필요함을 강조하였다. '문제'란 클라이언트가 직면하고 있는 고통이나 사회적인 부적응 등을 말한다. '장소'란 문제를 가진 사람이 찾아오는 곳으로서 사회복지실천기관을 말하며, '과정'은 기관에 속한 사회복지사에 의하여 도움이 제공되는 업무상의 절차를 의미하는데, 펄만은 이 과정을 문제해결 과정으로 규정한다. 펄만은 후에 2P를 추가하였는데, 전문가(professional)와 제공물(자원 : provisions)이 그것이다. '전문가'는 지식, 기술, 가치 등의 전문적인 자질을 갖춘 사회복지사를 의미하며, '제공물'은 클라이언트에게 제공되는 유형 및 무형의 서비스를 의미한다.

핀커스와 미나한(1973: 53-68)은 사회복지실천을 4가지 기본 체계로 설명하고 있다. 변화매개체계(change agent system), 클라이언트체계(client system), 표적체계(target system), 행동체계(action system)이다.

변화매개체계는 계획적 변화를 목적으로 특수하게 고용된 '돕는 자'로서 사회복지사는 물론, 사회복지기관에 고용되어 원조 업무를 돕는 사람과 변화 노력을 주관하는 기관 전체를 포함한다.

클라이언트체계는 변화매개인의 서비스가 필요한 사람으로서 어떤 구체적인 도움을 요청한 사람을 가리킨다. 클라이언트와 변화매개인 간에 변화 노력의 목표나 목적, 방법 등을 명시한 업무 동의와 계약이 이루어져야 클라이언트가 되며, 이 과정에서 클라이언트의 자기결정은 중요하다.

표적체계는 변화매개인이 설정한 목표를 달성하기 위하여 영향을 미치거나 변화시킬 필요가 있는 대상이다. 보편적으로 클라이언트는 표적체계의 범주에 속할 수도 있으나 항상 동일하지는 않다.

행동체계는 변화매개인인 사회복지사가 의도적이고 계획적인 변화 노력을 달성하기 위하여 상호작용하는 사람들로 이웃, 가족, 전문가들이 이 체계에 해당한다.

제4절 사회복지실천의 이념

사회복지실천은 다양한 형태 및 종류의 서비스를 계획, 개발, 전달하는 '계획된 변화를 위한 전문가에 의한 노력'이라 할 수 있다. 이러한 사회복지실천의 이념에는 인도주의, 사회진화론, 민주주의, 개인주의, 다양화 등이 있다.

1. 인도주의

인도주의란 인간을 차별 없이 두루 사랑한다는 의미의 철학 사상이다. 이 인도주의는 자선조직협회(COS)의 우애방문자의 철학이었다. 1877년 뉴욕과 버팔로에서 처음 조직된 이 협회는 기독교 사상을 실천하려는 중산층 이상의 사람이 우애방문자로서 빈곤한 사람을 대상으로 인도주의적 구호를 제공하였다. 이 협회의 우애방문자는 박애주의 사상을 기반으로 빈곤자 가정의 방문하여 그들의 환경의 조사하고, 보다 적절한 원조의 제공을 통해 그들이 자력으로 빈곤을 벗어나 자조할 수 있도록 돕고자 하였다. 이 우애방문자가 점차 전문화되면서 사회복지사 전문직의 시초가 되었다. 이들의 인간성 존중, 평등사상에 입각한 인간애는 '타인을 위하여 봉사'하는 정신으로 실천되었고, 이러한 인도주의적·이타적 봉사정신이 후에 사회복지실천의 중요한 기본 정신이 되었다.

2. 사회진화론

사회진화론(Social Darwinism)은 다윈(Darwin)이 자연법칙으로서 주장한 진화론을 사회에 적용한 것이다. 사회복지에서는 사회 적합 계층(best fit)은 살아남고, 사회 부적합 계층(unfit)은 자연스럽게 소멸된다는 이념으로 수용되었다. 사회진화론은 사회의 이러한 계층화가 생태계의 적자생존 자연법칙과 유사하다고 보는 입장이다. 이러한 사회진화론에 따르면, 부자는 우월해서 부유층으로 살아남는 것이고, 빈곤한 사람은 게으르고 도덕적으로 열등하기 때문에 가난하게 살 수밖에 없다는 것이다. 사회복지의 측면에서 보면, 빈곤의 문제는 게으름과 부도덕함, 열등함에서 나오는 개인의 문제라는 것이다.

사회복지실천이 이념을 수용하게 된 것은 사회통제를 목적으로 하기 때문이다.[1] 우애방문에서도 이러한 점을 볼 수 있다. 우애방문자는 극빈자에게 중산층의 기독교적 도덕성을 강요하고 극빈자 나름의 가치관이나 도덕성을 무시하였다. 그리고 충고를 따르지 않는 사람에게는 최소한의 도움만 제공하여 겨우 생존할 수 있게 하였다. 여기에는 극빈자의 생활방식이 사회 적합 계층에게 방해가 되지 않도록 하려는 의도가 들어 있다. 결국 우애방문자의 이러한 활동의 저변에는 사회에 적합한 계층인 부자를 위해 게으르고 비도덕적인 부적합 계층은 없어져야 한다는 논리가 깔려 있다(이경남 외, 2008: 27 참조).

3. 민주주의

민주주의(democracy)는 인간은 평등하다는 것을 인정한다는 점에서 사회진화론과 구별된다. 클라이언트도 동등한 처우를 받을 권리가 있음을 표방한다. 민주주의 철학은 공동체 의식을 위해 자발성을 강조하고, 평등을 중시하는 이념 위에 기초한다. 그러므로 클라이언트는 대우받을 권리, 빈곤에서 탈피할 동등한 기회를 제공받을 권리를 갖고 있다. 그렇기 때문에 빈곤의 책임은 이런 권리를 보장해 주지 못하는 사회에 있으며, 빈곤문제의 해결은 사회 변화를 통해서만 가능하다고 본다.

민주주의는 빈곤층의 가치를 인정한 인보관 운동에서 강조되었으며, 인보관 운동은 사회개혁을 추구하는 데 배경이 되는 이념이 되었다. 인보관 운동에 따르면, 빈곤계층도 나름대로의 가치를 가지고 있으며 이를 동등하게 인정해 주어야 한다. 빈곤, 산업화, 도시화, 이민 등 당시 사회문제에 대처하기 위해 시작된 인보관 운동에서는 기존의 사회질서를 바꿔야 한다는 사회개혁적인 면이 강조되었다.

1) 사회복지의 사회통제 측면 : 자선조직협회는 봉사활동 중 빈민이나 장애인을 방문하여 자신이 신봉하는 중산층의 기독교적인 도덕을 강요하였고, 이를 따르지 않을 경우 최소한의 도움만 제공하였다.

빈곤의 문제를 개인적 차원에서 본 사회진화론과는 달리 민주주의에서는 사회문제에 대한 새로운 접근을 모색하고 있는 것이다.

이처럼 민주주의는 자유와 평등의 적절한 조화를 통해 사회적 연대를 이루어 가는 것에 주요한 가치를 부여한다. 이러한 이념은 사회복지실천 이념의 주요 기반이 되고 있다. 사회복지는 인간은 누구나 존엄한 존재이므로 인간답게 살 수 있도록 노력하고, 사회복지실천을 통해 사회적 자원의 공평한 분배로 사회적 정의를 실현하여 공동체적 삶과 사회적 연대가 이루어지도록 하면서, 동시에 개인의 고유성과 독특성을 인정하고 개별화하여 자율성과 자발성을 보호하는 것을 중시하는 가치를 갖고 있다. 이는 민주주의의 이념으로부터 영향을 받은 것이다(김정진, 2002: 205-206 참조).

4. 개인주의

일반적으로 개인주의(individualism)는 개인의 권리를 존중하는 사상이다. 사회복지의 관념에서 보자면, 개인주의는 사회복지를 자유시장에 맡기는 자유방임주의로 나타났다. 개인주의 사상에서는 개인의 의무와 권리가 강조되면서 빈곤의 문제도 다시 빈곤한 자의 책임으로 돌아갔다. 빈곤한 사회복지 수혜자는 빈곤하게 살 수밖에 없게 한다는 '최소한의 수혜자격 원칙'을 낳았다. 즉, 이는 저임금 노동자보다 더 낮은 보조를 받도록 하는 정책이라 할 수 있다. 또한 개인주의는 클라이언트의 개인적 특성을 고려하는 개별화를 중시하는 데 기여하였다.

5. 다양화

시대가 변화하여 이제 사회복지실천은 다양한 계층을 수용하고, 다양한 문제를 개별적으로 접근해야 하는 시대가 되었다. 이러한 다양화(diversitism)의 상황을 대처하기 위해, 클라이언트에게 스스로 발전할 수 있는 기회를 제공하여 자기 변화를 도모하는 역량강화(권한부여 : empowerment)에 대한 논의가 대두되었다. 즉, 소외계층에게 스스로 발전할 수 있는 여건을 만들어 줌으로써 자기 변화를 위한 권한을 부여하는 것이다. 역량강화/권한부여는 기존의 사회복지실천모델인 '제공자-수혜자' 관계 개념에서 '제공자 – 소비자' 관계 개념으로 기본 철학의 변화를 초래하였고, 제공자와 소비자의 관계를 형성하는 권한부여모델은 새로이 적용되는 과정에서 여러 형태의 논의를 불러일으켰다. 이러한 논의는 다양한 계층에 다양한 문제 및 접근방식을 허용하면서도 독특성을 인정하는 개별화를 동시에 추구하는 실천방식을 따라야 한다.

CHAPTER 02

사회복지실천의 가치와 윤리

제1절 사회복지실천의 가치와 윤리의 문제

오늘날 사회복지실천 분야에서 다양한 과제가 발생하고 해결해야 할 문제가 다변화됨에 따라, 이를 해결하려는 학자나 실천가의 수가 증가했다. 이에 따라 전문직에서 가치와 윤리를 수반하는 문제가 발생하기 시작했고, 이에 대한 연구 및 논의가 활발해지고 있다. 사회복지실천에서는 가치와 윤리를 포함한 광범위하고 다양한 문제의 출현과 병행해서 전문직이 직면한 문제 유형의 확인, 탐구, 대처를 목적으로 하는 학문 분야가 새롭게 개발되고 있다.

1. 사회복지실천상의 가치에 대한 정의

사회복지는 모든 전문직 중에서 가장 가치를 기반으로 하는 전문직(Reamer, 1995)이다. 그렇기 때문에 가치는 사회복지실천에 있어서 중요한 지침으로 작용한다.

일반적으로 지식은 증명할 수 있는 세계의 사실이고, 인간이 관찰한 결과를 객관화하는 사실이다. 이와는 달리 윤리란 가치에서 비롯하는 것으로 무엇이 옳고 그른가를 판단하여 주는 도덕적 지침이다. 가치란 인간이 적절한 행동을 선택하는 지침(엄명용 외, 2005)으로 어떤 행동이 좋고 나쁘며, 옳고 틀리며, 바람직하거나 바람직하지 못하다는 도덕적 판단의 기준인 동시에 어떤 상태가 행복하고 불행한가를 판단하는 기준이라 할 수 있다.

가치는 '무엇이 선하고 바람직한 것인가'를 다룬다. 그것은 일종의 믿음 또는 신념에 해당한다. 가치는 다수의 사회 구성원이 좋거나 바람직하다고 여기는 것 혹은 개인의 선호도를 나타내는 적합한 행동 선택의 지침이 된다. 이것은 지식, 기술과 더불어 사회복지실천의 3대 중심축 중 하나로서 사회복지실천이 추구해야 하는 방향성을 제시한다. 따라서 가치는 구체적인 실천을 지시하기보다는 보다 폭넓은 사회의 가치 관념을 반영한다. 즉, 가치는 어떤 일과 관련하여 나타나는 신념이며, 인간에게 있어서 보다 좋은 것과 보다 바람직한 것에 대한 관념이다.

오늘날 사회복지실천 과정에는 필연적으로 가치의 문제가 수반되기 때문에 사회복지실천에 종사하는 사회복지사는 과학적이고 전문적인 지식을 갖추는 것만으로는 충분하지 않다. 이에 못지않게 사회복지사는 사회복지실천의 가치와 윤리 그리고 자신의 개인적인 가치관에 대해서도 잘 알아야 한다. 예를 들어, 레비(Levy, 1973)는 실천 가치에 우선하는 사회복지 전문직 자체의 가치를 3가지로 구분하여 설명하면서 사회복지사에게 가치의 중요성을 강조하고 있다. 그것은 사람 자체에 대해 갖추고 있어야 할 가치관으로서 '사람우선가치', 사람에 대해 서비스를 제공했을 때 초래하는 결과에 대한 가치관으로서 '결과우선가치', 서비스를 수행하는 방법 및 수단과 도구에 대한 가치관으로서 '수단우선가치'이다.

사회복지실천에서 가치의 문제는 사회복지실천의 가치와 윤리, 사회복지사 개인의 가치와 윤리, 클라이언트의 가치와 윤리가 서로 얽히면서 나타날 수 있으며 이들 간의 문제는 사회복지사와 클라이언트의 관계, 서비스 전달 과정과 효과성에 중요한 영향을 미친다.

2. 사회복지실천상의 윤리 문제

사회복지실천은 다른 사람을 원조하는 전문적인 활동이기 때문에 그에 합당한 윤리성이 필요하다. 사회복지실천상의 윤리는 전문적인 활동에서 발생하는 문제를 안고 있기 때문에 때로는 일반 사회의 윤리관을 배경으로 그 사회가 추구하는 가치관을 반영하기도 하지만, 때로는 사회의 가치관과 상충되는 활동이 되기도 한다.

사회가 성숙하면서 서비스 이용자의 권리를 인정하자는 사회 분위기의 영향으로 다양한 형태의 윤리적 갈등이 발생하였고, 이를 해결하기 위해 보다 구체적이면서도 유용한 윤리적 지침이 필요하게 되었다.

1) 윤리란 무엇인가?

윤리는 '무엇이 옳은가'를 다루는 학문이고, 옳은 것을 행하도록 만드는 행동 규범이다. 윤리는 옳고 그른 것을 나타내기 때문에 좋고 나쁨을 나타내는 가치와 구분된다. 가치란 신념이며 선택인 것으로 인간을 위해 좋은 것과 바람직한 것에 대한 가정이다. 그에 반해 윤리란 실질적인 결정을 내릴 때 필수적인 것으로 옳고 그른 행동에 대한 사회적 태도를 가리킨다. 그러나 옳고 그름은 좋고 나쁨이라는 가치를 전제하고 있다. 좋은 것을 추구하는 것은 옳은 것이고, 나쁜 것을 추구하는 것은 그른 것이다. 따라서 윤리란 사람들이 추구하는 가치를 일관되게 하도록 지시하는 행동 규범이다. 즉, 윤리는 어떤 행동이 옳고 그름을 나타내는 판단 기준으로서 인간이 마땅히 행하거나 지켜야 하는 도리이다.

좋거나 바람직하다는 가치란 사람들의 삶의 태도를 반영하는 것으로 단지 생각 속에서 설정될 뿐이다. 반면, 윤리는 그러한 가치를 행동으로 옮기려는 것이다. 이때 윤리적 판단에 따른 행동 수행에 있어서 규범적 기준이나 원칙이 필요하게 된다. 그러므로 윤리학은 경제학, 정치학, 사회학, 인류학 등 실질적으로 행동이 수행되어야 하는 분야에서 활발히 적용·활용되고 있다. 특히 사회복지사업 분야에서는 가치체계에 기준한 행동이 지식체계에 의거한 행동만큼 중요한 영향력을 갖고 있기 때문에, 윤리학에 대해 고찰하는 것은 필수적인 과정이다.

2) 실천윤리의 철학 이론

(1) 절대주의

윤리적 절대주의(ethical absolutism)는 보편주의라고도 부른다. 그 까닭은 한 사회에서 현재 실제로 받아들여지고 있는 도덕규범의 체계가 무엇이건 간에, 사회문화마다 수용되고 있는 도덕규범체계가 다르더라도, 여전히 그 체계의 도덕성을 평가해 줄 보편타당한 기준이 있을 수 있다고 주장하기 때문이다. 윤리적 보편주의는 도덕의 본질적 내용을 〈비이기성〉에 두고, 도덕 판단은 〈보편화 가능성의 원리〉에 두는 입장이다. 나의 이익보다는 보편적인 윤리기준을 따르기 때문에 비이기성이고, 윤리기준은 보편적으로 타당한 것이어야 하기에 보편화 가능성이 도덕 판단의 원리가 된다.

윤리적 보편주의를 분류하는 방법은 다양하지만 크게 〈의무론(동기주의)〉과 〈공리주의(결과주의)〉로 나눈다. 결과와 상관없이 그 행동이 도덕적 의무이기 때문에 행하는 것이 옳다고 주장하는 입장이 〈의무론〉이다. 반면에 그 행동으로 인해 발생할 〈결과〉를 고려해 옳고 그름을 판별하려는 입장이 〈결과주의〉이다. 후자의 주된 입장으로 공리주의가 있다. 공리주의라는 말 자체는 이익을 추구하는 태도라서 이기주의적인 측면을 갖지만, '최대 다수의 최대 행복'이라는 공리주의의 원리에 이르면 전체를 위한 개인 이익의 희생도 함축하게 된다. 이 경우 공리주의는 보편주의적인 면모를 띠게 된다. 의무론이나 공리주의 모두 동기상으로는 〈비이기성〉과 도덕 판단의 옳고 그름을 항상 〈보편화 가능한 논리〉를 통해 주장한다는 점에서 양자는 모두 윤리적 보편주의이다(김성옥, 2004: 106).

우리가 흔히 어떤 행위를 두고 판단할 때, 옳다(正, right) – 그르다(邪, wrong)라고 표현하면 법칙론인 반면, 좋다(善, good) – 나쁘다(惡, evil)라는 말로 표현하면 목적론적이다. 선과 악은 우리가 바라는 것을 뜻하는 반면, 옳고 그름은 원칙에 맞는가의 문제이기 때문이다. 법칙론은 용어상으로도 알 수 있듯이 보편성을 함축한다. 그러나 플라톤, 아리스토텔레스에서 시작된 목적론에 있어서도 목적은 반드시 만인이 승인하는 가치를 안고 있어야 하기 때문에 보편성에 있어서 결국 법칙과 목적은 별개의 것이 아니라 동전의 양면이란 표현이 더 맞을 것 같다(김상균 외, 2003: 31-32 참조).

현실의 사례에서 본다면, "살인을 하지 말아야 한다."라는 도덕규범은 언제나 절대적으로 적용되기 때문에 윤리적 절대론을 신봉하는 사람에게는 10년 이상 식물인간으로 생명만을 유지해 온 사람을 안락사시키는 행위를 용납할 수 없으며, 성폭행으로 인한 13세 소녀의 낙태 협조 요구도 갈등의 요소가 된다.

(2) 상대주의

윤리적 상대주의(ethical relativism)는 선과 악, 옳고 그름은 주관적이고 상대적인 것으로 절대 가치는 없다는 주장이다. 윤리적 상대론은 어떤 종류의 정해진 도덕률도 부인하는 것으로, 선과 악이나 옳고 그름이라는 것도 주관적이고 상대적인 것이지 절대적인 가치란 없다고 말한다. 모든 가치는 계속 변하고 어제의 가치 기준을 오늘에 적용할 수는 없다. 보편적이면서 불변하는 기본 가치는 존재하지 않으며, 한 사회 안에서의 개인의 행동을 도덕적으로 규제할 어떤 근거도 없으므로, 도덕문제에 관한 한 누구에게나 어떤 행동이든 허용되어야 한다(소흥렬, 1985: 54). 상대주의의 대표적인 예로 프로타고라스(Protagoras, B. C. 485~414)의 "인간은 만물의 척도이다."라는 말이 있는데, 각자가 자신의 선악을 판단하는 척도이기 때문에 다른 사람의 판단에 관여할 정당성이 어디에도 없다는 말이다.

상대주의는 모든 가치는 계속 변하고 있어 어제의 가치기준을 오늘에 적용할 수 없을 뿐 아니라, 한순간 전의 가치기준도 그다음 순간에 적용할 수 없다고 주장한다. 현대의 다문화 사회에서는 문화적 특수성과 다원화를 바람직한 가치체계로 받아들이고 있다. 상대주의는 이러한 환경에서 더 큰 목소리를 내고 있다. 우리가 비록 동시대에 같은 문화권 안에 있다 하더라도 윤리적 보편화를 기대한다는 것은 시대에 뒤떨어지는 일이라는 것이다. 현대사회에서는 다른 문화와 입장을 갖는 사람이 서로 다른 가치를 추구하는 것은 자연스러운 일이라고 생각하기 때문이다.

원칙적으로 볼 때, 가치의 궁극적인 기준은 없다. 현재 존재하고 있는 다양하고 상이한 도덕체계를 놓고 볼 때, 그중에서 어느 것이 보다 바람직하고 어느 것이 보다 문제점이 있는지, 어떤 특정 체계가 가지고 있는 장단점은 무엇인지 등을 판정해 줄 수 있는 객관적이고 보편타당한 절대적·본질적 기준은 없다. 척도의 척도는 없는 것이다. 즉, 궁극적인 단계의 최종 근거가 될 수 있는 도덕의 보편타당한 본질이란 없다는 것이다(김성옥, 2004: 60).

하지만 이 이론에도 한계가 있다. 적용대상의 범위가 문제다. 문화적 특수성과 다원화를 인정할 때 그 고유한 문화권의 경계를 규정하는 방법이 매우 중요하다고 할 수 있는데, 이러한 경우 가치체계 및 윤리관의 적용의 폭도 다양해진다. 문화권의 경계를 세분화할 경우 심지어는 개인별로 나눌 수도 있으며, 가치의 적용에 있어서 개인의 차이를 고려해야 하는 극단적인 경우가 생길 수도 있다.

윤리적 상대주의에 의하면 도덕에는 어떤 객관적이고 보편적인 표준이나 원리가 있는 것이 아니다. 도덕은 그저 단순한 관습에 불과하다. 선악의 개념도 주관적이어서 나에게 유리하고 즐거운 것이면 선이고 옳은 것이다(강재륜, 1996: 35). 예를 들어, 한 가정 내에서 문화적 특수성을 중요시한다고 해보자. 그렇다면 그 가정 안의 가족 개인에게 미치는 문화적 영향의 차이에까지 상대주의를 적용해 볼 수 있다. 형제간에도 유전적 차이뿐만 아니라 세대 차이나 유행의 차이 등 문화적 차이가 중요시될 때가 있다. 카인과 아벨의 갈등의 예에서 볼 수 있듯이 성격적·문화적 차이가 문제가 될 수 있다. 이때 형에게 적용되는 윤리적 기준을 동생에게 똑같이 적용하려는 데서 갈등이 생기게 된다. 따라서 윤리적 상대주의의 핵심적인 주장은 개인적 차이를 고려해 개인마다 다른 윤리적 기준을 적용해야 한다는 것이다.

그러나 문화적 상대주의를 개인의 차원까지 철저하게 추구한다면, 극단적인 윤리적 상대주의가 가장 바람직한 것이 된다. 극단적인 상대주의는 회의주의에 봉착하게 된다. 그러나 도덕의 보편성과 도덕적 객관주의에 입각한 규범윤리학의 새로운 성립이 요청되는 오늘날에 있어서 윤리적 상대주의 내지 회의주의와 허무주의는 극복되어야 할 과제이다(김상균 외, 2003: 28-29 참조).

사례 1 절대주의와 상대주의 입장에서 생각해 보기

지수는 가출한 9세의 소녀로 보호자와 연락 불가의 이유로 7세인 동생과 함께 보호시설을 갖추고 있는 아동상담소에 의뢰되었다. 지수 남매는 가출 전까지 아버지와 살고 있었는데, 어머니는 아버지의 의처증과 잦은 구타로 인해 몇 년 전에 이혼했으며, 현재는 아버지의 일방적인 재결합 요구에 괴롭힘을 당하고 있다고 한다. 지수의 아버지는 이혼 후에도 계속해서 술주정과 심한 구타로 남매를 괴롭혀 왔고, 이로 인해 지수 남매는 여러 차례 가출을 시도했다.

그러나 그때마다 보호자인 아버지에게 보내졌다. 이번에도 술에 취한 아버지가 마구 구타를 하자 지수는 동생을 데리고 파출소에 가서 고아원에 보내 줄 것을 요구했으며, 파출소에서는 지수 남매를 아동상담소에 보냈다.

상담소에서 사회복지사 K를 만난 지수 남매는 아버지에게 알려지면 자신들을 데려다가 또 구타할 것이라며 아버지에게는 알리지 말고 어머니에게 연락해 줄 것을 요청했다. 어머니와 함께 살지 못하게 되면 고아원에서 살게 해 달라고 요청하면서 아버지에게 가는 것을 두려워했다. 사회복지사 K는 어떻게 해야 하나?

제2절 사회복지실천의 가치갈등과 윤리적 딜레마 대처방안

1. 사회복지실천의 가치갈등

사회복지사는 실천 과정에서 종종 가치 간의 갈등 문제에 부딪친다. 사회복지 전문 분야에서의 윤리는 바로 이러한 갈등의 해결을 위한 방법론을 제시하고자 한다. 사회복지실천 과정에서 발생하는 윤리적 갈등 문제는 가치의 상충(competing values), 의무의 상충(competing loyalties), 클라이언트체계의 다중성(multiple client system), 결과의 모호성(ambiguity), 힘 또는 권력의 불균형(power imbalance) 등의 상황에서 일어난다.

1) 가치의 상충

사회복지사가 가장 빈번하게 겪는 윤리적 딜레마는 2개 이상의 가치가 상충하는 경우이다. 예를 들면, 인간존엄성과 자기결정의 원칙, 비밀보장 원칙과 사회적 가치, 기회 균등과 자원 활용의 원칙 또는 인간 고통에 대한 사회연대성 사이에서 윤리적 결정을 해야 하는 경우 사회복지사는 윤리적 딜레마를 겪게 된다.

혈우병과 같은 유전적 질병을 가진 청년이 상대방에게 알리지 않고 결혼을 하기로 한 경우, 소년가장이 결연 후원을 거부하거나 「국민기초생활 보장법」에 의한 수급권자로 책정되는 것을 거부하는 경우, 폭력조직원과의 상담 과정에서 알게 된 반사회적인 행동을 경찰에 신고해야 하는가를 선택해야 하는 경우 등이 이에 포함된다.

2) 의무의 상충

의무의 상충으로 인한 윤리적 딜레마는 인간을 대할 때 선호하는 가치와 밀접하게 관련된다. 사회복지사는 클라이언트, 동료, 전문직 자체, 소속된 기관 및 사회 등에 관해 각각 윤리적 의무를 가지는데, 이때 이러한 의무 간에 가치의 상충이 나타날 수 있다. 여기에서 사회복지사는 다양한 윤리적인 딜레마를 경험하게 된다.

예를 들어, 클라이언트에 대한 의무와 동료 또는 기관 등에 대한 의무 사이에서 발생할 수 있는 상황이나, 소속기관의 자원 부족 혹은 기관의 정책으로 말미암아 클라이언트에게 충분한 서비스를 제공하지 못하거나, 동료의 클라이언트가 오히려 서비스의 우선성이 있는 경우의 자원 분배, 클라이언트와의 상담 과정에서 반사회적인 행동을 알게 된 경우 등의 상황이 이에 해당한다.

3) 클라이언트체계의 다중성

누가 클라이언트인가, 누구의 이익이 최우선인가, 어떤 문제에 우선성이 있는가 또는 개입의 초점은 무엇인가 등의 클라이언트체계나 문제, 접근방법 등이 복잡한 클라이언트의 경우 사회복지사는 윤리적 딜레마에 빠질 수 있다.

예를 들어, 약물 오·남용을 하고 있는 청소년과 그 부모와의 상담 과정에서 약물을 남용하는 아들보다 생계유지가 더 시급하다고 하는 부모를 둔 가족의 경우이다.

4) 결과의 모호성

클라이언트가 스스로 자기결정을 할 수 없는 경우에 클라이언트의 대리인을 통하거나, 클라이언트를 대신해서 결정을 내려야 하는 상황 또는 클라이언트와 함께 결정을 내려야 할 경우라도 장기적인 효과성에 대한 확신이 모호할 때, 어떤 결정이 최선책인가 하는 의구심으로 윤리적 딜레마에 봉착하게 될 수 있다.

예를 들어, 성적 학대를 받고 있는 아동을 장기간 격리하여 보호할 것인가, 아동을 입양할 것인가, 시설보호 조치를 취해야 하는가 등이다.

5) 힘 또는 권력의 불균형

클라이언트와 사회복지사 또는 사회복지사 간의 정보, 힘 또는 권력의 불균형으로 인해 윤리적인 딜레마를 초래할 수 있다. 서비스 제공자인 사회복지사는 상대적으로 서비스 수혜자인 클라이언트에 비해 정보, 능력 및 권력 면에서 우위에 있기 때문에 자칫 사회복지사 중심으로 결정이 이루어질 수도 있는데, 이런 경우 윤리적 딜레마를 겪게 될 수 있다. 또한 지도·감독의 영향으로 클라이언트에게 제공되어야 할 서비스의 내용에 변화가 있거나 서비스나 프로그램을 제공하지 못하는 경우에 담당 사회복지사로서의 윤리적인 딜레마를 겪게 될 수도 있다(전재일 외, 2006: 56-58 참조).

2. 윤리적 딜레마 대처 방안

사회복지사는 사회복지의 기본 이념과 실천 가치에 부합되는 전문가로서의 역할과 기능을 실천현장에 적용해야 한다. 그러나 사회복지사는 실천현장에서 2가지 이상의 가치 또는 윤리가 상충되는 가치갈등으로 인해 윤리적인 딜레마(ethical dilemmas)를 겪게 되는 경우가 많다.

윤리적 딜레마는 2가지 이상의 도덕 원칙 또는 의무가 대안 선택의 과정에서 동등하게 유용하다고 여겨짐에 따라 원칙이 서로 충돌하는 상황에서 발생되며, 어떠한 실천 행동을 선택하는 것이 윤리적으로 옳은가를 판단하기 힘든 상태를 말한다.

사례 2 윤리적 딜레마의 상황의 예

16세 여학생이 임신 5개월인 상태에서 상담소를 찾아왔다. 여학생은 중절수술을 계획하고 있으며, 이 사실을 부모님께는 비밀로 하길 원했다.

- 클라이언트의 자기결정 : 아이를 없애고 싶어요.
- 비밀보장 : 부모님께는 비밀로 해 주세요.
- 사회복지사는 진실을 말할 의무와 비밀보장과 클라이언트 자기결정권 등 몇 가지 가치가 충돌할 때 윤리적 갈등에 직면한다.

출처: 일각 퍼시픽북스 학술편찬국(2011). 사회복지실천기술론, p. 27.

브릴(Brill, 1985)은 가치갈등이나 윤리적 딜레마에서 벗어나기 위해 사회복지사로서 자신의 가치관에 대한 인식을 명확히 하는 것이 바람직하다는 인식하에, 먼저 자신에 대한 이해를 높이는 훈련 방법으로 다음의 질문을 한다.

- 나는 자신에 대해 어떻게 생각하고 있나?
- 자신의 기본 욕구를 어떻게 처리하나?

- 나의 가치체계는 무엇이며 그것이 어떻게 내 행동과 다른 사람과의 대인관계를 규정하는가?
- 내가 생활하며 일하는 사회에서 나는 어떻게 관계를 맺고 있는가?
- 나 자신의 생활양식은 무엇인가?
- 나의 기본 철학은 무엇인가?

윤리적 딜레마와 관련한 의사결정을 하는 일반적 지침을 자스트로(1995)는 다음과 같이 제시한다.

① 가치갈등의 문제에 대응하는 첫 단계는 가치갈등이 존재한다는 것을 인식하는 것이다.
② 사회복지사는 클라이언트를 위하여 자신의 가치를 '밝혀'야만 하고, 클라이언트는 사회복지사와 평등한 입장에서 자신의 가치를 밝힐 수 있어야 한다(Kelman, 1965).
③ 클라이언트는 자신의 가치관이 무엇인지 알도록 도움을 받아야 하고, 자신의 가치에 부합되는 해결책을 모색할 수 있도록 도움을 받아야 한다.
④ 클라이언트가 타인의 요구를 침해하지 않는 한 자신의 요구를 충족시키고 그들이 원하는 것을 하도록 허용해야 한다.
⑤ 사회복지사는 누가 가치 딜레마를 갖고 있는지 아는 것이 중요하다.

딜레마와 관련된 의사결정을 할 때, 준거해야 할 원칙이 필요하다. 보통은 로웬버그(Lowenberg)와 돌고프(Dolgoff)의 윤리적 원칙 준거틀(Ethical Principles Screen : EPS)이 많이 권장되고 있다. 그들은 윤리적 의무가 서로 갈등하고 있는 상황에서 어떤 원칙을 우선시해야 하는지 결정하는 것을 돕기 위해 윤리원칙을 가장 중요한 것에서부터 가장 덜 중요한 것 순으로 서열화하여 제시하였다.

로웬버그와 돌고프의 이러한 윤리적 원칙의 서열화는 사회복지사에게 딜레마 상황에서 판단의 지침을 제공해 준다. 윤리원칙 1은 윤리원칙 2~7보다 상위의 원칙이며, 윤리원칙 2는 윤리원칙 3~7보다 높은 위계서열에 있다. 어떤 실천 상황에서든지 우선 관련되는 윤리원칙과 적용되는 법적 의무를 확인한 다음, 만일 갈등이 생기면 '윤리원칙 준거틀'에서 제시된 범주에 따라 더 상위에 있는 원칙을 우선시함으로써 올바른 실천 행위를 결정하게 된다.

- 윤리원칙 1. 생명보호의 원칙
- 윤리원칙 2. 평등과 불평등의 원칙
- 윤리원칙 3. 자율성과 자유의 원칙
- 윤리원칙 4. 해(害)의 최소화 원칙
- 윤리원칙 5. 삶의 질의 원칙
- 윤리원칙 6. 사생활과 비밀보장의 원칙
- 윤리원칙 7. 진실성과 완전 개방의 원칙

'생명보호의 원칙'은 인간의 생명에 대한 보호가 모든 다른 것에 우선하는 최고의 의무임을 말해 준다. 예를 들어, 삶의 질을 위해 안락사를 선택하는 일은 윤리원칙의 서열을 어기는 일이다. '평등과 불평등의 원칙'은 능력이나 권력이 같은 사람은 '똑같이 취급받을 권리'가 있고, 능력이나 권력이 다른 사람은 '다르게 취급받을 권리가 있음'을 나타낸다. 예를 들어, 능력이 같은 성인은 서로 합의 하에 성관계를 가질 권리가 있다. 그러나 아동의 경우 분명한 동의가 있었다고 하더라도 어른이 아동과 성관계를 가질 권리는 없다. 이는 어른과 아동의 능력이나 권력이 서로 다르기 때문이다(엄명용 외, 2005: 101-102).

'사생활과 비밀보장의 원칙'은 클라이언트가 도움을 요청하는 동안 알게 된 비밀과 사적인 정보를 지켜 주는 것이 매우 중요함을 말한다. 사회복지사가 클라이언트의 비밀보장을 지켜야 할지 말아야 할지를 고려해야 할 경우는 타인을 보호하거나, 클라이언트의 이익을 보호하거나, 법원의 명령이나 아동학대에 대한 사항이 맞물려 있을 때다. 유명한 타라소프 판결은 타인의 보호와 관련되어 있다. 클라이언트가 누군가를 위협하거나 그럴지도 모를 경우, 사회복지사가 직면하는 윤리적인 딜레마는 다른 사람을 해칠 가능성에 대한 클라이언트의 비밀스러운 정보를 폭로할 것인가 그렇지 않을 것인가의 선택에 있다. 사회복지사는 제3자가 클라이언트로 인하여 발생되는 잠재적 위협에 대해 책임져야 한다. 반면에 사회복지사는 잠재적인 위험성의 폭로로 인해 클라이언트와의 치료 관계에 어떤 손상을 초래할 수 있다는 점에서 결정이 더욱 어려워진다(백은령 외, 2006).

그렇다면 이러한 윤리원칙을 어떤 과정에서 어떻게 사용해야 하는가? 윤리적 딜레마를 해결하기 위해서는 해결 과정에 대한 올바른 설정이 필요하다. 마티슨(Mattison, 1997)은 사회복지사의 윤리적 딜레마를 해결하는 데 쉽게 접근할 수 있도록 단계별 과정을 상세히 기술한다. 의사결정의 진행 단계마다 사회복지사는 개인의 의사결정 수행에 주의를 기울여야 한다.

- 1단계 : 사례 이면의 사실과 사례의 세부 사항에 대한 수집, 평가
- 2단계 : 실천에 대한 고려와 윤리적 요소의 구분
- 3단계 : 가치갈등에 대한 확인
- 4단계 : 사례에 영향을 미치는 윤리강령원칙의 확인
- 5단계 : 가능한 행동양식 결정
- 6단계 : 어떤 의무가 우선적인지 평가하고 행동의 선택을 정당화함
- 7단계 : 해결과 반성

이러한 과정 속에서 문제해결에 철저성을 기하기 위해서는 이외에 더 고려되어야 할 사항이 있다. 사회복지실천에 임하는 사회복지사는 개인적 가치, 전문적 가치, 클라이언트와 클라이언트 집단의 가치, 사회의 가치에 의해 영향을 받으며, 이러한 가치 간의 갈등으로 인해 어려움을 경험하게 된다. 이 경우 사회복지사는 2개 이상의 대안을 놓고 선택해야 하는 상황에 처하면서 딜레마를 경험하게 되는데, 이런 상황에서는 전문직이 요구하는 윤리적 기준에 관한 더 많은 정보가 요청된다.

1) 클라이언트 권리와 고지된 동의

'고지된 동의'(informed consent)는 사회복지사가 클라이언트의 권리를 가장 잘 보호하는 방법 중 하나이다. 사회복지사는 제공할 서비스의 목적, 위험성, 한계성, 감수해야 할 사항, 대안, 거부할 수 있는 권리, 시간 설정 등에 관해 클라이언트에게 명확하게 알려야 한다. 예를 들면, 심각한 유전 질병을 가진 남편이 부인에게 이 사실을 알리지 않고 자녀를 갖기 원하는 경우, 사회복지사는 클라이언트의 자기 삶의 결정권이라는 가치와 장애아 출산 예방이라는 가치 사이에서 윤리적인 딜레마에 빠지게 된다.

2) 비밀보장

윤리원칙으로서의 비밀보장이란 사회복지사가 클라이언트와의 접촉을 통해 얻은 정보에 대한 책임이 있으며, 이 정보는 전문적 목적을 위해서만 사용되어야만 한다는 것이다. 이는 클라이언트의 사생활이 반드시 보호되어야 함을 기본 내용으로 한다. 이러한 비밀보장의 원칙은 클라이언트와의 신뢰 형성에 초석이 된다.

그러나 다른 전문가나 조직에서 클라이언트에게 도움을 줄 수 있을 경우 클라이언트의 동의를 얻어 다른 사람과 비밀을 공유하는 것이 적절할 수 있다.

예를 들어, 어떻게 하면 더 적절한 도움을 줄 수 있는가를 궁리해야 하거나 또 다른 조언이 필요하다고 느낀다면 슈퍼바이저, 다른 사회복지사 혹은 팀 리더와 정보를 나눌 필요가 있다.

사례 3 윤리적 기준 생각해 보기

김 씨와 이 씨는 3년 전 결혼했다. 김 씨는 간호사이고 이 씨는 법률상담소의 변호사이다. 6개월 전, 어린 딸인 유미가 자동차 사고로 사망했다. 김 씨가 유미를 놀이방에 맡기기 위해 이동 중에 다른 차가 김 씨의 차를 들이받았다. 3일간의 고통 끝에 유미는 복합적인 장기손상으로 죽고 말았다. 부부는 그 사고 후로 혼란스러운 생활을 계속하였다. 부부는 최근에 아이들의 죽음을 경험한 부모들을 지원하는 그룹에 참석하기 시작했다.

부부는 딸의 죽음 이후로 상호 간에 기대하는 바가 많지 않았다. 김 씨는 자신이 죄를 지은 것 같다고 말하고, 유미의 죽음에 책임을 느낀다고 했다. 또한 유미가 앞자리가 아니라 뒷자리에 있었다면 심하게 다치지는 않았을 것이라고 믿었다. 김 씨는 최근 들어 마음의 고통을 없애기 위해 적어도 일주일에 세 번은 직장 동료로부터 마약을 구입한다고 그룹 워커에게 고백했다.

출처: 이윤로(2008). 최신 사회복지실천론, pp. 55-56 참고.

비밀보장을 유지하는 원칙에 대해 몇 가지 예외가 있다. 사회복지사는 법률에 의거하여 다음의 몇 가지 상황에서 비밀을 공유할 것을 요구받는다. 예를 들어, 부모가 아동학대 혹은 방임에 대한 의심을 받을 때, 노인의 학대, 방임, 착취의 의심이 생길 때, 살인이나 자살이 발생할 것 같은 위기상황의 경우다. 이런 상황에서 사회복지사는 의심이나 걱정만 할 것이 아니라 슈퍼바이저에게 보고할 필요가 있다(이윤로, 2008).

3) 법률 정책 및 기관 규정 등에 관한 사안

많은 사회복지사가 직면하는 딜레마는 법과 윤리 사이에도 있다. 사회복지사는 한편으로는 자신들이 법을 잘 지키고 기관의 정책과 규정에 순응해야 한다고 생각하지만, 다른 한편으로는 이러한 규칙이나 규율 등이 전문적 사회복지 가치체계와 조화를 이루지 않는 경우도 있다. 이럴 경우 사회복지사는 양자택일의 딜레마에 봉착할 수 있다.

예를 들면, 노숙자 쉼터에서 생활하고 있는 Y라는 클라이언트는 경미한 정신적인 어려움을 갖고 있다. 하지만 그는 여기에서 계속 생활하면서 공공근로를 계속하기를 원하고 있다. 사회복지사는 그를 도와주고 싶지만, 기관에서 다른 클라이언트와 공동생활의 어려움을 이유로 정신요양원이나 부녀보호소로 보내야 한다고 결정을 내리면, 사회복지사는 기관의 한 조직원으로서의 입장과 클라이언트의 궁극적 이익을 도모하는 전문가로서의 입장 사이에서 갈등을 겪게 된다.

4) 폭로

폭로는 기관이 행하고 있는 실천이 법에 저촉되거나 예산낭비에 불과할 경우, 사회복지사가 조직 내부상의 문제를 외부의 영향력을 가진 위치에 있는 사람에게 알리는 행위이다. 이는 조직의 문제를 공공에게 개방시키는 결과를 초래한다. 사회복지사는 이러한 문제의 공론화에 신중해야 한다. 폭로는 그것을 당하는 입장이나 행하는 입장 모두에게 심각한 위험을 줄 수 있기 때문에 신중한 결정이 요구된다.

5) 한정된 자원의 분배

사회복지실천에서 끊임없이 대두되는 윤리적 문제 중 하나는 한정된 자원을 할당해야 할 때 발생한다. 여기에는 한정된 자원을 경쟁적 집단에게 어떠한 방식으로 할당할지의 문제와 큰 몫의 자원을 각기 다른 목적을 위해 상이한 집단에 어떻게 나눠 주어야 하는가의 문제가 모두 포함된다.

사회복지관에서 아동을 대상으로 하는 사회교육 프로그램 이용 시 모든 수급자 가정에 적용할 수 없으므로 1인당 이용기간을 6개월 또는 1년으로 제한하는 것 등을 예로 들 수 있다(양옥경 외, 2000 참조).

제3절 한국사회복지사협회의 윤리강령

윤리는 무엇이 옳고 정확한 것인가에 대한 구체적 행동지침을 다루는 것이다. 한 전문직 안에서의 윤리적 행위에 대한 내용을 정리한 것이 윤리강령이다. 윤리강령은 전문직의 가치를 기반으로 하여 구체화된다. 윤리강령은 이론체계 개발과 더불어 모든 전문직이 그 전문성을 인정받기 위해 반드시 필요하다. 윤리강령 안에는 해당 전문직의 주요 신념 및 전통이 모두 반영되며, 이로써 전문가를 올바르고 책임성 있는 행위로 안내할 수 있다.

사회복지이념은 사회의 안정과 번영을 위하여 정의, 평등, 자유, 민주주의 가치를 바탕으로 모든 사회성원이 인간의 존엄성을 유지하면서 자기실현을 할 수 있도록 사회 전체가 공동으로 책임을 진다는 철학을 기본으로 한다. 이 이념을 구현하기 위하여 사회복지사는 개인, 가족, 집단, 조직, 지역과 같은 복지대상과 직접 일하거나 사회제도적 개선과 관련된 제반 활동에 적극 개입한다. 또한 이러한 사명을 다하기 위하여 사회복지사는 윤리강령을 준수한다.

한국의 사회복지사 윤리강령은 1992년 한국사회복지사협회에서 제정되었으며, 2001년에 12월에 개정되었다. 1992년 제정된 윤리강령은 서문과 10개 조항이며, 내용으로는 전문가로서의 사회복지사, 클라이언트에 대한 의무, 동료 및 기관과의 관계 등을 포함하였다. 2001년 개정된 사회복지사 윤리강령에서는 서문과 기본적 윤리기준, 클라이언트의 윤리기준, 동료에 대한 윤리기준, 사회에 대한 윤리기준, 기관에 대한 윤리기준, 윤리위원회 구성과 운영에 관한 부분으로 구분되어 있다. 한국사회복지사협회의 이러한 윤리강령은 2001년 12월 15일 전국사회복지사대회에서 채택하고 발표함으로써 사회복지사의 윤리강령을 천명하였다.

그러나 한국사회복지사협회의 윤리강령이 있기는 하나 실제적으로 사회복지 현장에서 적용할 수 있는 구체적인 윤리원칙이 세워져 있지 않으며, 사회복지사를 위한 전문가 윤리강령은 사회복지실천 과정에서 직면하는 어려운 윤리문제에 대해서 활용 가능한 충분한 지침을 제공하지 못하고 있는 실정이다.

사회복지실천에서의 가치와 윤리문제는 개인의 가치관과 윤리 관념을 떠나서는 결코 생각할 수 없다. 전문직으로서의 가치관과 윤리관이 이론적인 설명을 해줄 수는 있으나, 그 자체가 개인의 가치관과 완전히 분리될 수는 없다는 것이다.

클라이언트의 인격성과 인권을 존중하는 윤리성이 강하게 요청된다고 보는 사회복지실천이 사회적으로 취약한 사람을 대상으로 하는 전문직이라고 볼 때, 그 핵심적인 자리의 사회복지사가 전문가로서의 자격에 부끄럽지 않은 지식과 가치관을 가지고 있는지 돌이켜 보아야 할 것이다.

자료 개정 사회복지사 윤리강령

〈전문〉

사회복지사는 인본주의·평등주의 사상에 기초하여, 모든 인간의 존엄성과 가치를 존중하고 천부의 자유권과 생존권의 보장 활동에 헌신한다. 특히 사회적·경제적 약자들의 편에 서서 사회정의와 평등·자유와 민주주의 가치를 실현하는 데 앞장선다. 또한 도움을 필요로 하는 사람들의 사회적 지위와 기능을 향상시키기 위해 저들과 함께 일하며, 사회제도 개선과 관련된 제반 활동에 주도적으로 참여한다.

사회복지사는 개인의 주체성과 자기결정권을 보장하는 데 최선을 다하고, 어떠한 여건에서도 개인이 부당하게 희생되는 일이 없도록 한다. 이러한 사명을 실천하기 위하여 전문적 지식과 기술을 개발하고, 사회적 가치를 실현하는 전문가로서의 능력과 품위를 유지하기 위해 노력한다.

이에 우리는 클라이언트·동료·기관 그리고 지역사회 및 전체 사회와 관련된 사회복지사의 행위와 활동을 판단·평가하며 인도하는 윤리기준을 다음과 같이 선언하고 이를 준수할 것을 다짐한다.

〈윤리기준〉

Ⅰ. 사회복지사의 기본적 윤리기준

1. 전문가로서의 자세
   1) 사회복지사는 전문가로서의 품위와 자질을 유지하고, 자신이 맡고 있는 업무에 대해 책임을 진다.

2) 사회복지사는 클라이언트의 종교·인종·성·연령·국적·결혼상태·성 취향·경제적 지위·정치적 신념·정신, 신체적 장애·기타 개인적 선호, 특징, 조건, 지위를 이유로 차별 대우를 하지 않는다.
3) 사회복지사는 전문가로서 성실하고 공정하게 업무를 수행하며, 이 과정에서 어떠한 부당한 압력에도 타협하지 않는다.
4) 사회복지사는 사회정의 실현과 클라이언트의 복지 증진에 헌신하며, 이를 위한 환경 조성을 국가와 사회에 요구해야 한다.
5) 사회복지사는 전문적 가치와 판단에 따라 업무를 수행함에 있어, 기관 내외로부터 부당한 간섭이나 압력을 받지 않는다.
6) 사회복지사는 자신의 이익을 위해 사회복지 전문직의 가치와 권위를 훼손해서는 안 된다.
7) 사회복지사는 한국사회복지사협회 등 전문가단체 활동에 적극 참여하여, 사회정의 실현과 사회복지사의 권익옹호를 위해 노력해야 한다.

2. 전문성 개발을 위한 노력
1) 사회복지사는 클라이언트에게 최상의 서비스를 제공하기 위해, 지식과 기술을 개발하는 데 최선을 다하며 이를 활용하고 전파할 책임이 있다.
2) 클라이언트를 대상으로 연구하는 사회복지사는 저들의 권리를 보장하기 위해, 자발적이고 고지된 동의를 얻어야 한다.
3) 연구 과정에서 얻은 정보는 비밀보장의 원칙에서 다루어져야 하고, 이 과정에서 클라이언트는 신체적·정신적 불편이나 위험·위해 등으로부터 보호되어야 한다.
4) 사회복지사는 전문성을 개발하기 위해 노력하되, 이를 이유로 서비스의 제공을 소홀히 해서는 안 된다.
5) 사회복지사는 한국사회복지사협회 등이 실시하는 제반교육에 적극 참여하여야 한다.

3. 경제적 이득에 대한 태도
1) 사회복지사는 클라이언트의 지불능력에 상관없이 서비스를 제공해야 하며, 이를 이유로 차별대우를 해서는 안 된다.
2) 사회복지사는 필요한 경우에 제공된 서비스에 대해, 공정하고 합리적으로 이용료를 책정해야 한다.
3) 사회복지사는 업무와 관련하여 정당하지 않은 방법으로 경제적 이득을 취하여서는 안 된다.

4. 사회복지사의 클라이언트에 대한 윤리기준
1) 클라이언트와의 관계
① 사회복지사는 클라이언트의 권익옹호를 최우선의 가치로 삼고 행동한다.
② 사회복지사는 클라이언트에 대하여 인간으로서의 존엄성을 존중해야 하며, 전문적 기술과 능력을 최대한 발휘한다.

③ 사회복지사는 클라이언트가 자기결정권을 최대한 행사할 수 있도록 도와야 하며, 저들의 이익을 최대한 대변해야 한다.
④ 사회복지사는 클라이언트의 사생활을 존중하고 보호하며, 직무 수행 과정에서 얻은 정보에 대해 철저하게 비밀을 유지해야 한다.
⑤ 사회복지사는 클라이언트가 받는 서비스의 범위와 내용에 대해, 정확하고 충분한 정보를 제공함으로써 알 권리를 인정하고 존중해야 한다.
⑥ 사회복지사는 문서·사진·컴퓨터 파일 등의 형태로 된 클라이언트의 정보에 대해 비밀보장의 한계·정보를 얻어야 하는 목적 및 활용에 대해 구체적으로 알려야 하며, 정보 공개 시에는 동의를 얻어야 한다.
⑦ 사회복지사는 개인적 이익을 위해 클라이언트와의 전문적 관계를 이용하여서는 안 된다.
⑧ 사회복지사는 어떠한 상황에서도 클라이언트와 부적절한 성적 관계를 가져서는 안 된다.
⑨ 사회복지사는 사회복지 증진을 위한 환경조성에 클라이언트를 동반자로 인정하고 함께 일해야 한다.

2) 동료의 클라이언트와의 관계
① 사회복지사는 적법하고도 적절한 논의 없이 동료 혹은 다른 기관의 클라이언트와 전문적 관계를 맺어서는 안 된다.
② 사회복지사는 긴급한 사정으로 인해 동료의 클라이언트를 맡게 된 경우, 자신의 의뢰인처럼 관심을 갖고 서비스를 제공한다.

5. 사회복지사의 동료에 대한 윤리기준
1) 동료
① 사회복지사는 존중과 신뢰로서 동료를 대하며, 전문가로서의 지위와 인격을 훼손하는 언행을 하지 않는다.
② 사회복지사는 사회복지 전문직의 이익과 권익을 증진시키기 위해 동료와 협력해야 한다.
③ 사회복지사는 동료의 윤리적이고 전문적인 행위를 촉진시켜야 하며, 이에 반하는 경우에는 제반 법률규정이나 윤리기준에 따라 대처해야 한다.
④ 사회복지사가 전문적인 판단과 실천이 미흡하여 문제를 야기시켰을 때에는, 적절한 조치를 취하여 클라이언트의 이익을 보호해야 한다.
⑤ 사회복지사는 전문직 내 다른 구성원이 행한 비윤리적 행위에 대해, 제반 법률규정이나 윤리기준에 따라 조치를 취해야 한다.
⑥ 사회복지사는 동료 및 타 전문직 동료의 직무 가치와 내용을 인정·이해하며, 상호 간에 민주적인 직무관계를 이루도록 노력해야 한다.

2) 슈퍼바이저
① 슈퍼바이저는 개인적인 이익의 추구를 위해 자신의 지위를 이용해서는 안 된다.

② 슈퍼바이저는 전문적 기준에 의해 공정하게 책임을 수행하며, 사회복지사·수련생 및 실습생에 대한 평가는 저들과 공유해야 한다.
③ 사회복지사는 슈퍼바이저의 전문적 지도와 조언을 존중해야 하며, 슈퍼바이저는 사회복지사의 전문적 업무수행을 도와야 한다.
④ 슈퍼바이저는 사회복지사·수련생 및 실습생에 대해 인격적·성적으로 수치심을 주는 행위를 해서는 안 된다.

6. 사회복지사의 사회에 대한 윤리기준
1) 사회복지사는 인권존중과 인간평등을 위해 헌신해야 하며, 사회적 약자를 옹호하고 대변하는 일을 주도해야 한다.
2) 사회복지사는 필요한 사회서비스를 개발하기 위한 사회정책의 수립·발전·입법·집행에 적극적으로 참여하고 지원해야 한다.
3) 사회복지사는 사회환경을 개선하고 사회정의를 증진시키기 위한 사회정책의 수립·발전·입법·집행을 요구하고 옹호해야 한다.
4) 사회복지사는 자신이 일하는 지역사회의 문제를 이해하고, 그것을 해결하는 일에 적극적으로 참여해야 한다.

7. 사회복지사의 기관에 대한 윤리기준
1) 사회복지사는 기관의 정책과 사업 목표의 달성·서비스의 효율성과 효과성의 증진을 위해 노력함으로써 클라이언트에게 이익이 되도록 해야 한다.
2) 사회복지사는 기관의 부당한 정책이나 요구에 대하여 전문직의 가치와 지식을 근거로 이에 대응하고, 즉시 사회복지윤리위원회에 보고해야 한다.
3) 사회복지사는 소속기관 활동에 적극 참여함으로써 기관의 성장·발전을 위해 노력해야 한다.

8. 사회복지윤리위원회의 구성과 운영
1) 한국사회복지사협회는 사회복지윤리위원회를 구성하여, 사회복지윤리실천의 질적인 향상을 도모하여야 한다.
2) 사회복지윤리위원회는 윤리강령을 위배하거나 침해하는 행위를 접수받아 공식적인 절차를 통해 대처하여야 한다.
3) 사회복지사는 한국사회복사협회의 윤리적 권고와 결정을 존중하여야 한다.

사회복지사 선서문

나는 모든 사람들이 인간다운 삶을 누릴 수 있도록,
인간존엄성과 사회정의의 신념을 바탕으로,
개인·가족·집단·조직·지역사회·전체 사회와 함께한다.
나는 언제나 소외되고 고통받는 사람들의 편에 서서,
저들의 인권과 권익을 지키며,
사회의 불의와 부정을 거부하고,
개인이익보다 공공이익을 앞세운다.
나는 사회복지사 윤리강령을 준수함으로써,
도덕성과 책임성을 갖춘 사회복지사로 헌신한다.
나는 나의 자유 의지에 따라 명예를 걸고 이를 엄숙하게 선서합니다.

03

CHAPTER

사회복지실천의 역사

제1절 사회복지실천 발달 과정

우리나라 사회복지실천의 개념과 기술은 대부분 서구에서 유입되어 형성되었다. 따라서 먼저 사회복지실천이 시작된 영국과 미국에서의 사회복지실천 발달 과정을 살펴보기로 한다.

1. 자선조직협회와 인보관 운동

전근대적 사회복지실천은 영국에서 행해진 교회 중심의 구제 활동에서 기원을 찾을 수 있다. 사람을 돌보는 일은 교회의 중요한 활동 중 하나이자 의무였다. 1601년에 이르러 종전부터 내려오던 영국의 빈민구호에 관한 법률을 집대성하여 성문화시킨 엘리자베스 구빈법(The Elizabethan Poor Law)이 제정되었는데, 가족과 친족이 부양하지 못하는 빈민을 해당 교구가 책임을 지고 부양하도록 규정함으로써 교구를 중심으로 한 구제가 시작되었다. 이 법은 세계 최초의 공적 복지법률로서 영국뿐 아니라 유럽 여러 나라와 미국의 사회복지정책에도 영향을 미치게 된다.[2)]

[그림 3-1] 영화 〈올리버 트위스트〉(2005): 19세기 전반 영국 대도시의 심각한 빈곤과 열악한 노동조건 등 표현

2) 작가 찰스 디킨스가 발표한 장편소설『올리버 트위스트』(1837)는 1834년 시행한 신빈민구제법에 항의하고, 런던 뒷거리의 도둑의 세계를 주제로 한 작품이다.

그러나 산업혁명 이후 19세기 영국 사회는 열악한 노동 조건으로 질병, 빈곤, 슬럼가의 발생, 범죄 증가 등과 같은 사회문제가 발생하게 되었고, 이런 문제를 공적 구빈사업만으로 대응하는 데 한계가 있어 대도시를 중심으로 많은 민간구제기관이 출현하기 시작하였다. 이들 민간기관은 빈민 가정을 방문하여 여러 도움을 주었으나 각 기관의 활동이 독립적으로 이루어졌기 때문에 서비스가 중복되기도 하였다. 따라서 이러한 민간기관의 활동을 조절하기 위해 자선조직협회(Charity Organization Society : COS)가 설립되었다.

세계 최초의 자선조직협회는 1869년 런던에 설립되었고, 미국에는 1877년 런던 자선조직협회의 영향을 받아 뉴욕주 버팔로시에 설립되었다. 자선조직협회의 직원은 주로 중산층의 부인인 자원봉사자로서 빈곤 가족을 방문하여 가정생활, 아동에 대한 교육, 가계경제 등에 대한 조언을 제공하였으며 우애방문원(friendly visitors)이라 불렸다. 우애방문원의 활동은 적절한 지원을 제공하기 전에 조사, 협력, 조정을 거친다는 점에서 오늘날 사회복지사의 활동과 유사하나, 일할 능력이 있는 거지나 알코올 중독자 등에게는 도움을 제공하지 않음으로써 도덕적 의무를 강조하였다는 점에서는 차이가 있었다.

자선조직협회에 소속되어 있던 우애방문원은 1900년대부터 점차 보수를 받는 정식 직원으로 변하기 시작하였는데, 최초로 사회복지실천 활동 유급 종사자를 고용하기 시작한 것은 19세기 말의 자선조직협회이며(Dolgoff & Feldstein, 1980), 이들이 점차 전문화되면서 나중에 사회복지사(social worker)로 불리기 시작하였다(Barker, 1995).

한편 자선조직화 운동과 더불어 새로운 사회운동으로 나타난 것이 인보관 운동(Settlement House Movement)이다. 개인에게 빈곤의 책임을 돌리는 보수적인 관점을 유지하던 자선조직협회와는 대조적으로 인보관 운동은 환경 혹은 체계 안에서 변화를 일으키기 위해 결집된 행동을 유도하였으며, 이를 통해 개인에게 힘을 부여하고자 하였다. 인보운동가는 지역사회 주민과 상주하면서 그들의 문제에 직접 개입하여 해결책을 찾고자 하였다. 그들은 '자선도 아니고 친구도 아니고 참된 이웃을'이라는 슬로건과 함께 빈민에게 진실한 이웃으로서 그들의 경험을 공유하고자 노력했다(Ehrenreich, 1985: 62). 인보관 운동은 가진 자가 가지지 못한 자에게 주는 시혜가 아니라 서로 영향을 주고받으면서 서로의 문제를 유용하게 해결하는 방향으로 조직화하였고, 이들의 활동은 후에 사회복지실천의 집단사회사업, 지역사회조직 활동에 영향을 주었다.

세계 최초의 인보관은 1884년 런던에 세워진 토인비 홀(Toynbee Hall)이다. 설립자는 바네트(Canon Samuel Augustus Barnett) 목사로, 그는 이민자가 열악한 산업 환경 속에서 노동하는 것을 보고 그들의 생존문제, 환경 개선을 위해 노력하였다. 바네트 목사의 헌신적 노력에 동감한 옥스퍼드 대학과 케임브리지 대학의 학생이 함께 사회개량운동에 참여하였으며, 옥스퍼드 대학 출신인 토인비(Arnold Toynbee)를 기념하기 위해 세계 최초의 인보관(settlement house)을 세우고 토인비 홀이라 명명하였다. 미국에서는 영국의 토인비 홀을 모델로 하여 1889년 미국의 대표적 인보관

[그림 3-2] 토인비 홀

이라고 할 수 있는 헐 하우스(Hull House)가 제인 아담스(Jane Addams)[3]에 의해 시카고의 빈민가에 세워지게 된다. 이후 전국에 걸쳐 인보관이 설립되고 1911년에는 전국인보연맹이 결성되었으며, 헐 하우스 프로그램의 대부분은 다른 인보관 운동의 모델이 되었다. 제인 아담스는 헐 하우스를 미국 내에서 가장 대표적인 인보관으로 키워 나가면서 인보관 사업에 일생을 바치며, 사회운동가로서 또 여성 및 국제평화운동가로서 많은 업적을 남기게 되어 1931년 노벨평화상을 수상하였다.

2. 전문 교육 등장

자선조직협회의 활동에서 자원봉사적인 우애방문원으로는 지속성과 책임성이 떨어져 충분한 업무수행이 곤란해지자 책임성을 높이고 기능과 활동영역을 넓히기 위해 유급전임직원을 고용하는 자선조직협회가 많아졌다. 또한 1898년에는 미국 볼티모어의 자선조직협회 지도자 메리 리치몬드(Mary Richmond)를 중심으로 자선조직협회의 우애방문원을 대상으로 6주간의 강습회가 뉴욕에서 개최되었는데, 이는 사회복지교육의 출발점이 되었다. 이렇게 자선조직협회에서 최초로 유급식원에 대한 강습이 이루어지게 된 것이 사회복지실천 전문화의 발단이라고 할 수 있다. 이 강습회는 곧 6개월 과정으로 연장되었고, 1910년에는 2년 과정으로 확대되면서 뉴욕박애학교라는 명칭의 교육기관으로, 1917년에는 뉴욕사회사업학교로 자리 잡게 된다.

한편, 1915년 전문직 교육의 권위자인 플랙스너(Abraham Flexner)는 "전문직은 교육적으로 전달할 수 있는 기술을 소유하지 않으면 안 된다."라고 하면서 병원에서 다른 의료진과 함께 일하는 사회복지사가 전문가적 기능을 담당하기에는 구체적인 기술이 부족하기 때문에 아직까지 전문직이라 부를 수 없다고 했다(Flexner, 1915). 이에 리치몬드는 그간 자신과 동료들의 사회복지실천 내용 및 활동과정을 종합하

3) 제인 아담스 : 1860년 9월 6일 미국 일리노이주 시티빌 태생. 노벨평화상 수상.

여 1917년 『사회진단(*Social Diagnosis*)』, 1922년 『개별사회사업이란 무엇인가?(*What is social case work?*)』라는 책을 저술하여 사회복지실천의 교재로 사용하며 사회복지실천 이론의 정립과 과학화에 획기적인 공헌을 하였다. 그녀는 1889년 28세의 나이로 볼티모어 자선조직협회 사무원으로 참여하여 2년 뒤에는 사무국장이 되고 1900년 필라델피아 자선조직협회 사무국장, 1909년에는 러셀 세이지 재단의 자선조직부를 거쳐 1928년 67세로 일생을 마감할 때까지 평생을 자선조직운동과 자선사업의 과학화에 헌신하였다.

3. 진단주의와 기능주의의 갈등

1920년대에서부터 1950년대까지는 사회복지실천의 전문적 분화기라고 할 수 있다. 1930년대 대공황을 겪은 이후 커다란 사회적 변화와 함께 사회복지실천에서도 개별사회사업적 접근의 새로운 변화가 생겨났다. 그중 하나가 진단주의 학파(diagnostic school)와 기능주의 학파(functional school)의 분리이다.

진단주의는 리치몬드의 『사회진단』의 영향을 받아 프로이트(Freud)의 정신분석학 개념을 도입하여 클라이언트의 문제를 무의식, 전이, 저항 등의 개념을 기초로 사정·진단·치료하는 과거 중심적인 접근방법이다. 당시의 프로이트 이론은 진단실천가뿐만 아니라 가족복지기관 또는 아동상담소 등에도 널리 확대되었다. 그러나 미국의 경제대공황은 사회복지문제의 근원을 개인 자신의 요인에 두는 관점에서 사회적 요인으로 눈을 돌린 새로운 관점에서 보도록 하는 계기가 되었다. 지극히 정상적이던 성실한 사람이 직업을 상실하고 우울증에 걸리는 등의 문제를 보이게 되자, 진단주의의 과거 중심적인 접근보다 현재의 사회환경과 관련된 문제를 해결하는 것이 시급하다고 판단한 학자들이 기능주의를 주장하고 나섰다.

기능주의 학자들은 대공황에 의한 다양한 문제를 프로이트가 설명하는 과거의 성장과 무의식의 문제로 규정짓기에는 너무 현실감이 떨어진다고 주장하면서 인간의 성장 가능성을 중시하고, '지금 – 여기', 현재에 초점을 두면서 인간과 사회환경과의 관계를 중심적으로 분석하고자 하였다. 즉, 현 시점에서 더 나은 기능을 회복하게 하는 것이 중요하다고 보았다. 기능주의 접근법은 클라이언트를 아프거나 일탈한 것으로 간주하지 않고 구체적 서비스를 요청하는 사람으로 보았다. 이 이론은 오토 랭크(Otto Rank)의 이론을 기반으로 하고 있다. 랭크는 과거를 강조하는 프로이트 입장 대신에 현재와 미래를 강조하며, 현재를 강조하기 때문에 변화의 가능성에 대해 낙관적인 견해를 가지고 사회복지사와 클라이언트 간의 관계를 강조한다. 또 치료를 하는 것이 아니라 함께 일한다는 개념을 추구하여 치료라는 말을 사용하는 대신 원조 과정(helping process)이라는 용어를 사용하였다(Briar & Miller, 이명홍 역, 1986: 86).

진단주의 학파가 프로이트의 이론에 근거하여 무의식, 전이, 저항, 정신적 결정론을 포함하는 개념을 기초로 과거 중심적 접근을 하는 반면, 치료의 개념보다는 원조 과정을 중요시 여기는 기능주의는 현재의 사회환경 관련 문제가 시급하다고 생각하는 관점이다. 기능주의는 사회복지의 관점을 의료모델(medical model)에서 생활모델(life model)로 전환시키는 계기가 되었으며, 비록 기능주의의 생명은 길지 않았지만 이들의 주장 중 많은 부분이 오늘날에도 영향을 주고 있다.

진단주의 이론은 이후 해밀턴(Gorden Hamilton)에 의해 사회복지실천에 정신분석이론을 결합시켜 이론화를 진행시켰고, 1940년 그녀의 저서 『개별사회사업의 이론과 실제(*Theory and Practice of Social Casework*)』는 세계적으로 많은 영향을 주었다. 이어 홀리스(Florence Hollis)에 의해 심리사회적 모델로 체계화되어 현대 사회복지실천모델의 하나로 발전되어 계승되고 있다.

4. 사회복지실천모델의 발전

진단주의와 기능주의 학파 사이의 이론적 갈등은 1957년 펄만(Helen Harris Perlman)이 문제해결 이론을 제시하면서 종식되기 시작하였다. 펄만은 그녀의 저서 『케이스워크 : 문제해결과정(*Social Casework : A Problem-Solving Process*)』에서 진단주의와 기능주의를 혼합한 문제해결모델(problem solving model)이라는 새로운 이론을 내놓았다. 펄만은 사람들은 일상생활에서 의식하지는 않지만 지속적으로 문제해결과정을 사용하고 있다고 보았다. 그러나 이 과정이 붕괴되는 경우가 있고, 사회복지사의 역할은 효과적인 문제해결의 장애가 어디에 있는지를 규명하기 위하여 클라이언트와 함께 문제해결 단계를 밟아 나가는 것이라고 보았다(Perlman, 1970).

문제해결모델은 진단주의-기능주의의 이분법을 극복하고 이 두 학파의 이론을 토대로 사회복지실천에 대한 새로운 아이디어와 방법을 발달시키는 것을 가능하게 하였다. 펄만의 이러한 주장은 이후 핀커스와 미나한의 4체계모델, 콤튼과 갤러웨이(Compton & Galaway)의 문제해결모델에 많은 영향을 주었다.

1960년대와 1970년대에는 환경에 대한 더 많은 관심을 보이면서 인간문제는 사회적 조건으로부터 나온다는 체계 개념이 도입되었으며, 1970년부터는 사회복지실천모델에 대한 탐구가 일어나면서 많은 실천모델이 출현하기 시작하였다. 래퍼포트(Rapoport)의 위기개입모델, 리드(Reid)와 엡스타인(Epstein)의 과제중심모델, 저메인(Germain)의 생활모델에 대한 이론화가 진행되었다. 이로써 개별사회복지실천은 전통적인 의료모델로부터 생활모델로의 전환 단계에 돌입하게 된다.

제2절 사회복지실천 방법론의 발달 과정

대공황 극복 이후 제2차 세계대전을 거치면서 사회복지실천은 또 한 차례 변화를 겪게 된다. 사회복지실천은 치료적 접근방법으로의 재전환이 일어났고, 통합방법론이 등장하게 되었다. 먼저 치료적 접근방법으로의 재전환의 등장배경을 보면, 전쟁으로 인해 많은 사람이 개인별로 다양한 경험을 함에 따라 다양한 도움이 필요한 클라이언트가 발생하였고, 그들의 요구에 부응하기 위해 가족치료가 발전하게 되었다. 방법론으로는 개별사회사업(social casc work), 집단사회사업(social group work), 지역사회조직사업(community organization), 통합방법론이 정착되었다.

1. 개별사회사업

개별사회사업은 개인과의 일대일 관계를 기반으로 한 가장 오래된 사회복지실천 방법으로 19세기 말 빈민층을 원조하던 실천가의 활동에서 출발하였다. 개별사회사업의 이론적 기반은 리치몬드에 의해 개척되고 해밀턴, 펄만 등에 의해 발전되었다. 개별사회사업의 특징은 문제를 가진 개인을 대상으로 과학적 지식과 전문적 기술을 가진 사회복지사에 의해서 개별적인 방법으로 이루어진다는 점과 개인과 사회환경 간의 상호작용을 중시한다는 점이다.

개별사회사업은 1960년대에 들어서 심리적 접근 강조, 효과성 결여, 빈민과 억압된 계층의 욕구에 제대로 반응하지 못한다는 이유로 많은 공격을 받기 시작하였다. 그래서 1960년대와 1970년대에 걸쳐 과학적 지지를 얻는 접근법, 즉 행동수정 같은 접근법을 도입하였고, 환경에 대한 더 많은 관심을 보이면서 체계개념을 도입하였다(이윤로, 2008: 70).

2. 집단사회사업

집단사회사업은 종교 및 자선조직의 실천모델로서 개발되었다. 가장 초기에는 YMCA와 YWCA에서 집단프로그램 및 활동을 제공하였다. 그 후 19세기 후반에 인보관 운동이 시작되었고 집단프로그램을 통해 소외 계층을 도왔다.

1930년대 초에는 케이스워크(social casework)와 구별하기 위한 목적으로 'social group work'라는 용어가 사용되었다. 집단사회사업의 이론이 지속적으로 발전하면서 1950년대에는 집단사회사업이 사회사업 전 분야에서 실천되는 약진을 보였다.

3. 가족치료

가족 수준 실천으로서 가족치료의 발달은 사회복지실천이 개인에게 초점을 두었던 1920년대까지는 거의 인식되지 않았으나, 1940년대 기능주의 학파에서 그 중요성이 강조되기 시작하였고, 1950년대 진단주의 학자 사이에서도 관심이 증가되기 시작하였다.

리치몬드는 『사회진단』에서 가족 구성원을 따로 떼어서 보기보다는 가족 전체를 봐야 한다고 지적하였다. 많은 사회복지실천가가 여러 명의 가족 구성원을 모두 관찰할 것을 강조하였으나, 실제로 이런 유형은 사회복지실천에서 전형적인 것은 아니었다. 아직 가족의 형태에 대한 이해가 부족했고 한 번에 여러 명의 가족 구성원을 동시에 다루는 기술이 개발되지 않았기 때문이다(이윤로, 2008: 72).

1950년대에 여러 분야의 전문가는 개인 중심의 심리치료 영역에서 가족의 영향력에 대한 인식을 하고, 가족이 전체로서 다루어진다면 많은 혜택이 있다는 사실을 발견하기 시작했다. 가족치료에 대한 이론은 1950년대 및 1960년대 애커먼(Nathan Ackerman), 보웬(Murray Bowen), 미누친(Salvador Minuchin), 사티어(Virginia Satir) 등을 중심으로 발달하였다. 가족치료는 1960년대에 사회복지실천에 영향을 미치기 시작하였고, 1970년대에는 주요한 개입방법으로 자리매김하게 되었다.

4. 지역사회실천

'지역사회조직사업'과 '지역사회실천'이라는 용어는 종종 상호 교환적으로 사용된다. 지역사회조직사업은 자선조직협회와 인보관 운동에 그 기원을 두고 있다. 자선조직협회 운동이 서비스 전달의 과오를 없애고 효율적인 측면을 강조한 반면, 인보관 운동은 변화를 성취하고 환경적인 원인으로부터 나오는 문제를 제거하기 위한 입법화 운동을 벌이는 사회행동(social action)에 초점을 두었다.

지역사회조직사업은 지역사회 수준에 개입하여 지역 주민에게 필요한 서비스를 제공하고 지역사회의 조건을 개선하여 직면한 사회문제에 대해 반응하고자 하는 의도에서 생성되어 발전하여 왔다.

최근 들어 지역사회실천이라는 용어가 지역사회조직사업을 대신하여 자주 등장한다. 거시적 실천으로서 지역사회실천은 지역사회조직사업, 지역사회개발, 사회계획, 사회행동, 사회행정과 관련된 기술을 포함한다.

5. 통합방법론

1970년대에는 환경에 관해 더 많은 관심을 보이면서 인간문제는 사회적 조건으로부터 나온다는 사회체계이론(social system theory)이 많이 활용되었다. 또한 사회복지실천 방법을 개인, 집단, 지역사회 등 대상 중심으로 개념화해서 별개로 적용하는 것은 문제해결에 한계가 있다는 견해가 대두되었다. 이에 따라 사회복지의 통합적 접근방법이 등장하게 되었다.

이러한 변화는 클라이언트가 가진 복잡하고 다원화된 문제 및 상황에 효과적으로 대처하기 위해 여러 방법 혹은 접근법을 병행해서 사용해야 할 필요성을 반영한 것이다. 대표적 학자로는 핀커스와 미나한을 들 수 있다. 이들은 전통적인 3대 방법인 개별사회사업, 집단사회사업, 지역사회조직의 공통점을 찾아 4체계모델을 개발하였다. 또한 콤튼과 갤러웨이의 문제해결과정모델(problem-solving process model), 저메인과 지터만의 생활모델, 최근의 권한부여모델 등도 통합적 접근방법을 사용하였다.

통합적 접근법에서는 사회복지실천기술에 있어서 개별사회사업, 집단사회사업, 지역사회조직사업의 3가지 방법이 절충적으로 사용되었고, 사회행동, 조사, 관리행동, 계획, 정책론을 포함한 거시적 방향으로의 발전이 요구되었다. 이러한 방향은 클라이언트의 생활에 대한 전체적인 이해 위에 필요한 서비스를 조정해 주는 사례관리(case management)나 자조그룹 활동의 지원을 포함한 사회적 지지망의 형성 등 과거 미시적 수준의 원조와 거시적 수준의 원조를 통합한 새로운 영역으로 넓혀 가는 것을 의미한다.

6. 사례관리

1980년대 이후에는 사례관리가 많은 관심을 받았다. 이 개념은 전통적인 사회복지실천 방법을 통합하고 체계이론에 기반하여 문제해결을 위한 개념적 단일체를 제공한다(장인협, 1999). 사례관리는 보건 및 사회 서비스 분야의 다양하고 복잡한 문제에 대한 해답으로 폭넓게 받아들여지고 있다. 사례관리는 사회복지서비스를 제공하는 데 있어 질적인 서비스의 확보, 접근성 확보, 비용 절감 등의 필요성에 의해서 제안되었는데, 보호관리(care management), 사례조정(care coordination), 자원조정(resource coordination)이라고도 불린다. 사례관리는 치료보다는 보호에 초점을 모으며, 주로 만성적이고 복잡한 문제를 가진 클라이언트에게 장기적인 서비스를 제공한다(이윤로, 2008: 74-75).

제3절 한국 사회복지실천의 발달 과정

1. 사회복지실천

우리나라의 전문적인 사회복지의 시작은 해방 이후 미국을 통해 소개됨으로써 비롯된다. 그 이전의 사회복지는 고대의 두레와 품앗이부터 고구려의 진대법, 조선의 환곡·사창·구황제도 등으로 이어져 왔다.

근대에 이르러 일제 강점기에는 1944년 '조선구호령'을 제정·실시하였다. 그 직용 대상은 65세 이상의 노약자, 13세 이하의 유아, 임산부, 불구, 폐질, 기타 정신 또는 신체의 장애에 의하여 노동을 할 수 없는 경우였고, 내용은 생활부조와 의료부조를 하는 것이었다.

1921년 태화여자관(현재 태화기독교사회복지관)이 최초로 지역사회복지관으로 설립되었다. 태화여자관으로 시작한 사회복지관 사업은 미국의 인보관 운동과 같은 형태이다. 그것은 한국 사회에 사회계몽 및 사회개혁 등과 같은 실천을 소개해 주었다. 지역주민과 호흡을 함께하며 무지, 빈곤, 비위생, 차별, 착취로부터의 해방을 목표로 하였다(양옥경 외, 2005: 76).

6·25를 전후해서는 구호 활동을 위해 많은 구호단체가 들어오다 보니 외원기관의 서비스가 비조직적으로 이루어지게 되었다. 이에 협력 체제를 통한 서비스로 한국외원단체협의회(Korea Association of Voluntary Agencies : KAVA)를 결성하고, 기독교아동복지재단, 홀트아동복리회, 선명회와 같은 외원사회사업기관과 KAVA를 중심으로 기관을 통한 개별사회사업이 실시되었다. KAVA는 1970년대 초반까지 전쟁 이재민의 구호 활동과 각종 사회복지서비스를 제공하여 사회복지실천의 전문화에 어느 정도 기여하였다(이종복 외, 2008: 78).

한편 1960년대 이후 정부에서는 공적 부조의 일환으로 법적인 정비를 이루어 「생활보호법」(1961), 「재해구호법」(1962) 등의 제도를 확립하는 한편, 사회복지 부문에 있어서도 「아동복지법」(1961)이 입법화되었다.

본격적인 의미의 사회보장의 추진은 어느 정도 경제적 성장을 이룩한 1970년대 중반 이후라고 할 수 있다. 1970년 「사회복지사업법」의 제정으로 법규에 의거한 시설과 단체가 정부의 보조를 받을 수 있었으며, 외원기관의 원조 활동이 점차로 줄고 정부의 재정 부담이 늘어나면서 사회복지제도의 기반이 조성되었다.

제5공화국 정부는 정의사회 구현과 복지국가의 건설 등을 새로운 국정지표로 제시하였으며, 6공화국 출범 이후 1980년대 후반부터 한국형의 복지모형론이 등장하였다. 한국형 복지모형은 국가 개입을 가능한 한 최소화하고 가족의 기능을 강화하며, 요보호자 자신의 자조와 재활을 강조하고 자원봉사의 참여를 장려하는 내용으로 나타났다. 사회복지서비스에 있어서는 시설수용보호 중심에서 지역복지와 재가복지 사상이 도입되기 시작했다.

문민정부(1993년~1998년 2월 : 김영삼 대통령) 이후 국민의 정부(1998년 2월~2003년 2월 : 김대중 대통령)에 걸친 사회복지제도의 획기적인 변화는 다음과 같다.

첫째, 사회보험제도의 정비이다. 전 국민을 대상으로 한 국민연금제도의 확대 실시(1998)와 더불어 전 사업장에 대한 고용보험제도의 적용, 의료보험의 통합으로 인한 국민건강보험제도의 출발 등으로 기본 산재보험제도를 포함한 4대 보험이 제도로서 정착되어 발전되고 있다.

둘째, 공공부조제도로서 국민기초생활보장제도의 도입이다. 국민기초생활보장제도는 국가의 도움이 필요한 빈곤한 모든 국민에게 기본적인 생활을 제도적으로 보장하게 된다.

셋째, 사회복지서비스 관련법의 제정 및 개정 등으로 각종 사회복지서비스가 지속적으로 확대·발전되었으며, 사회복지관을 비롯한 민간사회복지 조직이 급증하고 있고, 민간사회복지의 자율성이 강화되고 있다.

2. 제도적 발전

1) 사회복지교육과 사회복지사 자격증 제도

사회복지실천과 관련된 제도도 꾸준히 발전하였다. 특히 사회복지 전문 인력을 양성하는 교육적인 측면에서 많은 변화가 있었다. 1947년에 최초의 사회사업학과가 이화여자대학교에 설치되었고, 이후 1960년대부터 조금씩 확산되어 전국의 여러 대학으로 늘어나게 되었다.

현장에서 근무하는 전문 인력의 자격과 관련된 사항은 1970년에 제정된 「사회복지사업법」에 사회복지사업종사자 자격제도로 최초로 명시되었으나, 1983년에 「사회복지사업법」이 개정되어 사회복지사 자격증(1, 2, 3급)으로 그 명칭이 바뀌었다. 또한 1997년 개정된 「사회복지사업법」에 따라 1999년 입학생부터는 새로운 사회복지사 자격제도가 적용되어 이들이 졸업하는 2003년부터 사회복지사 1급 국가자격 시험이 시행되었다. 한편 1970년대까지는 대다수 학과가 사회사업학과의 명칭을 사용하였으나, 1970년대 중반에 들어오면서 학과 명칭 변경에 대한 필요성과 문제가 제기되어 점차 사회복지학과로 개칭하였고, 사회복지학과가 대학에 집중적으로 설립되었다.

또한 사회복지사의 전문성을 위하여 1996년에 시행된 「정신보건법」에 의하여 정신보건 사회복지사가 탄생하여 지역사회 중심의 정신보건센터와 사회복귀시설에서 정신보건사회복지를 실천함으로써, 사회복지사의 전문성에 대한 새로운 인식과 발전의 중요한 계기가 되었다.

사회사업단체나 조직의 활동도 활발해져 1952년 한국사회사업연합회가 창단되어 한국사회복지협의회로 발전하게 되었으며, 1967년에는 모든 분야의 전문사회사업가를 총망라한 조직인 한국사회사업가협회가 탄생하였고, 이것은 후에 한국사회복지사협회로 발전하게 된다.

2) 사회복지관의 발달

1970년대까지만 해도 사회복지관은 크게 활성화되지 못하였으나, 1980년대에 이르러서는 지역사회복지와 재가복지 사상이 도입되면서 전국적으로 사회복지관 사업이 확장·활성화되었다.

1983년에 개정된 「사회복지사업법」을 토대로 사회복지관의 설립 및 운영을 지원하는 근거가 마련되고 1989년 사회복지관 설치 운영규정이 만들어지면서, 정부에서는 영구 임대아파트 단지 등 저소득층 주민 밀집지역의 지역복지를 위해 지방자치단체로 하여금 사회복지관 설치를 권장하였고, 많은 사회복지법인, 종교단체, 학교법인에서도 사회복지관의 위탁 운영에 열의를 보이는 등 새로운 경향이 나타나기 시작하였다. 이후 1990년을 전후하여 사회복지관이 급속하게 증가하였으며 많은 사회복지 전문 인력이 사회복지관에 사회복지사로 투입되어서 전문가로서의 역량과 기술을 발휘하기 시작했다. 지금까지 사회복지서비스가 수용시설을 중심으로 전개되어 온 사실을 감안할 때 이용시설인 사회복지관이 지역주민을 대상으로 복지서비스를 제공하게 되었다는 점에서 사회복지관 사업의 확대는 커다란 의미를 갖는다.

사회복지관의 확산과 함께 1987년 7월부터는 저소득층 밀집지역 동사무소에 사회복지 전문 요원이 배치되어 생활보호사업을 담당하며, 공공 부문에 투여됨에 따라 정부의 복지정책을 최일선에서 실행하고 있다. 이 외에도 사회복지 분야에서 일하고 있는 공무원에는 아동복지지도원과 여성복지 상담원이 있다.

2000년에는 수급자 중심의 「국민기초생활 보장법」을 제정하였고, 실업자, 노숙자, 외국인 노동자, 탈북자, 결혼이민자 등이 증가하면서 새로운 사회복지실천의 대상이 되고 있다.

사회복지실천의 통합적 접근

04
CHAPTER

제1절 통합적 접근방법의 개요

1. 통합적 방법의 개념

통합적 접근방법은 사회복지실천의 목적을 달성하기 위한 현대적 접근방법이며, 개별적 접근의 한계를 넘어선 다양한 인간체계에 대한 개입으로, 사회복지실천 영역의 확장이다(Miley, O'Melia, & Dubois, 1995). 즉, 사회복지실천 3대 방법론(개별사회사업, 집단사회사업, 지역사회조직)에서 벗어나 개인과 집단, 지역사회를 구분하지 않고 이 방법들을 총괄하여 개입하는 사회복지실천 방법이다.

통합적 방법이란 사회복지사가 개인, 집단, 지역사회에서 제기되는 사회문제에 활용할 수 있는 공통된 하나의 원리나 개념을 제공하는 방법의 통합화를 의미한다. 결국 통합적 접근방법은 과거 개인 혹은 환경에만 초점을 두어 부분적인 서비스만 제공했던 방법보다 개인과 개인, 개인과 사회환경 간의 관계형성과 상호작용에 초점을 둠으로써 클라이언트의 욕구와 문제를 보다 효과적으로 해결할 수 있다는 점에서 큰 의미를 가지고 있다. 통합적 관점을 통해 사회복지직은 전문직으로서의 정체성을 확보하게 되는 동시에 개인을 환경 속에서 바라보는 고유한 관점을 확립하게 되었다.

2. 통합적 방법의 등장 배경

1) 전통적 방법의 한계

사회복지실천론은 미국을 중심으로 발전하여 왔으나, 내용 면에서는 통일된 체계로 발전되지 못하고 개별사회사업, 집단사회사업, 지역사회조직사업, 사회복지행정, 사회복지조사 등으로 나누어 각기 독자적인 이론 배경과 기틀을 발전시켜 왔다. 그러나 이러한 전통적인 방법은 지나친 분화와 전문화로 서비스를 파편화하였다. 따라서 다양한 문제와 욕구가 있는 클라이언트의 여러 가지 문제를 해결하는 데 어려움이 있어 전통적인 사회복지실천 방법을 통합하려는 시도가 이루어졌다.

1920년대부터 1960년대까지 전문가들은 인간의 행동을 평가하고, 변화시키기 위해 의학적 접근방법을 사용하였다. 그러나 1960년대 후부터 전문가들은 의료모델의 효율성에 대한 의문을 갖게 되었고, 클라이언트의 문제 원인을 규명하는 데 있어 환경적인 요인도 중요하다고 믿게 되었다(양정남 외, 2003).

1960년대 미국에서는 인종이나 종족과는 상관없이 누구나 사회적으로 평등하다는 인식이 확산되면서 사회복지가 사회적으로 취약한 개인의 빈곤과 차별을 해결하는 데 실패하였고, 환경의 변화에도 실패했다는 비판이 제기되었다. 사회복지실천가는 사람과 환경 간의 역동적인 상호작용을 설명하는 생태적 관점의 개발과 경험에 기초한 실천의 증가로 인해 환경에 더욱 관심을 두는 경향을 나타냈다.

브라이어(Briar)는 이러한 전통적 방법의 한계를 다음과 같이 말한다(김융일 외, 1995).

첫째, 전통적 방법은 주로 제한된 특정 문제를 중심으로 개입하므로, 현대사회의 복잡한 문제 상황에 대해 적절히 개입하기 어렵다.

둘째, 전통적 방법은 지나친 분화와 전문화로 서비스의 파편화 현상을 초래함으로써 다양한 문제와 욕구를 가지고 있는 클라이언트가 여러 기관이나 사회복지사를 찾아다녀야 하는 부담감을 야기한다.

셋째, 전문화 중심의 교육훈련은 사회복지사의 분야별 직장 이동에 도움을 주지 못한다.

넷째, 공통 기반이 없는 분화 및 전문화는 전문가 간의 의사소통을 어렵게 하여 사회복지 전문직인 정체성 확립에 장애가 된다.

스텀프(Stumph, 1970)도 “전통적 접근방법의 사회복지사는 클라이언트의 생활상의 문제에 대해 전체적으로 개입하기보다는 사회복지사의 입장에서 적절히 처리할 수 있는 문제만을 부분적으로 잘라 내어 원조하는 형식을 취해 왔다."라고 주장하였다. 이러한 전통적 방법의 한계를 보완하려고 분화 및 전문화되어 있는 사회복지실천 방법을 통합하려는 움직임이 나타나기 시작하였다.

2) 사회복지실천 방법의 통합화

전통적 방법의 한계를 보완하고자 분화 및 전문화되어 있는 사회복지실천 방법을 통합하려는 시도가 나타나기 시작하였다. 1958년 NASW가 제출한 『사회사업실천의 작업 정의』라는 보고서와 바틀렛(Bartlett, 1970)의 『사회사업실천의 공통기반(*The common base of social work practice*)』이 이러한 시도를 대표한다. 1960년대부터 사회체계이론의 출현은 본격적으로 미시적 실천과 거시적 실천을 포괄하는 통합적 모델을 위한 준거틀을 제공하였고, 사회복지 방법의 지식과 가치가 각종 다양한 방법을 규정하고 있음을 강조하면서 공통된 기초를 만들고자 하였다.

그 후 통합적 방법에 관한 이론을 구축했는데, 학자로는 골드슈타인(Goldstein), 핀커스와 미나한, 콤튼과 갤러웨이, 마이어(Mayer) 등이 있다. 다양한 학자가 전통적 방법에 대응하여 통합적 방법을 구축하는 기본 가정은 시회복지실천에서 행해지는 여러 형태의 분화된 방법과 관계없이 사회복지실천의 기본적인 개념, 기술, 과업 및 활동에 공통적인 핵심이 있다는 것이다.

이와 같은 사회복지 전문직 내의 노력과 함께 사회복지 외부 환경에서도 사회체계이론, 생태체계이론 등 다양한 이론이 사회복지실천 이론으로 활용되면서 복잡한 문제에 대해 접근하게 되었다. 따라서 통합적 방법은 사회복지 내외의 환경적 욕구에 의해서 사회복지 전문직의 중요한 방법론으로 등장하게 되었다. 통합적 접근은 일반체계이론과 생태학적 이론에 기초하여 과거의 심리학적인 패러다임보다는 사회적 측면에서의 사회문제와 인간의 욕구에 초점을 두는 것을 강조한다. 또한 인간과 환경과의 관계의 중요성과 균형을 강조한다.

3. 통합적 방법의 특징

전재일(1981)은 "통합적 방법이란 사회복지사가 개인, 집단, 지역사회에서 제기되는 사회문제에 활용할 수 있는 공통된 하나의 원리나 개념을 제공하는 방법의 통합화를 의미한다."라고 하였다. 또한 마일리 외(Miley et al., 1995)는 "통합적 접근방법을 사회복지실천의 목적을 달성하기 위한 다양한 인간체계에 대한 개입이며, 사회복지실천 영역의 확장이다."라고 정의를 내렸다.

통합적 접근방법의 특징을 살펴보면 다음과 같다.

① 사회복지실천에 본질적인 개념, 활동, 기술, 과업 등에 공통적인 기반이 있음을 전제한다.

② 통합적 방법의 가치는 클라이언트 잠재성을 인정하며, 계속적인 성장을 통하여 그의 잠재성이 개발될 수 있다고 보고, 미래 지향적인 접근을 강조한다.

③ 공통적인 기초로서 사회복지실천의 지식은 과거의 심리 내적인 정신역동적 측면에 초점을 둔 것으로부터 상황 속에 인간을 이해하고자 하는 일반체계이론까지 확대된 개념을 사용한다.

④ 과거 사회복지의 개입은 주로 인간에게 초점을 두거나 환경에 초점을 두었으나, 통합적 방법은 인간과 환경의 상호작용에 초점을 둠으로써 인간과 환경의 공유 영역, 즉 '사회적 기능 수행' 영역에 사회복지사가 개입해야 함을 강조한다.

⑤ 클라이언트의 제한적인 특정 문제 중심의 개입이 아닌 여러 가지 욕구를 고려한 개입을 실시한다.

⑥ 클라이언트의 존엄성을 인정한다. 따라서 클라이언트의 참여와 자기결정, 개별화를 강조하고 사회복지실천 과정의 계속적인 평가를 주장한다.

결론적으로 통합적 접근은 일반체계이론과 생태학적 이론에 기초하여 과거의 심리학적 패러다임보다는 사회적인 측면에서 사회문제와 인간의 욕구에 초점을 두는 것을 강조하였으며, 인간과 환경과 관계의 중요성과 균형을 강조하였다.

4. 통합적 방법을 지향하는 사회복지실천의 요소

① 관점 유지 : 생태체계적 관점을 취한다.

② 문제 초점 : 광범위하고 포괄적으로 문제를 규정한다. 통합적 방법론의 하나인 생활모델에서는 문제를 '개인과 환경 간의 스트레스'로 개념화하고, 이를 사회복지실천의 중요한 개입 초점으로 규정한다.

③ 다양한 수준에서의 접근 : 개인, 집단, 지역사회 등 상이한 크기의 체계에 접근한다.

④ 이론과 개입의 개방적 선택 : 이론과 개입의 개방적인 선택은 사회복지사가 어느 특정 이론적 접근에 얽매이지 않고 다양한 이론과 개입방법을 선택적으로 활용하게 한다.

⑤ 문제해결 과정 : 사회복지실천 과정은 상이하나, 문제해결의 목표를 달성하기 위해 나아가는 점진적인 단계를 갖는다.

제2절 통합적 접근의 주요 이론 및 관점

1. '환경 속의 인간' 관점

1) 개념

'환경 속의 인간'(person in environment) 개념은 개인과 환경의 상호작용을 강조한다. 인간을 이해하기 위해서는 인간의 심리 내적인 특성만을 고려하는 것이 아니라 환경 혹은 상황까지 모두 고려해야 한다는 관점이다. 미국사회복지사협회(1981)

의 실천현장에서는 "사회복지실천의 목적은 모든 사람의 삶의 질을 향상시키기 위해 개인과 사회 사이의 유익한 상호작용을 증진시키거나 복구시키는 것이다." 라고 하여 개인과 환경의 상호작용을 강조하였다. 사회복지실천에서는 문제해결을 위해 개인은 물론 개인을 둘러싼 가족, 집단, 조직, 지역사회 등을 함께 이해하는 것이 매우 중요하다. 이처럼 사회복지실천에서 환경을 강조하는 것은 사회복지사의 활동이 결코 클라이언트와 일대일의 관계로만 이루어질 수 없기 때문이다. 인간이 경험하는 각종 사회복지적 문제의 원인을 개인 또는 환경 중 어느 한쪽의 결함으로 보기보다는 개인적 요소와 환경적 요소의 상호작용에 따른 결과로 본다. 환경은 결국 한 개인을 이해하는 것뿐만 아니라 환경 속에 존재하고 있는 다양한 자원을 동원하여 클라이언트에게 효과적인 서비스를 제공하는 데 매우 중요하기 때문이다(최옥채 외, 2006).

2) 사회복지실천과 환경 속의 인간(Person in Environment : PIE)

1950년대 이후부터 사회복지실천의 기본 개념틀로 자리 잡으면서 많은 사회복지실천 이론가에 의해 강조되어 왔다. 메리 리치몬드(1917)는 『사회진단』에서 '환경 속의 인간'을 강조하였다. 고든(Gordon, 1969)은 환경 내에 존재하는 것, 즉 환경이 제공하고 있는 자원과 개인이 갖고 있는 욕구나 성장 잠재력과의 조합을 이루어 내는 것이 사회복지사 활동의 초점이라고 하면서 '환경 속의 인간' 관점을 사용하였다.

핀커스와 미나한(1973)에 의하면 사회복지실천은 사람이 생활 과업을 성취하고, 고통을 덜며, 소망과 가치를 실현할 수 있는 능력에 영향을 주는 인간과 사회환경 간의 상호작용에 관심을 둔다고 하였다. 환경 속의 인간이란 개인에 대한 환경적 요구, 개인의 내부적 요구, 환경적 지지, 극복 능력 혹은 적응 능력 등을 포함한다.

3) PIE(Person in Environment) 분류 체계

PIE(Person in Environment)체계는 개인과 환경 모두에 초점을 두고 활동하는 사회복지실천에 부합되는 문제 분류 체계이다. 이것은 '환경 속의 인간' 관점에서 문제를 분류할 수 있는 체계로서 사회복지분야에서 개인과 환경체계 모두에 초점을 두고 활동하는 문제 분류 체계를 개발한 것이다. 미국정신의학협회가 제작한 DSM(Diagnostic and Statistical Manual for Mental Disorder)은 정신의학적 문제에 대해 질병 및 병리적 개념에서 문제를 정의하는 데 반해, PIE체계는 개인의 역할기능 수행과 아울러 개인 주변으로부터의 지지 상황 모두를 고려하여 문제를 분류한다. 클라이언트의 문제 상황을 다음과 같이 4가지 요소로 분류한다(사회복지교육연구센터, 2019).

① 요소 1 : 사회적 기능 수행상 문제

사회복지사는 클라이언트의 사회적 역할 문제를 확인하고 묘사한다. 일반적으로 한 가지 이상의 문제가 있게 되는데, 사회복지사는 각 문제의 유형과 그 문제로 인해 야기된 어려움의 정도 그리고 그 문제를 다루기 위한 클라이언트의 대응 능력을 확인하고 묘사한다.

② 요소 2 : 환경상의 문제

사회복지사는 요소 1에 영향을 주고 있는 환경상의 문제를 묘사한다. 환경 조건뿐 아니라 각 문제가 야기한 어려움의 정도와 각 문제의 지속기간도 확인한다. 요소 2의 문제 역시 한 가지 이상이 될 수 있다.

③ 요소 3 : 정신건강 문제

사회복지사가 클라이언트에 대한 이해와 개입과 관계가 있는 현재의 정신적, 성격적 혹은 발달상의 장애나 상태를 표시하도록 한다.

④ 요소 4 : 신체건강 문제

클라이언트의 사회적 역할 수행과 환경문제에 대한 이해 및 유지에 관련 가능성이 있는 현재의 신체장애 혹은 현재 상태를 사회복지사가 표시하도록 한다. 사회복지사는 신체적 문제를 정규적으로 질문하고 기록한다.

2. 일반체계이론

1) 일반체계이론의 특징

일반체계이론(general system theory)은 "전체는 부분의 단순한 총합 그 이상이다."라는 말로 지칭되는 상호작용의 복합적 상황을 분석하는 방법으로, 유기체와 환경 간의 체계적인 상호작용, 상호 관련성에 대해서 전체성, 상호성, 개방성의 개념으로 설명하고 분석하려는 이론이다. 사회복지에서 체계론적 관점은 생물학자인 버탈란피(Bertalanffy)의 일반체계이론에서 시작되었다. 체계이론에서의 인간은 통합된 하나의 체계라고 본다. 각 전체로서의 체계의 의미는 인간을 구성하는 하위체계가 분리된 존재가 아니라, 그러한 체계가 끊임없는 역동적 상호작용으로 인해 통합된 전체라는 점을 강조한다. 즉, 사회적 현상 간의 상호 관련성에 초점을 둔다.

2) 인간과 환경에 대한 관점

(1) 전체적 인간관

전체적으로 인간관은 인간을 통합된 하나의 체계로 간주하며, 전체적 인간관을 가지고, 체계를 상호 의존적이고 지속적으로 상호작용하는 부분의 총체로 규정한다. 그러므로 체계 내의 어느 한 부분의 변화는 다른 부분 간의 상호작용의 속성을 변화시키고 나아가 체계 전체의 속성을 변화시킨다고 본다.

(2) 환경 속의 인간관

하나의 통합된 총체인 인간은 외부체계와 끊임없이 상호작용하며 상호 의존하는 존재로, 자신의 욕구에 맞게 환경을 수정할 수 있을 뿐만 아니라 환경의 요구에 맞게 행동을 수정할 수 있는 능력을 지니고 있다.

(3) 체계의 개념과 기본적 속성

체계이론의 기본적 가정은 인간의 행동이 개별적이거나 정신 내적인 것보다 상호작용하는 인간관계의 체계나 지속되는 역동과 욕구에 의해 결정되고 유지된다는 것이다. 개인은 다양한 체계와 지속적인 상호작용을 하므로, 사회복지실천의 목표는 클라이언트와 체계와의 상호작용을 향상시키는 것이다.

체계(system)란 상호작용하는 상호 의존적인 각각의 부분으로 구성된 전체를 의미한다. 체계의 속성은 "전체는 각 부분의 합보다 크다."라고 간략히 정의된다. 그리고 균형은 한 체계를 이루는 구성요소 간의 상호 의존적 관계 때문에 한 부분에 변화가 일어나면 다른 부분에서도 변화를 일으키게 된다. 그런데 부분 요소의 변화 때문에 전체, 즉 체계 자체의 존속이 위협을 받지 않기 위해서 한 부분의 변화가 다른 부분의 변화로 발전됨으로써 평형을 유지하게 된다.

(4) 주요 개념

일반체계이론에서 사용되는 주요 개념으로 체계의 구조적 특성을 나타내는 개념인 경계, 개방체계, 폐쇄체계, 위계 등과 안정적이면서 점진적인 변화를 추구하는 진화적 특성을 나타내는 항상성, 안정 상태 그리고 체계의 행동적 특성과 관련된 개념인 투입, 산출, 환류 등이 있다.

① 경계 : 모든 체계는 경계를 가지고 있다. 경계란 체계 내부와 외부, 한 체계와 다른 체계를 구분할 수 있는 테두리를 말한다. 전체체계와 부분체계, 상위체계와 하위체계를 구분하는 것도 경계에 의해서 이루어진다. 경계를 형성하

는 요인은 에너지의 교류, 상호작용, 규칙 등이며 건전한 체계는 반투과성 경계를 잘 유지한다.

② **개방체계** : 에너지가 경계를 넘나들면서 상호 교환되는 체계이다. 개방체계는 환경으로부터 투입을 받아들이며, 산출을 생산하여 환경으로 보낸다. 체계가 성장하고 발달하려면 상호작용하는 다른 체계로부터의 투입에 어느 정도 개방적이어야 한다. 인간체계가 성장하고 발전하는 것은 이러한 개방성 때문이다.

③ **폐쇄체계** : 폐쇄체계는 다른 체계와 상호작용하지 않는다. 그들은 투입을 받아들이지 않으며 산출을 생산하지도 않는다. 폐쇄체계는 시간이 지남에 따라 에너지의 유입이 없어지면서 체계의 분화가 적어지고 조직과 기능이 상실되거나 해체되는 엔트로피(entropy) 성질을 가지고 있다. 엔트로피를 사용하게 되면 그 체계는 소멸하게 된다.

④ **위계** : 체계의 부분은 여러 방식으로 서로 연결되어 있다. 상위체계에 의존하며, 그것의 하위체계에 방향을 제시한다. 이러한 하위체계, 체계 및 상위체계 사이의 관계를 위계라 한다.

⑤ **항상성** : 항상성(homeostasis)은 체계가 균형을 유지하거나 안정된 평형상태로 돌아가려는 것을 의미한다. 항상적인 균형은 고정된 것이 아니라 변화하는 것이며, 환경 속에서 변화하는 상황에 대한 반응으로 자기규제(self-regulation)를 의미한다(Maguire, 2002).

⑥ **안정 상태** : 부분들과의 관계를 유지시키고 쇠퇴해서 붕괴하지 않게 하려고 에너지가 계속적으로 사용되는 상태이다. 사회복지실천은 역엔트로피를 유지 또는 증가시킴으로써 바람직한 안정 상태를 얻도록 원조한다.

⑦ **투입**(에너지와 정보) → **전환**(처리 활동) → **산출**(결과물)

- 투입(input) : 체계가 환경으로부터 에너지, 사물, 정보 등이 유입되는 것을 말한다. 생물학적·심리학적 생존과 성장은 투입 과정을 통해서 보장받는다.

- 전환(through-put) : 투입된 자원, 에너지, 정보 등을 가지고 체계 내에서 산출을 내기 위해 처리하는 과정을 말한다.
- 산출(output) : 환경에 직접적으로 영향을 미치며, 다른 체계에 대해 투입으로 작용하는 동시에 그 자체에 대해 환류를 통해 다시 투입으로 작용하게 된다.

⑧ **환류**(feedback) : 행동을 취한 체계에서 행동의 결과를 알려 주는 것을 환류라고 한다. 환류는 체계의 평형을 유지시키거나 변화를 촉진함으로써 체계를 혼란시키는 작용을 하며 긍정적·부정적 환류로 구성되어 있다.

3. 사회체계이론

1) 개념

인간행동에 영향을 미치는 체계 수준, 즉 개인, 가족과 조직을 포함하는 소집단, 지역사회와 같은 좀 더 복잡하고 넓은 사회체계를 설명하려는 이론이다. 일반체계이론이 '체계'라는 추상적인 개념으로 설명하는 반면, 사회체계이론은 가족, 조직, 지역사회, 문화 등 구체적인 사회체계를 다룬다.

2) 사회체계이론의 발달 배경

일반체계이론을 사회복지실천에 적용하여 체계 간 상호작용 등을 설명하려 했으나, 이는 추상적이고 실천적 적용에 어려움이 있었기 때문에 인간 사회의 심리적·사회적 구조와의 관계를 설명하는 사회체계이론이 발달했다. 사회복지 분야에서는 일반체계이론을 도입하여 4체계이론이나 6체계이론 등이 발달하였다.

3) 사회복지실천과 사회체계이론

핀커스와 미나한(1973)은 일반체계이론을 사회사업 실제에 응용한 4체계이론을 소개하였다. 사회복지사는 그의 변화 노력으로 혜택받을 수 있는 사람은 누구이며, 변화하여 영향을 받을 필요가 있는 사람은 누구이고, 변화를 위해 누구와 함께 일해야 할 것인지를 분명히 해야 한다. 사회복지사는 실천 과정에서 4가지의 체계와 관련시켜 볼 수 있는데, 클라이언트체계, 변화매개체계, 표적체계, 행동체계로 분류한다. 또한 콤튼과 갤러웨이(1983)는 기존의 4체계에 전문가체계와 문제인식체계를 덧붙여서 6체계이론을 제시하였다.

4) 체계이론의 의의

사회체계이론에서는 인간을 외부세계와 끊임없이 상호작용하며 상호 의존적이고 역동적인 사회체계의 일부로 본다. 체계이론의 의의는 다음과 같다.

- 사회복지실천의 개념적 틀을 제공하였다.
- 인간의 생활체계에서 발생하는 문제를 파악할 때 개인, 환경, 개인과 환경 간의 상호작용, 개인이 그 상호작용 양상에 부여하는 의미 등을 종합적으로 고려하였다.
- 사고의 틀을 개별적인 것에서 상호작용하는 전체로 확대하였다.
- 문제현상에 대한 사정 및 개입에 있어 체계 내의 한 요소의 변화가 체계를 구성하는 다른 요소 및 체계 전체에 영향을 미친다는 사실을 분명하게 밝혔다.

4. 생태체계이론

1) 생태체계적 관점

생태체계적 관점(ecosystem perspective)은 생태학이론과 일반체계이론이 결합된 것이다. 두 이론 모두 사람과 환경의 관계를 통합적으로 다루는 것을 목표로 하고 있으며, 많은 공통점을 가진다. 즉, 유기체와 환경의 공유 영역에서 일어나는 상호작용과 상호 교류를 강조함으로써 환경 속의 인간에 대한 견해를 강조한다. 이런 생태체계적 관점을 사회복지 실무에 적용하고 체계화시킨 사람은 저메인과 지터만(Germain & Gitterman, 1980)이다.

생태학이론에서 적응과 적합성, 스트레스와 대처에 관한 개념은 인간의 일방적인 변화가 아닌 인간에게 상호 영향을 미치는 환경체계가 함께 변화해야 함을 내포한다. 따라서 개인을 이해하기 위해서는 단순히 환경에 대한 이해를 더하는 것이 아니라 인간과 환경 간의 상호작용 또는 교류를 분석해야 한다(Miley et al., 1995). 생태체계적 관점의 특성은 클라이언트와 환경체계 둘 다의 변화와 유지를 위하여 인간행동에 관한 지식을 적용하는 것이다.

2) 주요 개념

생태체계적 관점에서 '체계'와 '생태학'은 개인을 하나의 체계로서, 개인의 환경을 하나의 체계로서, '생태학적으로' 인간과 환경 간의 적응과 상호작용을 바라봄으로써 통합된다. 이러한 관점은 다양한 부분 사이에서 그리고 인간(유기체)과 환경의 공유 영역에서 일어나는 상호작용과 상호 교류를 강조함으로써 환경 속의 인간에 대한 견해를 강조한다(이영분 외, 2001).

(1) 생활환경/거주환경

생활환경은 생물체가 살고 있는 장소를 가리키며 생활환경이 성장과 발전에 필요한 자원으로 풍부해질 때 인간은 쉽게 번성한다. 그러나 생활환경에 필수 자원이 부족하면 물리적·사회적·감성적 발전이나 진행 중인 기능이 해로운 영향을 받을 수 있다.

(2) 상호작용/상호 교류(transaction)

인간이 다른 환경의 사람과 의사소통하고 관계를 맺는 것을 말하며, 무언가 전달하고 교환하는 것이기 때문에 활동적이고 역동적이며 긍정적이거나 부정적일 수 있다.

(3) 스트레스(stress)

개인과 환경 간에 상호 교류하는 데 불균형이 일어나는 현상이며, 같은 상황에 대해 사람에 따라 스트레스를 경험할 수도 있고 하나의 도전으로 경험할 수도 있다.

(4) 적응 적합성(goodness of fit)

개인의 적응 욕구와 환경의 속성이 서로 조화되는 정도이다. 인간과 환경 간 상호작용은 적응적일 수도 부적응적일 수도 있다. 부적응적인 교류가 계속되면 인간발달과 건강, 사회적 기능은 손상되고, 적응적일 때는 개인이 성장·발달하며 이때 적합성은 높아진다.

(5) 적응(adaptation)

개인과 환경 사이의 상호작용을 포함한 주변 환경조건에 맞추어 조절하는 능력이다. 생태체계 관점에서 적응상 문제는 병리적인 것이 아니며 개인의 욕구와 대처가 환경의 자원 혹은 지지와 일치하지 못하는 것으로 본다.

(6) 유능성(competence)

개인이 환경과 효과적으로 상호작용할 수 있는 능력이며, 환경과 성공적인 상호작용을 경험하는 데서 형성되는 것으로 일생에 걸쳐 확대될 수 있는 능력이다.

(7) 대처(coping)

적응의 한 형태로 문제를 극복하기 위해 노력하는 것을 말한다. 대처는 부정적인 경험을 다루는 방법이다.

3) 생태체계의 구성

(1) 미시체계(microsystem)

미시체계는 개인 혹은 인간이 속한 가장 직접적인 사회적·물리적 환경이다. 이 체계는 개인이 일상생활 속에서 직접 접촉하고 상호 교류를 함으로써 인간에게 영향력을 미치며, 미시체계 내에서 아동과 부모, 또래, 교사와 같은 요인 간에는 직접적인 상호작용이 이루어진다. 미시체계는 개인의 독특성을 지녀 개인의 특성과 성장 시기에 따라 미시체계가 달라지며, 인간의 행동 및 정서발달과 성장에 매우 중요한 영향을 미친다.

(2) 중간체계(mesosystem)

중간체계란 상호작용 중에 있는 여러 개의 미시체계를 의미한다. 다시 말해서 가정과 학교, 학교와 이웃, 가족, 직장, 사회생활과 같은 개인이 적극적으로 참여하는 둘 이상의 환경 사이에서 일어나는 과정과 연결성을 말한다. 중간체계는 전체 환경 중에서 미시체계에 직·간접적으로 영향을 주어 미시체계의 성격과 기능을 결정하는 환경이다. 예를 들어, 가정과 학교, 즉 부모와 교사 간의 관계 및 상호작용이 긍정적이면 자녀인 학생은 가정 및 학교생활에서 보다 발전적인 행동을 나타낼 수 있을 것이다.

(3) 거시체계(macrosystem)

기본적 신념체계는 이념과 함께 하위체계의 형태와 내용, 하위문화 수준이나 문화 전반의 수준에 존재할 수 있다. 거시체계는 민족이나 집단체계와 같이 특정 문화의 유형이나 보다 광범위한 사회적 맥락을 의미한다(이종복 외, 2006). 넓은 사회의 물리적·사회적·문화적·경제적·정치적 구조 등이 이에 해당된다. 이러한 거시체계는 개인의 삶에 직접적으로 개입하지는 않지만 전체적으로 볼 때 사회구조적인 맥락을 포함하고 있기 때문에, 비록 간접적이긴 하더라도 강력한 영향력을 행사한다.

(4) 외부체계(exosystem)

개인과 직접 상호작용하지는 않으나 미시체계에 영향을 주는 사회적 환경을 말한다. 지역사회 수준에서 기능하고 있는 주요한 기관으로서 학교제도, 언론매체, 정부기관, 교통시설, 의료기관, 직업세계 등을 말한다. 이러한 외부체계는 개인뿐만 아니라 미시체계와 중간체계 각각에 영향을 미치고, 각 체계 간의 상호작용에도 영향을 미칠 수 있다.

(5) 시간체계(chronosystem)

전 생애에 걸쳐 일어나는 변화와 사회·역사적인 환경을 의미하는 것으로, 가족제도의 변화, 직업관 또는 결혼의 변화 등을 예로 들 수 있다. 어떤 시대에 출생하여 성장했는지에 따라서 개인의 발달과 삶에 큰 영향을 받는다.

4) 생태체계 관점의 특징

생태체계 관점은 인간의 심리적 과정이 생물학적·대인관계적·문화적·경제적·조직학적·정치적인 요인 사이의 복잡한 상호작용의 발현이며, 이러한 요인 간의 상호작용은 일생을 통해서 인간행동에 영향을 미친다고 설명한다. 생태체계 관점은 통합적인 특성 때문에 복잡한 인간행동을 설명하기 위해 많은 다른 유용한 이론의 강점을 활용한다.

그리고 이 관점은 개인, 가족, 집단, 조직체, 지역사회 및 그들의 상호 관계성의 행동을 고려하기 때문에 일반 사회복지실천을 지원할 수 있는 이상적인 관점을 제공한다. 그러므로 그것은 사람과 그들 환경이 어떻게 적응상태를 이루는가에 초점을 둔다. 이런 생태체계적 관점의 특성은 다음과 같다(전재일 외, 2003).

- 상황 속에서 인간의 다양한 변화 가능성을 제시한다.
- 클라이언트의 강점을 강조한다.

- 현재 행동을 상황 속의 개인의 안정적인 적합성으로 설명한다.
- 역기능을 상황 속에서 적응적이거나 합리적인 것으로 개념화한다.
- 병리적 상태가 반영된 것을 '문제'(problem)로 보지 않고 주위 사람, 사물, 장소, 조직, 정보 등을 포함하는 생태체계의 여러 요인 간의 상호작용 결과로 문제가 발생한다고 본다.

제3절 통합적 접근의 실천모델

전통적 방법을 통합하고자 하는 시도가 많은 학자에 의해 이루어졌다. 통합적 방법론의 대표적인 실천모델은 핀커스와 미나한의 4체계 모델, 펄만에 의해 개발되고 콤튼과 갤러웨이에 의해 정교화된 문제해결모델, 저메인과 지터만의 생활모델 등이 있다.

1. 핀커스와 미나한의 4체계 모델

핀커스와 미나한(1973)은 사회복지실천에 공통적으로 적용할 수 있는 중심 기술과 개념이 요구된다고 주장하면서, 사회복지사에게 요구되는 공통된 핵심 기술로 사정기술을 들었다(Zastrow, 1994). 핀커스와 미나한의 4체계 모델은 포괄적이고 전체적인 관점에서 클라이언트체계를 사정할 수 있는 기초를 제공하고 사회복지사로 하여금 인간과 자원체계 간의 연결에 초점을 두도록 한다. 이것은 기존의 이분법적 사고를 뛰어넘어 사회복지사가 여러 수준의 다양한 체계와 연결되어 일한다는 점을 강조한다. 핀커스와 미나한(1973)이 제시한 4체계는 다음과 같다.

① 변화매개체계 : 변화매개인에는 사회복지사와 그가 소속된 조직을 말한다. 계획된 변화를 향해 체계와의 활동을 계획하며, 사회적 서비스와 자원을 제공하는 '돕는 사람', 즉 '사회복지사'는 변화매개인이다.

② 클라이언트체계 : 서비스나 도움을 기대하는 사람, 도움을 요청하여 변화매개인인 사회복지사의 서비스를 제공받는 개인, 가족, 집단, 기관 또는 지역사회이다. 클라이언트체계에서 고려할 점은 클라이언트의 지위에 관한 것이다. 전통적 의료모델에서는 클라이언트를 치료의 대상, 즉 환자로 인식하였으나 점차 강점과 능력을 가지고 있는 소비자 또는 고객이라는 관점이 강화되고 있다(김귀숙 외, 2011).

③ 표적체계 : 표적체계란 변화매개체계가 목표 달성을 위해 변화시킬 대상을 의미한다. 변화매개인이 그들의 목표를 달성하기 위해 영향을 주거나 변화시킬 필요가 있는 사람으로서 때로는 클라이언트와 중복되기도 한다. 사회복지사의 중요한 진단 과업은 클라이언트체계와 협조하여 변화의 목표를 설정하고, 목표를 달성하기 위해서 변화가 있어야 할 특수한 사람, 즉 표적체계를 결정하는 것이다.

④ 행동체계 : 변화매개인이 변화 노력을 달성하기 위해 상호작용하는 사람을 말하는데, 이웃, 가족, 전문가 등이 해당된다. 변화매개인 혼자서 변화시키려고 노력하는 것이 아니고 다른 사람과 함께 일을 한다. 예를 들면, 학교폭력 피해자가 클라이언트인 경우 행동체계는 가족체계, 학교체계, 동료체계, 청소년 관련 단체 등이다.

변화매개체계	클라이언트체계	표적체계	행동체계
사회복지와 사회복지사가 속한 기관	도움을 요청하거나 사회복지사의 서비스를 제공받는 체계	목표 달성을 위해 변화시킬 필요가 있는 대상	목표 달성을 위해 사회복지사와 공동으로 노력하는 체계

2. 6체계모델

콤튼과 갤러웨이(1994)가 체계이론을 도입함에 따라 클라이언트의 문제를 클라이언트의 인성 측면보다는 클라이언트체계 내 혹은 환경과의 상호작용 안에서 발생하는 것으로 보게 되었다(양옥경 외, 2003). 그들은 사회복지실천체계를 구성하는 사회적 체계를 6가지 체계 유형으로 분류하는데, 이는 핀커스와 미나한(1973)이 제시한 4체계에 전문가체계와 의뢰-응답체계인 2체계를 추가한 것이다.

⑤ 전문가체계 : 전문가체계란 협회나 학회 등 전문가의 연합체나 학술연구단체를 의미한다. 사회복지사는 기관 변화, 사회 변화의 대변가로서 활동할 때 전문가체계를 이용하기도 한다. 주로 사회복지사의 권익과 이익을 대변하며 전문성 신장을 위하여 노력하는 협회 및 학회를 들 수 있다.

⑥ 의뢰-응답체계 : 서비스를 의뢰하고 요청하며, 이를 수용하는 관계에서 나타나는 체계를 말한다. 클라이언트가 다른 사람의 요청이나 법원, 경찰 등에 의해 강제로 오게 된 경우 일반 클라이언트체계와 구별하기 위해 사용된다. 서비스를 요청한 사람을 의뢰체계, 강요에 의해 오게 된 사람을 응답체계라고 한다.

3. 문제해결모델

문제해결모델(problem-solving model)은 시카고대학 교수였던 펄만(1957)에 의해 개발된 모델이다. 펄만은 진단주의와 기능주의의 대립적 논쟁을 통해서 실용적이고 현재를 강조하는 문제해결모델을 발전시켰다. 펄만의 문제해결모델에서는 클라이언트의 어려움은 문제에 있는 것이 아니라 문제를 해결하는 태도에 있다고 보았는데, 인간의 삶 자체가 지속적인 문제해결 과정이라는 가정 하에 최초로 '문제'를 사회복지실천의 변화표적으로 제시한 모델이다.

펄만은 『사회적 개별사회사업 : 문제해결과정』에서 "개별사회사업 과정은 체계적이고 정리된 방법으로 생각과 감정을 효율적으로 행동으로 옮기는 문제해결 과정이다."라고 하였다(신성자 외, 2000). 그리고 개별사회사업의 목적은 치료가 아니고 현재의 문제에 대처하는 개인의 능력을 향상시키는 것이라고 하였다. 펄만은 문제해결 과정을 개별사회사업에서 활용하였으며 1970년대 생태체계적 관점이 문제해결 과정에 통합되면서 그것은 개인뿐만 아니라 집단, 조직, 지역사회까지 확대(이준우 외, 2006)되었으며 현대의 문제해결 과정은 사회체계와의 상호교류와 변화에 대한 강조가 주요 특징으로 일반 사회복지실천의 기본이 된다(이요로, 2008).

1) 클라이언트 및 사회복지사의 역할

클라이언트는 자신 스스로가 문제해결자이다. 이때 클라이언트의 자아가 중요한 역할을 한다. 사회복지사는 변화를 위해 클라이언트의 동기를 개발시키고, 활력을 주며, 방향성을 제시하는 역할을 한다. 또한 문제를 경감시키고 문제해결에 필요한 자원을 클라이언트가 이용할 수 있도록 원조한다.

2) 펄만의 4P이론

펄만은 문제해결 과정을 4P로 표현했는데, 문제해결 과정은 '문제'(problem)를 가지고 있는 '사람'(person)이 어떤 '장소'(place)에 자신의 문제를 가지고 도움을 얻기 위해 찾아오게 된다. 사회복지사는 이때 클라이언트와 문제해결 기능에 관여하게 되고, 나아가 문제해결에 필요한 자원을 보완해 주는 '과정'(process)을 활용한다. 이를 4P이론이라고 한다. 펄만은 이후에 '전문가'(professional)와 사회적 지지나 재화, 관계 등을 제공하는 '제공물'(provision)의 개념을 추가하여 6P로 확대했다.

① 사람(person) : 사회적 측면이나 개인적 측면에서 도움이 필요한 사람을 말한다.
② 문제(problem) : 사회환경상의 조정이 필요한 적응이상 상태를 말한다.
③ 장소(place) : 문제를 가진 개인이 도움을 받으러 찾아오는 곳으로 사회복지기관을 의미한다.
④ 과정(process) : 사회복지사와 클라이언트의 전문적인 관계를 통하여 문제해결에 도움을 주는 과정을 말한다.

3) 문제해결모델의 특징

문제해결모델은 문제를 가지고 있는 사람이 어떤 장소에 자신의 문제를 갖고 도움을 얻기 위해 찾아오면, 이때 사회복지사는 클라이언트의 문제해결 기능에 관여하고, 더 나아가 문제해결에 필요한 자원을 보완해 준다. 이 모델은 사회복지사가 질병을 치료하듯이 클라이언트의 문제를 해결해 주는 것이 아니라, 클라이언트체계의 성장 과정에 참여하여 클라이언트를 도와 삶을 보다 효과적으로 대처해 갈 수 있도록 클라이언트의 능력을 강화시킬 것을 강조한다(Compton & Galaway, 1986).

문제해결모델의 특성은 개인이 문제해결에 실패하는 이유가 개인의 정신적인 결함이나 병리에 원인이 있는 것이 아니라 문제를 해결해 나가는 태도가 잘못되었기 때문이라는 문제 원인에 대한 입장을 가진다. 또한 클라이언트 자신이 문제해결자임을 강조하고, 인간은 누구나 안전을 유지·회복하며 문제해결에 의식적·무의식적으로 관여하는 존재라고 본다. 이 모델은 자아심리학, 실용주의철학, 역할이론, 사회심리학, 문화인류학의 영향을 받았으며, 사회복지분야에서는 진단주의나 기능주의의 영향을 강하게 받고 있는 절충주의의 대표라 할 수 있다.

4. 생활모델

1) 등장 배경

생활모델(life model)은 1970년 초기에 저메인과 지터만이 생태체계학적 관점을 이론의 준거틀로 도입하여 개발한 모델이다. 클라이언트와 그 환경 간의 양면에 초점을 맞추기 위해 환경적 상호 관계를 사용하는 사회복지실천의 접근방법이다. 따라서 생활모델은 생태체계 관점에 근거한 구체적인 실천모델 개발이라는 점에 그 의의가 있다.

2) 개념

사회복지실천에서 생활모델은 개인과 환경 간의 상호 교류 속에서의 균형과 적응을 강조한다. 이 모델은 개인과 환경을 동시에 초점을 두며 조직적 지역사회와 문화적 상황 안에서 개인, 가족, 집단과 같이 활동할 수 있는 실천 원칙과 기술을 통합하는 실천 방법이다. 명칭은 생활모델로 불리지만 기술적인 의미의 모델을 의미하지 않고 오히려 생활모델화된 실천이라고 하는 게 바람직하다. 그리고 이 이론은 생태체계적 관점을 출발점으로 한다. 즉, 생활모델은 생태적 관점에서 나온 실천모델로서 사람과 환경을 통합적으로 보고 개인, 환경 또는 이 두 가지 모두를 변화시키는 데 필요한 이론과 실천 간의 격차를 줄이려는 사회복지실천의 중요한 과제를 어떤 모델보다도 잘 수행한 모델로 볼 수 있다. 사회복지사와 클라이언트는 인간과 환경 간의 상호작용에 관련된 생활을 통해서 새로운 균형 상태를 창출하고자 하며, 더 나아가 적응능력과 자율성을 획득하게 된다(장인협, 1999).

3) 생활상의 문제

생활모델은 문제를 병리적 상태의 반영이 아닌 전체와 부분 간의 상호작용 결과로 보고 있다. 따라서 문제를 성격장애가 아닌 스트레스를 만들어 내고 대처능력을 과중하게 부담시키는 생활상의 문제로 정의한다. 그래서 생활의 맥락에서 문제를 파악하는 데 관심을 두고 문제를 개인의 장애로만 파악하지 않는다. 이와 같이 생활모델은 문제를 개인의 장애로서만 파악하지 않고 생활환경 내에서의 문제로 파악하며, 개인이 환경과의 적응적 교류와 균형이 깨어지면 스트레스(긴장)가 발생한다고 하였다. 따라서 생활모델은 생활 그 자체를 모델로 하고, 이것이 지니고 있는 성장과 발달 및 문제해결의 힘을 동원하고, 촉진시키기 위하여 폭넓은 접근을 모색하는 데 그 특징이 있다(양정남 외, 2003).

모든 스트레스 상황이 반드시 스트레스를 유발하는 것은 아니며, 스트레스 유발 여부는 개인적·환경적 상황과 특정 사건에 대한 인지방법에 의해 결정된다. 생활모델에서는 외부세계를 통제할 수 있는 인지능력을 강조하며, 사회복지실천의 목적을 환경과 개인의 상호 교류가 적응적으로 되기 위해 개인의 적응능력을 강화하고 환경에 영향을 주는 것으로 보고 있다(조휘일 외, 2000). 생활모델에서의 주요 목표는 인간생활상의 문제를 해결하고, 인간의 적응능력을 지지 및 강화하며 스트레스를 경감시키고, 대처를 위한 사회자원을 동원하는 데 있다. 따라서 사회복지사는 클라이언트와 환경 간의 상호작용과 관련된 생활을 통해 새로운 균형을 창출하고 더 나아가 적응능력과 자율성을 획득하도록 노력한다.

5. 역량강화모델(empowerment model)

1970년대 중반에 핀더허그(Pinderhughes) 외의 학자에 의해 새롭게 나타나게 된 사회복지실천모델이다. 강점 지향의 실천은 사회복지사로서, 클라이언트를 문제 중심으로 보는 것이 아니라 강점 중심(strength perspective)으로 보는 것이다. 클라이언트의 잠재능력 및 자원을 인정하고 클라이언트의 회복력을 전제로 하여 클라이언트가 스스로 삶을 결정할 수 있도록 능력을 부여하는 것을 말한다. 이 모델은 클라이언트와 사회복지사의 관계가 기능적인 측면에만 머무르지 않고, 목적이 있는 관계를 기반으로 한 협력적인 과정임을 의미한다.

역량강화모델은 일반체계이론, 생태체계적 관점 등에 이론적 기반을 두고 있다. 즉, 인간과 환경 간의 상호작용을 강조하면서 개인의 문제에 대한 진단보다 강점을 지향하고, 클라이언트에게 자신이 다양한 강점을 가지고 있다는 것을 인식시켜 주고, 클라이언트 자신이 가지고 있는 다양한 강점이 문제해결의 열쇠가 된다는 것을 강조하면서 클라이언트의 적극적인 참여를 격려한다(최금해 외, 2010). 특히 클라이언트가 어떠한 압박하에 있더라도 이미 강점과 잠재력을 가지고 있다는 점은 사회복지사와 동등한 입장에서 서로 협력할 수 있는 계기가 되고, 클라이언트의 자존감을 높이며 역량을 강화하는 관계적 힘이 된다.

강점 관점은 역량강화(empowerment)를 가능하게 하는 기초적 요소이다. 강점 관점 실천원리는 6가지의 원칙에 중심을 둔다(Rapp, 1998).

① 모든 사람은 병리적인 것보다는 강점을 가지고 있음을 강조한다.
② 지역사회에는 클라이언트의 변화를 위한 자원과 기회가 무한하게 잠재되어 있다고 간주한다.
③ 클라이언트는 자기 자신을 위해 가장 최선의 선택을 결정할 수 있는 능력이 있고, 이를 신뢰한다. 클라이언트의 자기결정권을 최대한 존중하며, 반드시 클라이언트가 동의해야 한다.
④ 사례관리자와 클라이언트 사이의 신뢰적이고 우호적인 협력 관계를 강조한다.
⑤ 적극적인 아웃리치(outreach)[4]가 선호된다.
⑥ 사람은 배우고 성장하고 변화할 수 있다. 클라이언트는 끊임없이 배우고 성장하며 변화할 수 있는 능력을 가지고 있는 존재임을 인정하는 것이다.

이상의 4가지 대표적인 통합적 방법의 모델을 대표적 학자, 방법의 초점, 방법의 목적, 사회복지사의 기능과 과업, 사회복지실천의 과정 등의 차원에서 각각 비교하여 정리한 것이 〈표 4-1〉이다.

4) 클라이언트를 사례관리자가 직접 찾아 나서는 방식을 아웃리치 방식이라 한다.

〈표 4-1〉 통합적 방법론

구분	4체계모델	문제해결모델	생활모델	역량강화모델
대표 학자	Pincus와 Minahan	Compton과 Galaway	Germain과 Gitterman	Saleebey
방법의 초점	인간과 사회환경(자원체계)과의 상호작용	개인과 상황 간의 상호작용 전체	인간과 환경 간의 상호교류 속의 적응 균형	개인의 강점 관점과 인간과 환경 간의 생태학적 관점
방법의 목적	• 사람의 문제해결과 대처능력 강화 • 사람과 자원체계의 결합 • 체계의 효과적·인도적 활용의 촉진 • 사회정책의 발전과 개선의 공헌	• 문제해결 • 클라이언트, 워커의 공동 관계 형성 • 합리적인 정의 수행	• 인간 생활상의 문제해결 • 인간의 적응 능력의 지지, 강화 • 스트레스의 경감 • 대처를 위한 사회자원의 동원	• 문제에서 도전으로 • 병리 관점에서 강점 관점으로 • 과거로부터 미래지향적으로 • 환경 속의 인간
사회복지사의 기능과 과업	• 문제의 평가 • 자료수집 • 최초의 접촉 • 계약 • 행동체계의 구성 • 행동체계의 유지·조성 • 영향력 행사 • 변화 노력의 종결	• 자료의 수집과 평가 • 개입 전략의 제공	• 생활 과업에 대한 원조 • 사회적 조직망과 물리적인 장의 관여 • 시간적 배열 활용	• 생태학적 관점 적용 • 역량 강화 • 적극적인 참여와 권리를 가진 소비자로서의 클라이언트 • 변화 과정의 동반자로서 클라이언트와 협력
사회복지 실천 과정	• 문제 인식 • 자료의 수집 • 진단 • 개입 • 평가와 종결	• 접촉 단계 (문제의 명확화, 목표의 명확화, 예비계약, 탐색과 조사) • 계약 단계(평가, 활동계획의 공식화, 예후 예측) • 활동 단계(계획의 실시, 종결, 평가)	• 초기 단계 (준비, 참가) • 진행 단계(생활 변천, 환경 문제, 대인 과정 개입) • 종결 단계 (평가와 종결)	• 대화 - 공유 - 기존 역량과 자원 구체화 • 발견 - 찾기 - 모르고 있는 자원 탐색 • 발달 - 강화 - 활용하지 않은 부가적 자원과 역량 사정 및 확립

출처 : 김만두·한혜경(1993) 재인용.

CHAPTER 05

사회복지실천 관계론

제1절 사회복지실천에서 관계

심리사회적 욕구와 문제를 가진 클라이언트를 돕기 위해 맺게 되는 인간관계에 관한 지식과 전문적 태도는 사회복지실천에 있어서 사회복지사가 알아야 할 가장 기본적이고 중요한 것 중의 하나이다. 이러한 인간관계는 일반적으로 사회복지 관계로 알려져 있으며, 이러한 두 사람 간 상호작용의 산물인 '관계'(사회복지 관계)는 사회복지실천에 있어 역사적으로 가장 중요하게 인식되어 온 용어이다. 사회복지사가 클라이언트와 좋은 관계를 발전시키는 것이야말로 실천 노력에서 필수 요소라고 할 수 있다(Johnson, 1995).

비스텍(Biestek, 1951)은 "케이스워크에서의 관계란 사회복지사와 클라이언트 간의 감정과 태도의 역동적 상호작용으로서, 클라이언트가 자신과 환경 간의 좀 더 나은 적응을 이룰 수 있도록 돕는 목적을 갖고 있다."라고 정의하고 있다.

펄만(1978)은 "관계란 하나의 촉매로서, 문제해결과 도움을 향한 인간의 에너지와 동기를 지지하고 양성하며 자유롭게 하는 원동력이다. 관계는 정서적인 유대와 인간적인 도움을 위한 수단이며, '좋은 관계'란 자극과 영양이 되고 타인의 개성을 존중하고 키워 주며 안전한 느낌과 일치성을 제공하는 것이다."라고 기술하고 있다(Johnson, 1995 재인용). 이러한 의미에서 사회복지실천관계는 사회복지사가 심리사회적 문제를 가진 클라이언트를 돕는 것을 목적으로 한다고 할 수 있다.

관계론에 관해 저술 활동을 활발하게 한 펄만(1979)은 전문적 원조 관계의 특성을 5가지로 제시하였다.

첫째, 전문적 관계는 인정되고 합의된 목적을 위해 형성된다. 전문적 관계의 목적은 개인이나 집단의 현재 기능을 방해하거나 약화시키는 것으로, 규명된 문제를 보다 효과적인 방식으로 해결하거나 대처하게 하며, 바라는 목적을 달성하기 위해 자신과 자원을 활용할 수 있게 한다. 인정되고 합의된 목적이란 원조 요청자가 필요로 하고 원하며 성취하는 것으로, 원조자와 원조 요청자가 기대하는 것을 서로 분명히 하고, 다음 단계에서 무엇을 기대하며, 각자 무슨 일에 관여할 것인지 이해하는 것을 의미한다.

둘째, 전문적 관계는 시간제한적이다. 전문적 관계는 그 목적이 달성되거나 클라이언트의 동기, 능력, 원조자의 자원이 허용하는 한도에 도달하면 종결된다. 원조 관계가 시간제한적이어야 하는 분명한 이유가 있다. 사람은 시간제한이 있을 때 자신의 역량을 최대한 가동하는 경향이 있기 때문이다. 또한 사회복지사의 현실적인 시간 제약으로 인해 새로운 사례를 진행하기 위해서는 목적이 성취된 원조 관계는 종결되어야 한다.

셋째, 전문적 관계는 클라이언트를 위한 것이다. 클라이언트를 위한 것이란 클라이언트의 욕구가 중심이 된다는 것을 의미한다. 클라이언트 중심이란 원조자의 헌신을 일컫는 말이다. 클라이언트 중심의 원조는 클라이언트가 자발적으로 도움을 요청했을 때는 어려움이 거의 없다. 반면, 비자발적인 클라이언트의 경우에는 다소 복잡하다. 가족 구성원 각자의 소망이나 욕구가 일치하지 않을 경우 어느 클라이언트를 중심으로 할 것인가? 클라이언트가 아동학대 가해자나 반성하지 않는 범죄자인 경우 강제로 참여하게 됐을 뿐 원조를 원하지도 않는다면, 이러한 사람을 위한 원조가 필요한 것인가? 동기가 무엇이든지 간에 클라이언트가 자신의 행동을 변화시키기 위해 참여하는 것이라면, 사회복지사는 클라이언트와 함께 문제를 해결해야 하며, 한 인간으로서 클라이언트를 이해한다. 변화를 위한 그들의 잠재력을 지지하려 한다는 점에서 사회복지사는 클라이언트를 위해서 원조하고 있는 것이다.

넷째, 전문적 관계는 권위를 지닌다. 전문가의 권위란 지식과 전문성을 의미하며, 그에 수반되는 책임이 있다. 지식의 권위에 수반되는 책임은 전문적 판단인 것이다.

다섯째, 전문적 관계는 통제된 관계다. 여기서 통제란 클라이언트에 대해서나 클라이언트에 의한 것이 아니라 원조자 자신과 원조의 방식에 대한 원조자에 의한 통제다. 가장 효과적이고 효율적인 방식으로 원조를 하기 위해 원조자 자신과 원조의 내용과 방법을 통제하는 것이다.

이상과 같이 사회복지 분야에서의 관계에 대한 개념은 초창기부터 여러 학자에 의해 강조되고 발전되어 왔지만, 하나의 공통된 개념으로 의견을 모으지는 못하였다(Compton & Galaway, 1994). 그러나 분명한 것은 사회복지실천에서 사회복지사와 클라이언트의 관계는 실천 결과에 영향을 미치는 하나의 중요한 요소로 여겨져 왔다는 점이다. 또한 클라이언트와의 바람직한 관계에 대한 연구가 거듭되면서 '전문적 관계'에 관한 기본적 원리가 도출되어 왔다.

제2절 전문적인 원조 관계의 기본 요소

전문적 관계는 클라이언트의 문제해결 및 적응이라는 분명한 목적을 가지고 그 목적 달성을 위해 제한된 시간 동안 이루어지는 특수한 관계이다. 전문적 관계도 모든 관계와 마찬가지로 클라이언트와의 상호작용에 의해 형성되고 유지될 수 있으나, 일반적인 인간관계와 달리 클라이언트는 도움을 요청하고 사회복지사는 전문가로서 도움을 주는 관계이다. 따라서 전문적 관계는 언제나 클라이언트의 입장에서 출발해야 하며 사회복지사는 관계의 전반 과정에 대해 전문적인 책임을 지게 된다.

많은 문헌에서 원조 관계의 특성을 다루고 있는데, 가장 자주 논의되는 내용은 다음과 같다(Johnson & Yanca, 2007).

① 타인에 대한 관심 : 다정함, 진심에서 우러나오는 호감, 친절, 지지를 나타내는 태도와 클라이언트에 대한 흥미를 말한다. 타인에 대한 관심은 상황 속의 개인을 이해하고자 하는 진실한 바람을 전달한다.

② 헌신과 의무 : 원조 상황에 대한 책임감이다. 신뢰성과 일관성도 관련된다. 사회복지사는 고통과 즐거움, 좌절과 헌신이 수반되는 타인의 세계로 들어가려는 의지가 있어야 한다.

③ 수용 : 클라이언트에 대한 현실적인 신뢰와 클라이언트의 감정에 대한 존중뿐 아니라 클라이언트에 대해 비심판적이고 비난하지 않는 사회복지사의 태도를 말한다. 이는 클라이언트가 자신의 문제를 해결할 수 있고 자신의 삶을 책임질 수 있다는 믿음을 가질 때 가능하다.

④ 공감 : 사회복지사가 클라이언트에게 관심이 있으며, 클라이언트가 인식하고 있는 것을 알고, 클라이언트를 이해하고자 하며, 경청하고, 이해하고 있음을 클라이언트에게 전하는 능력을 말한다.

⑤ 명확한 의사소통 : 클라이언트에게 보내는 메시지를 클라이언트가 충분히 이해할 수 있도록 의사소통하는 능력을 말한다.

⑥ 진실성 : 사회복지사 자신과 감정에 대한 정직성, 사회복지사의 경험 및 감정을 클라이언트의 경험 및 감정과 분리하는 능력을 말한다. 사회복지사의 진실성은 클라이언트에게 자신이 원하는 존재가 될 수 있도록 허용한다. 클라이언트가 사회복지사의 의사소통을 이해하고 편안하다고 느낄 때 그 원조관계는 진실성이 있다.

⑦ 권위와 권한 : 사회복지사는 클라이언트가 자신의 문제 상황을 해결하기를 원하므로 스스로에 대한 책임을 갖고 최선을 다해 노력할 것이라고 기대한다. 이는 클라이언트가 현재의 기능 수준을 넘어서도록 격려하고 상담과 자원을 제공하여 목표를 이룰 수 있게 하는 것을 의미한다. 또한 클라이언트 스스로 할 수 있는 것을 하도록 강조하는 것이다. 사회복지사의 지식과 기술이

권위와 권한의 기반이 된다. 클라이언트는 사회복지사의 권위와 권한이 자신을 지배하거나 통제하기 위해서 사용되는 것이 아니라, 클라이언트의 욕구와 클라이언트 주변의 다른 사람의 욕구 사이에 유익한 방식으로 충족되도록 돕기 위한 것임을 알아야 한다.

⑧ **목적** : 원조 관계는 사회복지사와 클라이언트 모두가 추구하는 목적을 가진다. 콤튼과 갤러웨이(1994)는 원조 관계의 특성 가운데 가장 중요한 것은 목적이라고 강조하였다.

로저스(Rogers, 1957)는 원조 관계 수립의 핵심 조건으로 공감, 무조건적이고 긍정적인 존중, 일치성을 제시하였다. 이와 유사하게 헵워스와 그의 동료들(Hepworth et al., 2006)은 클라이언트에 대한 존중, 공감, 진실성을 원조 관계의 핵심 조건으로 제시하고 있다. 로저스가 말한 무조건적이고 긍정적인 존중과 일치성은 헵워스와 그의 동료들이 제시하는 클라이언트에 대한 존중 및 진실성 개념과 같은 맥락이다. 클라이언트에 대한 존중과 공감이 효과적인 원조 관계를 발전시키는 데 필수적이라는 것은 반론의 여지가 없지만, 사회복지사의 개방성이나 자기 노출과 같은 진실성과 관련된 요소에 대해서는 이견이 있다. 심리역동적 접근을 선호하는 실천가는 클라이언트와의 적절한 거리 유지를 강조한다. 반면, 인본주의적 입장을 취하는 실천가는 개방적이고 진실한 관계의 의미와 중요성을 주장한다.

제3절 사회복지실천의 관계 원칙(비스텍의 7대 원칙)

비스텍(1957)이 제시한 관계론은 처음에 개별사회사업의 원칙으로 제시되었으나 점차 모든 체계의 수준에 적용 가능한 관계 원칙으로 받아들여지고 있다. 존슨과 얀카(Johnson & Yanca, 2007)는 "비스텍의 관계 원칙과 각각의 원칙을 활용하는 데 있어서 사회복지사의 역할이 사회복지사와 클라이언트 간의 상호작용 또는 행동체계에서 사회복지사의 책임을 설명한다."라고 하였다.

1. 개별화

개별화의 원칙은 각 클라이언트의 고유한 특성을 인정하고 이해하며 실천원리와 방법을 차별적으로 사용하는 것을 의미한다. 사회복지사는 편견 없는 태도로 업무를 수행할 때, 인간의 다양성에 대한 지식을 적용할 때, 클라이언트를 더 잘 이해하기 위해 경청하고 관찰할 때, 클라이언트의 눈높이에 맞출 때, 클라이언트에게 공감할 때 개별화 원칙을 적용한다.

사회복지실천에서 클라이언트의 개별성을 존중하는 것은 클라이언트와 사회복지사 간의 긍정적인 관계를 수립하고 유지하는 데 도움이 되고, 클라이언트의 개별성을 존중하는 태도와 행동은 클라이언트의 자존심을 지원하고 강화시킨다.

클라이언트를 개별화하기 위해 필요한 여러 가지 수단과 방법을 활용한다. 예를 들면, 클라이언트에 대한 세심한 배려를 들 수 있다. 면접시간을 정하는 데 있어서 클라이언트의 상황에 맞춰 적절한 시간에 약속하는 것, 면접장소를 정하는 일에 있어서 사적인 보호가 가능하도록 배려하는 일 등이다. 이는 클라이언트가 개별적으로 자신이 존중받고 있으며 자신의 비밀이 보장되고 있다는 느낌을 받게 하는 수단으로서 중요하다.

2. 의도적인 감정 표현

의도적인 감정 표현은 자신의 감정, 특히 부정적인 감정을 자유롭게 표현하고 싶은 클라이언트의 욕구와 관련된다. 사회복지사는 클라이언트에게 편안한 환경을 조성해 주고자 할 때, 도움이 되고 싶다는 것을 표현할 때, 클라이언트가 감정을 표현할 수 있도록 격려하고 클라이언트의 감정 표현을 듣고자 할 때, 클라이언트의 상황을 충분히 이해하기 전에는 조언과 해결책을 제공하지 않으려 할 때 의도적인 감정 표현의 원칙을 활용한다.

사회복지실천에 있어서 자유로운 감정 표현의 목적은 클라이언트가 스트레스나 긴장으로부터 해방되고, 자기의 문제를 보다 명확하고 객관적으로 인식할 수 있도록 원조하기 위함이다. 이때 감정의 표현이란 그동안 표현할 수 없었던 감정을 분출시키는 것이 아니고 감정을 표현함으로써 클라이언트로 하여금 긍정적이고 건설적인 행동을 자유롭게 할 수 있게 하는 순기능이다.

클라이언트가 감정을 자유롭게 표현할 수 있도록 하기 위한 사회복지사의 역할은 다음과 같다.

첫째, 클라이언트가 자신의 감정을 자유롭게 표현할 수 있도록 안정된 환경을 조성하는 일이다. 클라이언트가 제공한 사실이나 정보에 관해 언급하기보다는 감정적 흐름을 이해하고 전체적인 감정을 파악하여야 한다. 그리고 사회복지사는 모든 사람은 자기에게 중요한 사람 혹은 사물에 대하여 갈등적인 감정을 가질 수 있다는 사실과 사회복지실천의 관계 내에서는 이러한 감정을 표현해도 좋다는 것을 직접적으로 클라이언트에게 알려 주어야 한다.

둘째, 클라이언트가 자유롭게 감정을 표현할 수 있도록 허용적인 태도와 편안한 분위기를 마련해 주어야 한다. 사회복지사는 클라이언트의 감정을 중요하게 생각하여 클라이언트에게 비현실적인 보장을 하거나 클라이언트가 표현한 내용에 대해 너무 성급한 좋은 해석 또는 너무 많은 해석을 함으로써 클라이언트의 감정이 혼란스러워지는 것을 피해야 한다.

셋째, 자유로운 감정 표현을 위해서는 다음과 같은 감정 표현의 수단과 방법의 적절한 활용이 필요하다.

- 클라이언트의 감정과 행동의 차이점을 인식할 수 있어야 한다. 감정과 행동을 구별해야 하는 중요한 이유는 자신의 감정을 표현하는 가운데, 감정을 바르게 이해하고 인정하며 표현하면, 불행한 일련의 행동이 야기될지도 모른다는 공포로부터 해방될 수 있기 때문이다.
- 사회복지실천에 있어서도 클라이언트와 사회복지사 간의 관계를 증진시키기 위해 감정을 표현하기에 가장 좋은 시간과 장소를 선택할 수 있도록 한다.

넷째, 자유로운 감정 표현을 위하여 클라이언트에게 정서적 지지를 제공해야 한다. 지지를 통해 초기 저항을 감소시킬 수 있으며, 클라이언트와 사회복지사 사이를 편안하게 만들 수 있는 장점이 있다.

다섯째, 클라이언트의 감정의 환기를 위한 노력이 필요하다. 환기란 감정을 무조건 발산하고 분출시켜 버리는 것이 아니다. 클라이언트는 환기를 통하여 자신의 생활 경험 속에 포함된 모든 감정과 생각을 표현할 필요가 있다.

3. 통제된 정서적 반응

통제된 정서적 반응은 클라이언트의 감정에 대한 민감성, 클라이언트의 감정의 의미에 대한 이해, 클라이언트의 감정에 대한 목적이 있는 적절한 반응 등을 말한다.

사회복지사는 클라이언트의 욕구에 대한 자신의 반응을 통제하기 위해 자아 인식을 활용하면서 의도적으로 클라이언트의 감정에 반응하고자 할 때, 통제된 정서적 반응의 원칙을 사용한다.

통제된 정서적 반응을 위해 사회복지사는 클라이언트의 감정에 대해 민감해야 한다. 감정에 대한 민감성은 언어적·비언어적 감정 표현을 잘 관찰하는 것과 경청하는 데서 발휘된다. 사회복지사의 민감성은 클라이언트가 무엇을 생각하고 행하고자 하는지 감각적으로 파악하고 적절하게 대처하는 것을 의미한다(김만두 역, 1992).

4. 수용

수용은 클라이언트를 있는 그대로 인식하고 대하는 것을 말한다. 이 원칙은 클라이언트의 강점과 한계, 마음이 맞는 특성과 맞지 않는 특성, 긍정적 감정과 부정적 감정, 건설적 혹은 파괴적 태도와 행동을 모두 인정하고 활용하는 것이다. 수용의 목적은 클라이언트를 돕는 데 있으며 수용은 실천가가 속한 사회복지기관의 기능상의 한계 내에서 이루어진다.

수용은 사회복지사가 클라이언트의 견해, 가치관, 현실 인식 등에 대해 전적으로 동의하거나 인정한다는 의미가 아니라 클라이언트의 언어와 사고 체계로 클라이언트의 말과 행동을 해석하는 것을 의미한다.

수용이란 여러 약점을 가진 개인을 존재하는 그대로 편견 없이 받아들이는 것을 뜻한다. 편견 없이 타인을 받아들인다는 것은 개인적인 우정이 아닌 인간생활의 질적인 입장에서 따뜻함(warmth), 수용(acceptance) 그리고 이해(understanding)를 제공하는 것이다.

사회복지실천 관계에 있어 효과적인 수용을 위한 사회복지사의 역할은 다음과 같다.

첫째, 클라이언트를 수용하기 위해 사회복지사가 갖추어야 할 기본적인 태도는 클라이언트에 대한 완전한 이해다.

둘째, 수용을 위해서 사회복지사는 클라이언트와 가치관 차이를 극복해야 한다. 클라이언트를 수용하는 일에 대해 사회복지사의 가치관이 작용해서는 안 된다. 클라이언트의 현재 모습 그대로를 수용하는 것이란 클라이언트에게 아무런 변화도 기대하지 않는다는 것이 아니라, 오히려 실제로 존재하는 그대로의, 일의 목적에 따른 개입과 잠재력을 수용하는 것과 마찬가지로 그들의 약점을 어떻게 받아들이는가에 달려 있음을 의미한다.

셋째, 수용(acceptance)하는 것과 동의(agreement)하는 것과의 차이를 인식하여야 한다. 수용은 타인이 자신과 다를 수 있다는 권리를 허용한다. 일반적인 사회규범이나 가치관으로부터 어느 정도 벗어난 클라이언트의 행동을 수용하고 지지하는 것은 클라이언트로 하여금 사회복지사의 진실성이나 능력을 의심하게 할 수도 있다. 따라서 인간으로서 그의 사고나 감정을 수용하는 것과 클라이언트의 사회적 문제를 발생·유지하도록 하는 행동에 반응하는 것 사이에는 명확한 구별이 있어야 한다.

5. 비심판적 태도

비심판적인 태도의 원칙은 클라이언트가 가진 문제의 원인이나 욕구에 대한 유죄, 결백 혹은 클라이언트의 책임 정도를 가리지 않는다는 신념에 근거한다.

사회복지실천에 있어서의 비심판적 태도(non-judgemental attitude)란 클라이언트를 돕는 과정에서 클라이언트가 일으킨 문제의 원인이 클라이언트의 퍼스낼리티(personality)와 같은 개인 내적인 요소에 의한 것이든, 클라이언트의 외부 환경에 의한 것이든 그 문제의 책임이 클라이언트에게 있다는 것을 언어 혹은 비언어적인 것으로 표현하지 않는다는 것이다.

사회복지실천 관계의 비심판적 태도와 관련한 사회복지사의 역할은 다음과 같다.

첫째, 사회복지사의 클라이언트에 대한 비심판적 태도가 클라이언트에게 전달되어야 한다. 사회복지사는 클라이언트의 잘못을 비판하지도, 심판하지도 않을 것이라는 태도를 보여 주고, 클라이언트가 느낄 수 있도록 전달한다. 또한 사회복지사는 클라이언트로 하여금 클라이언트의 감정에 민감하게 대처하고 있음을 느낄 수 있도록 한다. 특히 면접 초기부터 비심판적 태도가 요구되는데, 클라이언트가 사회복지사의 비판하지 않는 태도를 느낌으로써 이전에 클라이언트를 별로 존중해 주지 않았던 사람들과의 관계와는 다르다는 것을 느끼도록 한다.

둘째, 클라이언트의 행위와 진술에 대해 편견과 선입관을 가지고 너무 빠른 결론을 내리지 말아야 한다. 다른 사람과 비교하거나 일정한 유형으로 분류하려는 것 등은 비심판적 태도를 전달하는 데 장애가 된다.

6. 클라이언트의 자기결정

자기결정의 원칙은 사회복지실천 과정에서 스스로 선택하고 결정할 자유에 대한 클라이언트의 권리와 욕구를 인정하는 것이다. 사회복지사는 클라이언트가 자신의 문제와 욕구에 대해 분명한 관점을 갖도록 돕고, 적절한 지역사회자원을 알려 주며, 사회복지사와 클라이언트가 함께 협력할 수 있는 환경을 만드는 것으로 이 원칙을 이행하게 된다.

클라이언트의 유형에 관계없이 사회복지사는 원조 과정에서 클라이언트의 자기결정을 인정해 주고, 클라이언트가 자신의 강점과 역량을 사용하도록 도와야 한다. 클라이언트의 기능이 손상되어 자신의 이익을 위한 행동이 어려운 경우라도 클라이언트의 자기결정을 가능한 한 최대화시키기 위해 노력해야 한다. 그러나 자기결정에 관한 논의는 각 클라이언트의 상황에 따라 개별화되어야 한다. 클라이언트의 자기결정권은 결정을 내릴 수 있는 클라이언트의 능력, 법률이나 윤리 측면에서의 한계, 사회복지기관의 기능에 따라 제한될 수 있다.

클라이언트 자기결정을 위해 사회복지사가 피해야 할 사항은 다음과 같다.

첫째, 사회복지사가 결정하고, 그 결정한 내용을 클라이언트가 그대로 따르도록 유도하는 일을 피해야 한다. 다시 말해 사회복지실천 과정에서 사회복지사가 모든 결정을 주도적으로 수행하고 클라이언트에게는 단지 종속적인 역할을 수행토록 하는 것은 절대 피해야 할 사항이다.

둘째, 사회복지사 중심의 서비스 계획을 수립하고 지원 내용과 방법 등을 결정하는 일은 반드시 피해야 한다. 사회복지사가 클라이언트의 모든 것에 관여하고 해결하려는 태도는 바람직하지 않다. 사회복지사가 전체적인 책임을 지려고 하는 것은 사회복지사가 모든 것을 알고, 모든 것을 진단하고, 사정하고, 모든 것에 개입하여 모든 문제를 해결할 수 있다는 생각에서 비롯된 것으로 대단히 위험한 발상이다.

셋째, 사회복지실천 과정에서 사회복지사의 판단에 따라 행동의 양식을 선택하거나 결정하도록 직접적 혹은 간접적으로 조정하는 일은 피해야 한다.

넷째, 통제와 같은 방법으로 클라이언트를 설득하는 일 또한 피해야 한다. 클라이언드를 통제하고 설득하는 일은 클라이언트의 선택과 결정의 자유를 악화시킨다. 그러므로 사회복지사가 미리 결정한 후 클라이언트에게 참여를 권유하고 협력하도록 하는 일 등 종속적인 역할을 유도하는 일은 피해야 한다.

7. 비밀보장

비밀보장은 클라이언트의 허락 없이 클라이언트에 관한 정보를 공개하지 못하도록 통제하는 것을 말한다. 이는 전문적인 관계에서 드러난 클라이언트의 개인정보에 대해 비밀이 보장된다는 클라이언트의 권리에 대한 것이다. 비밀보장이

지켜지지 않으면 전문적 원조 관계는 성립될 수 없다. 비밀보장 원칙이 지켜진다는 믿음을 가질 때, 클라이언트는 방어기제를 사용해서 자신을 왜곡하는 일이 적어지고 사회복지사와의 의사소통이 촉진될 수 있다.

제4절 변화를 방해하는 관계와 관계 다루기

1. 변화를 방해하는 관계

1) 클라이언트의 불신

클라이언트의 불신은 거의 대부분 이전의 중요한 다른 관계에서 비롯된다. 즉, 지나온 삶의 과정에서 격려나 인정을 받지 못한 사람은 비난, 거부, 상처를 미리 예상하여 방어적 태도를 보이게 된다. 이러한 상황에서 클라이언트의 자기 노출은 어려워지며 더 이상의 변화는 기대할 수 없다.

2) 전이

일부 클라이언트는 원조 관계에 완전하게 참여하는 데 주저하기도 한다. 이러한 점은 일반적으로 지속적 애정, 안정적 가족생활, 격려 및 승인 등이 결여되었던 이전의 경험으로부터 연유된다. 클라이언트가 이전 경험을 토대로 현재 경험을 과도하게 일반화해서 왜곡된 인식을 갖게 되면, 대인관계상의 어려움을 자아낸다. 그러나 그것은 이러한 관계상의 장애가 됨과 동시에 치료적 관계에서 성장을 위한 하나의 기회가 되기도 한다.

전이(transference) 반응은 상황에 맞지 않는 비현실적인 왜곡을 낳아 변화에 대한 강한 저항을 일으킨다. 분노, 원망, 증오와 같은 부정적 전이만이 저항으로 작용하는 것이 아니라 긍정적 감정도 마찬가지로 변화를 일으키지 못한다.

3) 사회복지사의 역전이

역전이(counter-transference)는 전이와 반대로 사회복지사가 클라이언트를 마치 자신의 과거 경험 속의 어떤 인물인 것처럼 느끼고 무의식적으로 반응하는 것이다. 역전이 반응도 강한 비현실적인 감정으로 왜곡을 낳고 건전한 변화를 방해한다

4) 저항

사회복지사와 클라이언트 간의 관계에서 변화를 방해하는 중대한 요소로, 개입 목표와는 반대되는 클라이언트의 행동을 의미한다. 즉, 인간은 변화를 원하여 도움을 청하는 동시에 익숙한 것을 버리고 새로운 행동을 해야 하는 것에 대한 두려움으로 변화에 저항하게 된다.

① 침묵 : 초심자인 사회복지사가 가장 나루기 어려운 것은 저항의 형태이다. 갑자기 말을 하지 않거나 할 말이 생각나지 않는다고 하거나 말하고 싶지 않다는 경우이다.

② 핵심을 벗어난 주제를 말하는 것 : 개입 목적과 문제해결과 관련 없는 이야기를 장황하게 하다가 핵심 주제는 그냥 넘기거나, 중요하지만 고통스러운 내용을 꺼내면 못 들은 척하거나 다른 주제를 꺼내는 행동이다.

③ 무력함의 표현 : "잘 안 될 것이다. 소용없다."라고 계속적으로 무력감을 나타내는 것으로, 변화를 원하지 않고 사회복지사를 무력하게 만들기도 한다.

④ 문제를 축소하거나 마술적 해법을 기대하는 것 : 문제에 대해 직면하지 않으며, 변화에 대한 노력을 하지 않으려는 것이다.

⑤ 저항의 심리를 행동으로 나타내는 것 : 면담 약속 시간을 지키지 않는 것, 면담 중 안절부절 못하며 몸을 움직이거나 지루해하는 것 등의 행동이다.

2. 변화를 방해하는 관계 다루기

변화를 방해하는 관계를 다루는 데는 다음과 같은 것이 있다(Hepworth & Larsen, 1986).

1) 긍정적 재해석

클라이언트의 부정적이고 바람직하지 못한 감정에 사회복지사가 긍정적인 의미를 부여하는 것이다. 이 기법의 목적은 클라이언트의 자기 방어를 줄이고 손상되기 쉬운 자존심을 보호하고자 하는 것이다.

2) 문제를 성장의 기회로 재규정

문제를 성장과 도전의 기회로 인식하게 하는 것이다. 이 기법은 클라이언트에게 문제에 대한 낙관적이고 긍정적인 관점을 제공해 준다.

3) 직면

변화를 방해하는 부정적 감정, 생각, 행동을 클라이언트가 인식하도록 돕는 직접적 방법이다. 클라이언트가 자신의 행동, 생각, 감정 사이의 모순을 발견하지 못할 때 효과적이지만, 클라이언트가 받아들일 준비가 되어 있지 않을 때는 역효과가 나타나기 쉽다.

4) 전이와 역전이 다루기

(1) 전이

클라이언트의 반응이 비현실적임을 지적하고 현실적 사회복지사에 대한 관점을 갖도록 도와야 한다. 또한 사회복지사에 대한 감정을 과거에 다른 사람에게도 느낀 적이 있는지 알아보고 그 유래에 대해 클라이언트가 깨닫도록 도와준다.

(2) 역전이

사회복지사는 자신의 감정의 기원에 관심을 갖고 클라이언트와의 현실적 관계에 관점을 갖도록 노력해야 한다. 그러나 역선이로 인해 관계를 지속할 수 없는 경우에는 클라이언트에게 사회복지사 자신의 문제로 인해 관계를 지속할 수 없음을 알리고 다른 사회복지사에게 의뢰해야 한다.

5) 저항 다루기

① 저항이 변화로의 진전을 심각하게 방해할 경우에만 다루는 것이 바람직하다.
② 저항이 목표 달성을 심각하게 방해할 때는 저항을 다루는 것을 최우선으로 하고, 저항의 저변에 있는 현재의 감정에 초점을 둔다.
③ 저항 다루기를 통해 클라이언트는 부정적인 감정을 표현함으로써 대인관계에서의 부정적인 감정을 효과적으로 다룰 수 있는 경험을 하게 된다.

06 CHAPTER

사회복지실천 면접

제1절 사회복지실천에서의 면접

1. 면접

면접은 기본적인 사회복지실천 기술로서 개입결정을 하기 위한 자료수집이나 클라이언트의 문제 파악과 해결을 위한 주요 도구이다. 효과적인 면접을 하는 것은 자료수집과 목표 달성을 위하여, 변화 과정에 클라이언트를 처음부터 끝까지 잘 관여시키기 위하여 필수적이다.

2. 면접의 정의와 목적

면접은 과학성과 예술성의 측면을 내포한다. 면접은 목적이 있고 목표지향적 특성을 지닌 전문적인 회화 혹은 커뮤니케이션 과정이며, 어떤 면접은 정보를 획득하는 것이 주목적이 되고, 어떤 면접은 도움을 주는 것이 주목적이 된다. 사회복지실천 면접의 목적은 사회복지실천의 기능에 따라 결정된다. 일반적으로 목적은 사회조사를 위한 정보 차원, 평가에 도달하기 위한 진단 차원, 변화를 위한 치료적 차원으로 구분한다.

3. 일반적인 면접의 목적

카두신(Kadushin)은 사회복지실천 면접의 목적을 정보수집 혹은 사회조사 면접, 진단적 면접, 치료적 면접으로 설명했다. 그는 면접의 목적을 다음과 같이 제시하였다.

① 자료수집
② 치료 관계의 확립과 유지
③ 클라이언트에게 정보 제공
④ 원조 과정에서 장애를 파악하고 제거하는 것
⑤ 목표 달성을 향한 활동을 파악하고 이행하는 것
⑥ 원조 과정을 촉진하는 것

제2절 사회복지실천 면접의 특성

1. 면접의 특징과 오류

1) 면접의 특징

면접은 구체적인 목표를 달성하기 위하여 의도적으로 이루어지고 방향을 이끌어 나가는데, 불필요한 것을 제거하기 위해 제한되며, 계약성을 내포한다. 면접에서 사회복지사와 클라이언트는 역할을 가지며, 이 역할에 입각하여 상호작용을 한다.

2) 면접의 오류

면접은 최소한 두 사람 이상이 어떠한 목적을 갖고 함께 이야기를 나눈다는 것을 의미한다. 특히 상호적 관점은 사회복지 면접에서 중요한 의미를 지닌다. 이와 같이 상호성과 목적 있는 대화라는 개념은 사회복지 면접과 같이 원조를 목적으로 하는 면접의 기반이 된다. 그렇다면 누가 누구와 대화하는 것인가? 그리고 그 목적은 어떻게 결정하는가? 상호성이라는 개념을 과연 실천에서 어떻게 달성할 수 있는가? 이는 문제 또는 과업의 속성 문제나 과업에 관련된 사람, 도움을 제공하는 기관, 면접에 참여하는 사람의 심리사회적 속성, 면접장소 등의 복합적인 요소에 따라 달라진다고 할 수 있다. 굳이 사회복지 면접의 가장 전형적인 모습을 그려 본다면 이럴 것이다. 일단 클라이언트가 기관의 접수 창구에 문의하고 약속을 정한 뒤, 약속한 시각에 사회복지사와 면접실로 들어가 방문의 목적을 설명하고 문제와 상황에 대해 1시간 정도 대화한 후, 다음 주에 만날 약속을 하고 헤어지는 것이다. 그러나 우리가 상상하는 면접의 전형적인 모습에 대해 다음과 같이 몇 가지 잘못된 점을 지적해 보자.

① 사회복지사와의 만남을 항상 클라이언트 쪽에서 먼저 시작하는 것은 아니다.
② 클라이언트는 종종 자신의 문제나 요구를 명확하게 설명하지 못할 수 있다.
③ 사회복지사와 클라이언트는 상대방을 서로 이해하지 못할 수 있다.
④ 면접시간은 경우에 따라 많은 차이를 보일 수 있다. 의미 있는 만남이란 단 5분으로도 끝날 수도 있고, 장장 몇 시간에 걸쳐 이루어질 수도 있다.
⑤ 면접은 항상 두 명만으로 이루어지는 것이 아니라 더 많은 사람이 참여한 가운데 진행될 수 있다.
⑥ 단 1회의 만남으로 면접이 끝날 수도 있고, 매주, 매달, 심지어 수년에 걸쳐 정기적 또는 비정기적으로 면접이 진행될 수 있다.
⑦ 면접은 기관 내의 지정된 면접실뿐만 아니라 다양한 장소에서 이루어질 수 있다. 예를 들면, 클라이언트의 집, 병실, 대기실, 자동차, 버스정류장, 다방, 교도소, 정신병동 등이 그것이다.
⑧ 면접은 개별사회사업에만 국한되는 것이 아니라 사회사업실천 전반에 가장 필수적인 부분 중 하나이다. 즉, 소집단 지역사회에 대한 원조 행정 및 지도·감독 조사연구 등에도 면접을 활용할 수 있다.

3) 효과적인 면접에 영향을 미치는 것

(1) 면접에 영향을 미치는 요인

다음과 같은 상황이 면접에 영향을 미친다.

① 사회복지사의 자기인식의 정도
② 주고받는 심리에 대한 고유한 역동성을 이해하는 것
③ 원조 관계를 발전시킬 사회복지사의 능력
④ 클라이언트를 존중하며 클라이언트로 하여금 커뮤니케이션 과정에 적극적으로 관여하도록 하는 사회복지사의 능력
⑤ 클라이언트에게 기술적으로 말을 하고 질문하는 사회복지사의 능력
⑥ 면접의 목적
⑦ 면접이 행해지는 분위기와 장
⑧ 비밀보장의 정도
⑨ 전이와 역전이 등과 같은 면접 과정에서 유발하는 역동성에 대한 사회복지사의 인식

제3절 면접의 구조

면접은 시작, 중간 및 종결 단계로 구성될 수 있다. 벤자민(Benjamin, 1969)은 이 단계들을 시작과 사실의 서술, 발전의 탐구, 종결로 나눈다. 면접의 시작 단계에는 만남의 목적, 계약의 이유, 해야 할 일 등에 대하여 이야기하고 그 면접이 연속적으로 이루어지는 면접 가운데 하나라면 지난번에 이루어졌던 내용을 재검토하기도 한다.

1. 시작 단계

일반적으로 면접의 시작에서 제시되는 자료는 클라이언트에게 감정적으로 덜 중요하나 더욱 익숙한 자료이며, 근래의 것이고, 일반적인 것이다. 이때 면접의 내용은 일반적인 것에서부터 개인적인 것으로, 근래에서 발달 과정 사이의 일로, 뚜렷하게 의식적이고 익숙한 것에서부터 덜 명확한 의식에 관한 것으로 옮겨진다.

- 실제로 면접이 시작된 경우 사회복지사는 클라이언트의 이름을 부르면서 맞이하면 좋다. 의자를 제공하며 때로는 상의를 받는 등 관심을 기울이면 클라이언트는 안정감을 갖게 된다.
- 서두의 준비를 위해 기후, 물가 이야기, 교통 문제, 식사, 스포츠 등에 관해 얘기할 수 있다.
- 서두에서는 클라이언트가 쉽게 반응할 수 있고 위협적이지 않은 질문을 하는 것이 좋다.
- 면접의 초기 단계에서는 면접에 참여하게 되는 목적을 명확히 해야 한다.
- 사회복지사는 클라이언트가 충분히 말하도록 하되, 너무 많이 하게 하는 것은 바람직하지 않다. 그리고 사회복지사 자신도 충분한 질문을 할 필요가 있지만 너무 많은 질문을 해서는 안 된다.

2. 중간 단계

중간 단계에서는 사회복지사와 클라이언트가 문제해결 과정에 적극적으로 참여한다. 이들은 클라이언트의 상황에 관심과 에너지를 집중시키며 사회복지사와 클라이언트가 해야 할 것을 고려하고 업무의 목표가 성취될 수 있도록 처리해야 한다. 한편, 중간 단계에서는 장애가 파악되고 이 장애를 처리하는 방법이 논의되기도 한다.

3. 마지막 단계

종결의 준비는 면접의 초기에 이미 시작된다. 면접의 목적이 이미 성취되었을 때 그 면접은 종결해야 한다. 종결 단계에서는 내용뿐만 아니라 감정 면에서도 종결할 준비를 해야 한다. 면접이 종결될 때 클라이언트는 정서적으로 안정되어야 한다. 면접은 참여자가 신체적 또는 정서적으로 피로하거나 면접 자체에 괴로움을 느끼기 전에 종결해야 한다.

일반적으로 한 시간 정도 지나면 대부분의 참여자는 긴 시간으로 여긴다. 좋은 사회복지사는 참여자가 면접이 언제 종결될지 알게 하고, 할당된 시간에 맞추어 진행하는 사회복지사이다. 클라이언트가 면접 종결시간을 의식하지 못하고 있으면 사회복지사는 상냥하게 종결하는 시간을 상기시켜 줄 수 있다. 면접이 종결될 때가 되었다는 것은 비언어적인 자세를 취해 알릴 수 있다.

비언어적 자세의 예

사회복지사가 의자를 움직이며 무릎에 손을 올리고 일어날 준비를 한다든가 면접 중에 사용된 양식이나 서류를 정리하거나 시계를 보는 행동 등이다. 만약 면접이 아무런 경고 없이 갑자기 끝난다면, 사회복지사는 클라이언트를 거절하고 실례를 하는 것이 된다. 또한 약속시간이 다 되어도 클라이언트가 계속 면접을 하려고 하면 일어날 준비를 하든가 문을 열 준비를 할 수 있다.

사회복지실천 면접은 다른 면접에 비해 산만하고 비표준화되고 목록이 정해지지 않으며 클라이언트가 통제되며 감정적인 면에 초점을 두고 참여자의 상호작용에 관심을 가지는 경향이 있다. 일반적으로 사회복지실천 면접에서 해야 하는 것 중 대부분이 미리 결정될 수 없고, 면접이 진행됨에 따라 그 상황에 대해 반응해야 한다. 사회복지사는 면접의 목적을 달성하도록 고도의 개별화된 상황하에서 그가 정당하다고 생각하는 것을 행하는 데 상당한 자유재량을 가지게 된다. 이러한 특성을 지닌 사회복지실천 면접의 지속시간은 일반적으로 한 시간 정도이다.

종결 단계에서 사회복지사는 면접에서 취급했던 것, 결정한 것, 앞으로 해결해야 할 것, 앞으로 취해져야 할 단계 등을 간략히 반복한다.

제4절 면접의 형태

1. 정보 수집 혹은 사회조사 형태

정보적 면접은 사회기능적인 면에서 개인, 집단, 지역사회의 중요한 사실을 수집하는 것이다. 정보적 사회조사 면접은 사회기능에 관련된 생육력의 자료에 관한 선택적 수집이다. 또한 사회복지사가 추구하는 정보는 객관적 사실과 주관적인 감정 및 태도를 포함한다.

2. 집단 결정적 면접

이 서비스는 적격성을 평가하고 결정하는 것이다. 비록 이러한 면접은 고도로 개별화되어 있지만 이 면접은 사회복지사가 클라이언트의 어떤 특성을 평가하기 위하여 행한다.

3. 치료적 면접

치료적 면접의 목적은 클라이언트의 사회적 상황을 효과적으로 변화하게 하는 것이다. 그 목표는 치료적 변화의 결과로 클라이언트가 보다 나은 사회적 기능을 하도록 하는 것이다. 이 면접은 정신치료적인 면접인데, 즉 사회복지사는 클라이언트의 감정, 태도, 행동의 효과적인 변화를 위한 목적으로 심리학적 원리와 절차를 적용한다.

제5절 면접의 조건

1. 장소

1) 사회복지기관에 마련되어 있는 면접실

면접실에서 면접을 하면 바람직한 면접을 위한 물리적 설비가 구비되어 있어 이로운 점이 많다. 즉, 동일한 장소에서 면접을 계속해 나감으로써 연속성과 친밀성이 생기며 기록양식, 기록자료 등을 남길 수 있다.

2) 클라이언트의 가정

가정은 클라이언트의 상황을 진단적으로 이해하는 데 도움이 된다. 클라이언트가 일상생활을 영위하는 장소이므로 실제 생활 모습과 가족과의 상호작용을 관찰할 수 있다.

3) 가정방문

사회복지사가 클라이언트의 교통의 불편 등에 대하여 관심이 있다는 것을 암시하기 때문에 가정방문을 좋아할 수 있다. 그러나 면접을 하기 위하여 클라이언트가 사회복지기관에 직접 찾아오는 것이 아니기 때문에 가끔 클라이언트의 퇴행적

행동을 유발할 가능성이 있다.

4) 병원이나 시설, 기타 장소

이와 같은 생활공간 면접은 이들 사건이 일어나는 장소이므로 생활사건에 관한 임상적 탐구를 할 수 있다.

2. 기록

1) 녹음과 시청각 보조기구

면접 시작 전에 이러한 기계를 써도 좋다는 서면 허가를 받고 면접자가 녹음된 면접이 쓰일 전문적 용도를 설명해 주는 것이 필수적이다.

2) 기록

사회복지사가 기록하는 과정에서 클라이언트는 자신이 충분한 관심을 받지 못한다고 생각할 수도 있고, 이야기의 진행이 산만해질 수 있기 때문에 조심해야 한다. 필기에 급급해 대화가 중단되거나 방해받지 않도록 한다.

3) 비밀보장

클라이언트가 자신의 문제점과 무엇이 그를 괴롭히는지에 대해 자유롭게 이야기하는 것이 안전하다고 느끼게 하려면, 면접자에게 밝히는 것이 무엇이든 비밀로 유지되리라는 것이나 최소한 악용되지 않을 것이 보장되어야 한다. 비밀유지에 있어서 첫 번째 요소는 모든 기록 자료의 물리적인 보호이다. 또한, 클라이언트에 대한 정보가 클라이언트의 동의 없이 제3자에게 공개될 수 없다는 점을 클라이언트에게 고지하고 보장해 주는 것이다.

4) 기초 지식

면접자가 알고 있어야 할 지식에는 특수한 것과 일반적인 것이 있다. 특수한 지식은 그가 관계하고 있는 기관의 특별한 목적에 관한 것이다.

① 기관의 목적과 기능에 대한 지식
② 사회복지사로서의 역할과 한계를 명확히 이해하는 것
③ 사람이 도움을 구할 때 어떻게 반응하며, 이러한 요청 시에 나타나는 양가감정에 대한 지식
④ 클라이언트가 현재 처해 있는 위치에서 시작하며 클라이언트의 보조에 맞춰 진행하는 원리에 관한 지식
⑤ 면접의 시간제한성에 관한 지식
⑥ 클라이언트로부터 치료비나 상담료를 받을 경우 비용 책정에 관한 지식
⑦ 클라이언트에게 존경을 표명하고, 면접 중 프라이버시를 처리하며, 방해를 예방하는 데 대한 지식
⑧ 비밀보장의 제한성에 관한 지식

제6절 면접기술

1. 기초 기술

1) 전문적 관계 수립

전문적 관계는 사회복지사와 클라이언트 간의 라포(rapport) 형성을 기본으로 하여 구체적으로 전개되며, 그 라포의 정도가 면접 활동에서 중요한 의미를 가진다.

관계는 사람 간의 '의사소통의 다리'이며, 사회복지사와 클라이언트 간의 상호작용, 신뢰와 이해의 질에 따라 유지될 것이다.

2) 환영하기

사람을 따뜻하게 맞이하고 존경심을 가지고 대하는 것이다. 이것은 처음 사회복지사를 찾아오는 클라이언트가 가지는 약간의 불확실성과 두려움을 완화시킬 수 있다. 클라이언트가 이전에 전혀 도움을 받아 본 적이 없거나 원래 도움을 요청하는 것을 어려워하는 성격이라면 불안을 가질 수 있다.

처음 이용하는 클라이언트는 어떤 도움을 제공받을 수 있는지, 무엇을 기대해야 하는지에 대해 전혀 예상하지 못하므로 이에 대해 염려할 수 있고, 서비스를 받아 왔던 클라이언트의 경우에는 그 경험에 대한 염려를 할 수 있다. 과거 보호관찰 서비스나 유사한 기관에서의 경험이 있다면 앞으로의 만남에 대한 전망을 부정적으로 느낄 수 있다. 그러나 그들의 관심사가 무엇이든 간에 어떤 경우라도 사회복지사가 따뜻하게 맞이하는 것은 훌륭한 라포를 형성하고 사회복지사와 클라이언트 간의 활동 동맹을 잘 구축할 수 있다.

3) 비공식적 대화로 시작하기(사교적 담소)

클라이언트를 편안하게 맞이하는 또 하나의 방식은 클라이언트를 만나 날씨나 여행에 관한 이야기처럼 논쟁이 되지 않는 비공식적인 대화를 시작하는 것이다. 비공식적 대화를 얼마 동안 할 것인지는 사회복지사의 직관적인 기술로 결정할 수 있는데, 너무 간단히 하게 된다면 클라이언트가 급한 느낌을 가질 수 있다.

사교적 담소라고 할 수 있는 이런 종류의 대화는 면접이 시작되기 전에 사회복지사에 대한 좋은 인상을 심어 줄 수 있기 때문에 친절하고 편안함을 느낄 수 있도록 대화해야 한다.

4) 관심의 표현

커뮤니케이션을 격려하는 가장 단순한 기술은 흥미와 관심에 대한 여러 가지 표현이다. 표현에는 음성이나 고개를 끄덕이는 것 등이 있다.

5) 면접에서의 감정이입

감정이입이란 자신이 다른 사람의 입장에 처해 있다면 어떻게 느끼고 반응할지, 즉 그 사람의 어떤 감정을 그의 입장에서 경험하고 생각하고 이해하는 것이다. 일반적으로 어떤 상황에서 타인에 대한 감정이입의 능력은 다음 사항에 비례한다.

① 타인의 상황에 대한 자신의 지식 안정성과 정확성 정도
② 자신이 동일한 상황을 경험한 정도나 몇몇의 유사한 상황 요인과 이런 상황을 상상적으로 구성할 수 있는 능력의 정도
③ 자신이 상대방의 경험을 정확하게 관찰하고 기억할 수 있는 능력의 정도

6) 자기의식

전문적인 실천에서 사회복지사의 자기의식과 자기인식은 사회복지실천을 할 때 사회복지실천기술, 지식, 가치와 더불어 개인적인 경험에 대한 의식을 통해 활용된다.

사회복지사의 자기의식은 쉽지 않지만, 압박감을 주지 않고 훌륭한 실천을 하기 위해서 매우 중요하다. 이에 대해 슐만(Shulman, 1992)은 다음과 같이 말했다.

"서비스 이용자의 감정에 가까이 갈 수 있는 능력은 사회복지사 자신을 인정할 수 있는 능력과 관련이 있다. 사회복지사는 클라이언트의 생활 속에서 감정의 힘을 이해하기 전에 자신의 경험에서 중요한 감정을 발견해야만 한다."

2. 질문기술

1) 개방적 · 폐쇄적 질문

(1) 개방적 질문

개방적 질문은 광범위한 영역에 걸쳐 논의되도록 질문하는 것이다. 즉, 응답자가 원하는 방식대로 응답할 여지가 있는 질문 형식을 말하는 것으로, 클라이언트가 어떤 관심사를 선택할 수도 있고 무시할 수도 있기 때문에 탐색을 위한 충분한 시간을 가지는 것이 무엇보다 중요하다. 개방적 질문은 초기 면접이나 첫 만남에서 이용하는 것이 유용하지만, 자신이 생각하는 감정을 개방하여 공식화하는 데 익숙하지 않은 클라이언트는 지나치게 염려하거나 좋지 않은 느낌을 가질 수 있다.

(2) 폐쇄적 질문

폐쇄적 질문은 구체적인 상황에 초점을 두고 클라이언트가 응답할 수 있는 범위가 한정되는 질문이다. 사회복지사가 특정하고 구체적인 요구를 가지고 있거나, 클라이언트가 너무 당황하고 혼란스러워할 때 방향과 초점을 유지하기 위해 필요하게 된다.

2) 피해야 할 질문

사회복지사가 질문 형식을 취함에 있어서 자주 범하기 쉬운 실수는 유도적인 질문이나 암시적인 질문, 이중적 질문, 무엇을 묻고 있는지 클라이언트가 알 수 없는 질문 등을 사용하는 것이다.

- 유도하거나 제안하는 형태의 질문
- 지나치게 '예/아니요'를 많이 요구하는 질문
- 모호하거나 명확하지 않은 질문
- 지나치게 '왜'라고 하는 질문

(1) 유도하는 질문

이 질문은 클라이언트에게 특정한 방향으로 응답하도록 이끄는 질문이다. 예를 들면, "당신은 그게 잘못됐다고 생각하지 않나요?", "그 상황에서 당신은 싸우고 싶었던 게 사실이죠?", "과거에 이런 상황을 경험했군요, 그렇지요?"와 같은 질문이다.

유도하는 질문은 클라이언트를 당황하게 하거나 사회복지사의 견해에 대해 솔직하게 반대하기보다는 거짓말을 하도록 유도하기도 한다.

(2) 모호한 질문

모호한 질문은 클라이언트가 질문의 방향을 분명하게 이해하지 못하거나 받아들이지 못하는 형태의 질문으로, 사회복지사는 클라이언트가 그의 관심사나 상황을 더 구체적으로 묘사하도록 돕기 위해서 초점을 좁히는 기술을 사용하여야 한다.

(3) 다중적인 질문

한꺼번에 여러 가지를 질문하는 것이다. 클라이언트가 복합적인 질문을 받았을 때는 당황하여 혼동하거나 단순히 마지막 물음에 대해서만 이야기할 수 있기 때문에 한 번에 하나씩 질문하는 것이 좋다.

(4) '왜'라는 질문

'왜'라는 질문은 위협감을 주기도 하고 비난하는 질문의 성격을 가지고 있어서 클라이언트가 합리화하거나 답을 꾸미게 하며, 방어를 시도하게 할 수 있다. 대부분의 사람은 행동의 이유에 대해서 '왜' 그랬는지 잘 모르는 경우가 많아서 이러한 질문을 받으면 사회적으로 허용되는 답으로 반응한다.

(5) 사적 질문 & 논평

사회복지사는 종종 클라이언트가 사적인 질문과 논평하는 것을 처리해야 할 때가 있다. 대체로 사적인 질문과 논평은 다음과 같은 몇 가지 동기에 기인한다.

① 단순한 호기심
② 사회복지사의 자격 확인
③ 사회복지사와 클라이언트의 관계 통제, 즉 사회복지사와 개인적인 친구관계를 만들기 위함
④ 사회복지사에 대한 감정의 표현
⑤ 클라이언트 자신에 대한 감정의 표현

대부분 사적인 질문에 대해 솔직하고 정직하며 단순하게 대답하는 것이 좋다. 그리고 이러한 대답을 통해서 클라이언트의 주의를 그 자신에게로 돌리는 기회로 삼아야 한다. 사적인 질문은 사회복지사가 필요 이상으로 이야기하게 되는 위험성이 있으므로 주의를 기울인다. 사회복지사의 논평은 클라이언트의 교육, 사회, 문화적 배경을 고려해 클라이언트가 충분히 이해할 수 있는 용어를 사용한다.

3. 내용확인 기술

내용확인 기술은 사회복지사가 지금까지 클라이언트와 의사소통한 내용과 의미를 이해했음을 확인하는 것이다.

1) 명료화와 해석

클라이언트가 더 명시적으로 말하도록 격려하고 클라이언트가 말한 것을 반영하는 것으로, 유사한 말로 바꿔 표현하여 이해를 돕고 사회복지사가 이해했음을 입증하는 것이다.

해석은 클라이언트가 말한 것을 명확하게 설명하는 것이다. 사회복지사는 클라이언트에게 그의 어떤 행동이나 사고, 감정, 생각 등을 지적해 준다. 또한 그런 생각이나 감정이 본인에게 어떤 의미를 지니는지 그 의미에 관한 사회복지사 나름의 추리를 제시해 주는 것을 말하기도 한다.

2) 요약

사회복지사는 지금까지의 면접 내용이나 지난번 면접 내용을 요약한다. 요약은 토의해 온 항목의 주제를 명확히 해 주며, 사회복지사가 계속된 토의 내용을 알고 주의 깊게 들었다는 것을 의미한다.

요약하기 방식

① 새로운 세션을 시작할 때 이전의 세션에서 다룬 요점을 끌어내거나 요약
② 지금까지 다루어온 것에 대해 정확하고, 간결한 부분이나 자세한 내용 제공
③ 세션이 방향을 잃게 되거나 방향 없이 시작할 때, 적절한 시기에 간략하고 정확하게 요약

3) 허용과 일반화

면접 시 클라이언트의 자기 노출의 장벽 가운데 하나는 타인에 의하여 거절되지 않을까 하는 것이다. 치욕, 죄의식, 비난과 관련하여 난처해지는 것, 죄를 씌우는 것과 같은 내용에 클라이언트는 민감하게 느낀다. 이러한 내용에 대한 하나의 접근방법은 치욕이나 죄의식을 유발하는 감정을 표현하도록 먼저 허용하는 것이다. 또 다른 허용의 절차는 대단히 공통된 것으로 알려진 정서적 반응을 일반화하는 것이다.

4) 면접내용의 변화

면접의 내용을 바꾸어야 할 이유는 다음과 같다.

① 토의 내용이 고갈된 경우
② 면접의 원래 목적보다 클라이언트 자신의 다른 목적이 주가 되는 경우

5) 재초점화

면접이 본질을 이탈하였을 때, 사회복지사는 논의했던 주제로 되돌아가거나 필요한 다른 주제를 논의하면서 초점을 다시 맞추게 된다. 면접의 초점을 다시 맞추는 동안 사회복지사는 면접내용의 본질이 이탈하게 된 이유와 주제를 바꾼 이유를 이해하려고 노력한다.

6) 면접에서의 경청과 관찰

사회복지사는 클라이언트가 중요한 사실에 관해 말하는 것을 주의 깊게 경청하고 탐구 및 관찰해야 한다. 감정은 신체의 자세와 자발적인 신체의 움직임 또는 비자발적인 반응으로서 얼굴이 붉어지는 것과 땀을 흘리는 것, 말을 더듬는 것과 기침을 하는 것 등으로 표현되고 말의 속도, 음성의 고조 등으로 나타나기도 한다.

4. 표현기술

표현기술은 사회복지사가 면접의 핵심과 목적을 유지할 수 있는 몇 가지 방식을 설명한다. 이것은 사정의 목적을 위해 정보를 얻거나 토의해야 할 이슈를 탐색하고 확인하는 것과 같은 구체적인 목적을 실천하기 위해 필요하다.

1) 핵심과 목적에 초점 두기

사회복지사가 면접의 핵심과 목적에 충실하는 것은 그것이 클라이언트를 보다 적절하지 못한 이슈에서 벗어나게 하는 실천기술에 달려 있다. 이러한 기술은 사회복지사와 클라이언트 간의 라포나 신뢰를 방해받지 않고 면접의 목적에 충실할 수 있게 한다. 사회복지사가 이런 방식으로 중재해야 하는 경우는 다음과 같다.

① 다른 이슈를 제외하고 한 가지 이슈에 지나치게 초점을 두게 될 때
② 다른 내용이 없어지고 의사소통이 반복되고 있을 때
③ 토의가 주변적이거나 부적절한 이슈로 옮겨갈 때
④ 다시 생각해 보기 위해 어려운 이슈나 욕구에서 벗어날 때
⑤ 토론이 정서적으로 부담을 가지게 되어 침착함과 균형을 필요로 할 때

2) 고취시키기

고취시키기는 면접을 시작하거나 면접을 받는 사람을 격려하는 데 사용된다. 이것은 더 많은 대화를 격려하기 위하여 어떤 이야기와 다른 이야기를 연결시켜 주거나, 미완성한 문장이나 설명으로 직접 암시하여 더 많은 설명을 끌어내는 것과 같은 기술을 사용할 수 있다. 사회복지사는 고취시키기 기술을 사용할 때 시기 맞추기, 민감성, 친절한 어조, 관심을 보여 줌으로써 그 사람이 억지로 강요받고 있다는 생각이 들지 않도록 접근하는 것이 중요하다. 다른 사람을 고취시킬 때 그 사람의 이야기를 차단하기 쉬운데, 사람의 생각과 감정을 자신의 말로 설명하는 것은 중요하기 때문에 이야기를 차단하는 것은 반드시 피해야 한다.

3) 침묵에 대처하기

사회복지실천의 치료적 활동의 대부분은 언어로 구성된다. 말은 교환의 매개체이므로 침묵은 서비스 이용자와 사회복지사 모두에게 어려운 감정을 초래할 수 있다. 또한 침묵은 거절이나 불만의 신호로 사용할 수 있다. 침묵의 의미는 클라이언트에 따라 매우 다양하다. 그리고 동일한 클라이언트라도 면접의 상황에 따라 그 의미가 다를 수 있다. 사회복지실천 면접에서 침묵은 면접의 진행을 방해하는 것으로 보지만, 때로는 면접의 목적을 달성하는 데 효과적일 수 있다. 따라서 침묵으로 무엇이 의사소통되는지, 즉 침묵이 어떻게 사용되고 있는지를 명백히 하는 것이 중요하다. 이것은 사회복지사가 얼마나 오랫동안 침묵을 허용할 것인가를 이해하는 데 도움을 주는 것이다.

5. 종결기술

면접의 종결을 위한 준비는 면접의 초기에 계획된다고 하였다. 이러한 관점은 초기, 중간, 종결 단계마다 클라이언트와의 접촉과 경험을 종결하는 것으로 생각하게 한다. 사회복지사는 실천 활동의 계획과 준비 단계에서 종결을 고려해야 한다.

종결은 좋은 경험을 할 기회를 제공하기도 하지만, 어떤 개인은 변화가 있어도 실망하고 실패한 경험을 가지고 있어서 종결을 매우 어렵게 여기기도 한다. 이러한 이유로 종결이 기대하지 않은 감정을 일으킬 수 있다는 것을 기억해야 한다.

면접 과정에서의 책임

① 시간이 최대한 효과적으로 활용되도록 면접을 구성할 책임이 있다.
② 기관의 정책과 절차를 클라이언트에게 설명하고 클라이언트가 잘못 이해한 부분을 교정할 책임이 있다.

③ 사회복지사가 할 수 없는 어떤 것을 하겠다는 약속을 하지 않는다.
④ 사회복지사는 전문용어의 사용을 피해서 자연스러운 진행을 한다.
⑤ 클라이언트의 말을 이해하지 못했을 경우 다시 물어 명확히 한다.
⑥ 면접의 목적과 관련하여 상호작용의 초점을 맞춰야 한다.
⑦ 저항 인식과 그것을 처리할 수 있는 기술을 가진다.
⑧ 의도적인 질문과 의미 있는 상호작용을 통하여 면접을 촉진한다.
⑨ 클라이언트의 말을 경청하고 이해한다.
⑩ 충분한 주의를 기울이고, 비약하여 결론을 유도하지 않는다.
⑪ 클라이언트가 안정되게 면접에 참여할 수 있는 좋은 분위기를 조성할 책임이 있다.
⑫ 클라이언트의 반응의 차원을 분리시키며 파악해야 한다.

면접은 그 자체가 하나의 개입기술로 간주될 수 있다. 즉, 면접은 그 자체가 변화를 불러올 수 있는 것이다. 이러한 이유로 면접의 기술은 우리의 작업이 의미 있는 가치 토대 안에서 구조와 목적을 갖춘 활동이라는 점을 확인시켜 주어 사회복지사에게 매우 중요한 것이다. 그리고 면접기술은 난해하고 혼란스러운 상황이나 복잡하고 다루기 어려운 문제를 만났을 때에도 결정적으로 유용한 기술이다.

제7절 자료수집 방법

1. 면담(interview)

1) 면담의 의의

언어의 상호작용을 매개로 하여 피면담자로부터 연구목적에 부합되는 여러 가지 정보를 수집하는 방법으로서, 일반적으로 관찰법과 병행하여 사용한다.

2) 면담의 종류

(1) 구조화된 면담

사전에 치밀한 면담계획을 세워서 면담을 진행하는 방법이다. 정보 비교가 쉽고 신뢰도가 높다. 미숙한 면접자도 실시 가능하며, 질문 어구나 언어 구성에서 오는 오류를 방지할 수 있다는 장점을 가진다.

(2) 비구조화된 면담

면접원이 자유형식에 의해 질문하는 방식으로, 사전에 질문할 것을 미리 정하지 않는다. 자연스러운 분위기로 응답자의 자발성이 존중되며, 응답자의 응답이 중심이 되어 문제에 접근하는 방식이다. 면담이 목적하는 바의 정보를 깊이 있게 얻을 수 있고 융통성이 있다는 장점을 가진다. 반면, 고도의 전문적인 기술이 요구되고, 표준화할 수 없다는 단점이 있다.

(3) 반구조화된 면담

비구조화된 면담과 구조화된 면담을 상호 보완한 방법으로, 면담계획은 구조화시키고 면담의 진행은 면접자에게 일임하는 형식을 가진다. 실제로 가장 많이 사용되는 방법이다.

3) 면담의 기능

① 진단 기능 : 상대방으로부터 어떤 정보나 자료를 얻는 기능을 수행
② 치료 기능 : 면담의 과정 중에 문제해결에 도움을 주는 기능을 수행

4) 면담의 장점

① 깊이 있는 정보를 수집할 수 있으며, 조사 활동에 있어서 융통성이 있다.

② 문맹자에게도 실시가 가능하며, 응답률이 높다.

③ 응답자를 확인할 수 있다.

④ 부수적인 자료의 수집이 가능하다(면담과정에서 연구목적과 직접 관련되는 다른 자료의 수집이 가능하다).

5) 면담의 단점

① 고도의 기술이 필요하며, 많은 시간과 경비가 소요된다.

② 익명이 불가능하다.

③ 아무리 구조화되어도 피면담자의 응답 내용이 면접자에 따라 달라질 수 있다.

④ 면담기술이 미숙할 경우 편견을 갖거나 그릇된 판단을 할 가능성이 높으며, 면접자의 주관이 개입될 수 있다.

2. 현장연구법

1) 현장연구법의 의미

현장연구란 실천연구, 실행연구라고도 하는데, 교육현장의 실천상 문제를 개혁하기 위하여 현장 교사가 주체가 되어 과학적인 방법으로 추진하는 연구법으로서, 조작적 연구 혹은 협동적 연구라고도 한다.

2) 현장연구법의 기본 전제

① 연구의 윤리성이 보장되어야 한다.
② 장기간에 걸친 실천이 전개되어야 한다.
③ 일반화는 고려하지 않는다.
④ 현장 교육적 효과가 전제되어야 한다.

3) 현장연구법의 특징

① 문제를 직접 교육현장의 실천 과정에서 찾는다.
② 목적을 교육실천에 둔다.
③ 반드시 현장 교사가 참여한다.
④ 연구결과를 일반화하는 데 있어서 사태가 비슷한 학교에만 적응시킬 수 있다.
⑤ 교사에게 현직의 교육적인 가치를 가지게 한다.
⑥ 연구 과정에서 연구계획의 일부를 변경할 수 있다.
⑦ 당면한 사태에 기초를 두고 추진한다.

4) 현장연구의 분류

진단형	문제행동에 대한 원인을 진단하고 치료 방법을 강구하며, 강구된 치료 방법을 실천함으로써 문제행동을 정하는 연구 방법
단일군형	보다 나은 교육실천 혹은 이미 찾은 교육의 원리나 법칙의 적용을 위하여 목적을 설정하거나 가설을 형성하여 실천하는 연구 방법
통제군형	교육을 실천할 때 나타나는 제반 문제를 해결하기 위해 가설을 형성하여 실천하고 그 합리성을 검증하되, 통제집단과의 비교를 통해 검증하는 현장연구 방법

5) 현장연구의 영역

① 훈련 : 통계 및 연구법에 관한 제한된 훈련이 요구되며, 정밀한 설계나 분석이 필요하지 않다.

② 목적 : 학급사태에 직접 적용할 수 있는 지식의 획득 및 참가자에 대한 현직교육을 위해 필요하다.

③ 문제의 소재 : 문제는 학급교사가 곤란을 느끼거나 그의 수업을 방해하는 것에서 찾는다.

④ 가설 : 특수한 문제의 진술이 가설의 역할을 하며, 이상적으로는 형식적 연구와 같게 한다.

⑤ 문헌조사 : 2차적 자료를 가능한 한도 안에서 살핌으로써 연구 분야에 관한 일반적인 내용을 이해할 수 있다.

⑥ 표본 : 현장에서 가르치고 있는 학급의 학생이나 연구를 진행하고 있는 교사를 그 대상으로 삼는다.

⑦ 실험설계 : 사전에 개략적인 대책을 세우지만, 연구 과정에서 더욱 효과적인 방법이 생각나면 수정할 수 있다.

⑧ 측정 : 과학적인 방법보다 조금 덜 임밀한 측정을 한다.

⑨ 자료 분석 : 간단한 분석방법으로도 충분하다.

⑩ 연구의 응용 : 연구결과는 학습 개선에 즉각적으로 도움이 된다.

3. 사례연구법

1) 사례연구법의 의의

① 특정한 개인에 대한 여러 종류의 필요한 사항을 조사하고, 그 개인이 가지고 있는 문제의 원인을 진단하여 적절한 치료를 모색하는 방법이다.

② 문제아 및 정상아의 연구, 학생의 분류나 배치 등에 사용되는 방법이다.

2) 사례연구의 장점

① 특정 대상을 여러 측면에서 종합적으로 연구하는 것이므로 문제해결을 위해 보다 의미 있는 자료를 제공해 줄 수 있다.
② 학생에 관해 미리 조사·수집한 자세한 자료가 있을 경우, 사례연구는 상담의 기초를 제공해 준다.
③ 실시 과정에서 연구자와 연구대상이 자주 접촉하므로 친밀한 인간관계가 형성될 수 있고, 서로를 더 잘 이해하게 되므로 문제해결에 도움이 된다.
④ 어떤 특정 대상의 문제를 해결하는 데 도움이 되며, 상담자나 일반교사에게 실제 사례를 들어 줌으로써 그들을 훈련시키거나 재교육하는 데 유용한 자료를 제공한다.

3) 사례연구의 단점

① 연구대상의 외면적인 사실에 너무 치중한 나머지 내면적이고 본질적인 문제, 심리적·정서적 문제를 간과할 우려가 있다.
② 자료수집에 치우치다가 연구대상의 현재 상태에 대해서 소홀할 우려가 있다.
③ 특수한 사례에 관한 것이므로 연구결과를 일반화할 수 없다.
④ 사례연구는 신뢰도와 타당도의 측면에 약점이 있다.
⑤ 여러 사람이나 많은 사례를 동시에 연구대상으로 삼기에는 곤란하고, 사례연구를 하려면 시간과 노력이 많이 들기 때문에 비경제적이고 비능률적이다.

4) 사례연구의 절차

① 문제의 규정 : 행동의 어떤 측면, 생활 과정의 일면, 필요 사태 등의 형태로 연구단위를 발견한다.

② 자료의 수집 : 문제를 설명하거나 그 원인을 규명함으로써 진단의 기초 자료를 제공한다.

③ 원인의 진단 : 문제 행동에 영향을 미친 기본적인 부적응의 원인을 찾는다.

④ 지도 및 치료 : 전문가에 의해 수행되는 것이 바람직하지만, 교사나 학부모의 협력이나 책임으로 수행된다. 치료의 목적은 개인의 잠재 가능성을 최대한 신장하는 것이다.

⑤ 추후 지도 : 처치 후의 성공 여부를 검토한다.

4. 질적 연구 방법

질적 연구는 자연스러운 관찰, 참여적 관찰을 중시하고 기술적인 자료가 사용되며, 결과보다는 과정을 중시한다.

1) 양적 연구와 질적 연구의 비교

양적 연구	질적 연구
심리학, 통계학	인류학, 사회학
행동심리학	민속학
변인 통제 가능함	변인 통제 어려움
실험실에서 이루어짐	자연 상태에서 연구함
통계적, 연역적	비통계적, 귀납적

2) 질적 연구의 특징

① 자료 원천으로서 자연환경 : 연구 대상자의 자연스러운 행동을 관찰한다.

② 연구자 자신의 도구성 : 연구자 자신이 연구 장소에 참여하고, 연구자 자신의 통찰이 주된 자료분석 도구이다.

③ 기술적 연구 : 어떤 현상을 사실대로 기술하는 데 초점을 둔다.

④ 과정의 중시 : 결과보다는 과정을 더 중시한다.

⑤ 자료의 귀납적 분석 : 가설을 입증하거나 부정하기 위해 자료를 수집하는 것이 아니라, 수집한 자료를 분석함으로써 그 체계가 드러나도록 한다.

⑥ 의미의 중요성 : 사람이 자신의 삶에 의미를 부여하는 방법에 관심을 가진다.

사회복지대상자 사례 분석

사례 1

1. 대상자 발굴 사안

얼마 전 우연히 알게 된 상담교사가 있는데, 이번 과제를 해결하기 위해 그 선생님에게 사회복지 서비스가 필요한 학생이 있다면 소개해 달라고 부탁하였고, 이번 과제의 대상자로 선정된 학생을 소개받았다. 먼저, 비밀이 보장되어야 하므로 상담교사로서 이 학생을 직접 만나지는 못하였지만 그가 처한 배경에 대한 이야기를 어느 정도 자세히 들을 수 있었다.

2. 대상자 소개

이 름	○○○	성 별	남
출생년도	1995	직 업	중학생 (2학년)
가 족	아버지, 어머니		
현재 거주	△△△		

현재 중학교 2학년에 재학 중인 ○○○ 학생은 아버지, 어머니와 함께 △△△에서 살고 있다. 어렸을 때부터 예의 바르고 똘똘하여 주위 어른들로부터 예쁨을 받는 학생이었다. 학업 성적도 우수하여 초등학교 재학 당시 늘 반장을 도맡아 했으며, 초등학교 6학년 때는 전교 어린이회장도 하였다. 거기에 축구, 농구 등 갖가지 운동도 잘해 주위에는 친구가 끊이지 않았고, 또래 친구들과 학교 선생님으로부터 관심과 사랑을 받았다.

그러나 중학교 진학 후 학업 성적이 점점 떨어지기 시작하더니 이제는 학업에 전혀 관심을 두고 있지 않다. 작은 일에도 화를 쉽게 내고, 가끔씩 스트레스를 심하게 받을 때는 자신의 화를 주체하지 못해 창문에서 뛰어내리거나 손목을 칼로 긋는 등의 자살시도 행위를 몇 차례 해 왔다. 지각이나 숙제를 안 했다는 이유로 선생님께 혼이 나거나 벌을 설 때는 머리가 아프다거나 배가 아프다는 핑계로 상황을 모면하려 하였다. 이러한 이유로 ○○○ 학생에게 관심을 보였던 또래 친구들은 점점 그를 외면하고, 자살시도 행위를 할 때에는 두려워하고, 피하려 한다.

3. 대상자의 환경

○○○ 학생의 아버지는 3년 전 사업 실패로 매일 술을 마시다 결국 알코올 중독자가 되어 현재는 경제 활동이나 가족 부양 등 가장으로서의 역할을 전혀 하지 않고 있다. 이런 아버지를 대신해 어머니가 경제 활동을 하고 있는데, 늦은 나이에 시작한 사회 활동이다 보니 많은 어려움이 있다. 작은 회사를 다니고는 있지만 적은 월급으로 세 식구가 살기에는 넉넉하지 않으며, 가족부양의 스트레스와 과도한 업무로 인해 만성두통과 위장병을 앓고 있다. 회사일이 바빠 집안일은 전혀 못하고 있다.

4. 대상자의 문제 상황(환경)

(1) 본인의 상황 : 자신의 감정을 추스르지 못하여 몇 차례 자살시도 행위를 하였다.

(2) 친구와의 관계 : 자살시도 행위로 친구들은 ○○○ 학생을 멀리하고 마주치는 것을 두려워한다. 과거의 똑똑하고 예의 바르던 ○○○ 학생의 모습은 기억하나, 현재는 그렇게 생각하지 않는다.

(3) 가정환경

① 부모님의 상황 : 알코올 중독의 아버지와 경제 활동으로 바쁜 어머니 밑에서 ○○○ 학생은 중학교 2학년이 받아야 할 부모님의 사랑과 돌봄을 전혀 받지 못하고 있는 상황이다.

② 경제적 측면 : 어머니 혼자 경제 활동을 하며 월급이 적어 세 식구가 생활하기에는 부족하다.

5. 사회복지 수혜 서비스 내용

교육청 소속 □□□□□에게 현재 세 차례 상담을 받았다. □□□□□는 상담을 통해 현재 ○○○ 학생과 학생의 환경의 문제가 무엇인지 파악하고, 학생이 자신의 문제를 깨달을 수 있도록 도와주었다. 스스로 문제를 극복하고 해결해야 함을 각인시켜 주고, 자신의 생각과 마음을 변화시킬 수 있도록 도와주고 있다.

또한 학교 담임선생님과 교과 담당 선생님에게 조언을 구해 ○○○ 학생이 화를 내거나 스트레스를 받을 시 자살행위를 하지 않도록 옆에서 학생을 진정시켜 줄 것을 당부하고, 친구들에게도 그가 자살행위를 할 때 당황하거나 무서워하는 것이 아니라 그 상황을 극복해 나갈 수 있도록 도와줄 것을 당부하였다.

가장 중요한 것은 ○○○ 학생 부모님의 태도 변화인데, 그것은 아직 지역사회복지 관련 센터와 접촉되지 않아 시도하지 못하고 있다.

6. 앞으로 필요한 정책 및 프로그램

(1) 학생 본인의 문제

① 자살 예방 교육 : 정신건강 전문가와 연계해서 부모님과 ○○○ 학생에게 자살에 영향을 주는 우울 증상 등의 정신건강 상담을 받도록 한다. 특히 화를 잘 참지 못하는 ○○○ 학생에게는 여러 가지 치료 프로그램을 통하여 인내심을 배양시키며, 생명의 존귀함을 고취시킨다.

② 학업의 부담 : 개별 상담을 통하여 학업에 관한 어려움을 상담하고 해결방안을 모색한다. 정신건강 증진 프로그램에 참여시켜 학업으로 인한 스트레스를 대처할 수 있도록 돕는다.

(2) 부모님의 문제

① 지역의 사회복지기관과 연계하여 가정형편의 어려움을 상담하고 경제적 지원이나 정보제공 등 해결 방안을 모색한다.

② 지역 사회복지기관이나 알코올 중독 치료 전문기관과 연계하여 아버지의 질병을 하루빨리 치료한다. 치료 후 경제 활동에 참여할 수 있도록 교정 및 직업훈련 교육 후 알맞은 직업 현장에 배치한다.

(3) 또래와의 관계

또래와의 관계에 관한 고민을 상담하고 해결 방안을 모색한다. 학급 전체와 함께하는 프로그램 등으로 학생과 학급 친구와의 관계를 함께 이해할 수 있도록 한다. 담임선생님의 지속적인 모니터링으로 학급 친구와의 관계를 해결할 수 있도록 한다. 지역사회와 연계하여 정서적으로 지지해 줄 수 있는 멘토링 프로그램에 참석시킨다.

사례 2 : 상담 축어록

1. 내담자 인적사항

성 별	남
나 이	18살
직 업	고등학생(수험생)
가족관계	아버지, 어머니, 누나, 본인
문 제	진로문제와 그에 따른 성격 및 학교 성적 문제로 고민하고 있고, 지나친 자신감 부족과 걱정·불안 등으로 고민하고 있다.

2. 축어록

상담자1 : 안녕하세요?

내담자1 : 네, 안녕하세요?

상담자2 : 요즘 날씨가 선선해서 너무 좋죠?

내담자2 : 네.

상담자3 : (미소 지으며) 그럼 저에게 어떤 사유로 왔는지 말씀해 주실 수 있나요?

내담자3 : 네, 저는 수험생인데 요즘 진로 고민 때문에… 너무 우울해요.

상담자4 : (고개를 끄덕이며) 그렇군요.

내담자4 : 네, 제가 하고 싶은 일은 따로 있는데, 현실적으로 성적에 맞춰서 가야 되니까 답답하고 고민이 돼요.

상담자5 : 내담자께서 하고 싶은 분야는 어떤 분야인지 물어봐도 되나요?

내담자5 : 저는 유치원 교사가 되고 싶어요.

상담자6 : (고개를 끄덕이며) 그렇군요. 아이들을 좋아하나 봐요.

내담자6 : 그런데 제 성격이 소심하고 내성적이라, 사실 잘할 수 있을지도 잘 모르겠어요. 하고 싶은데…. 제 성격을 고쳐야 되겠죠?

상담자7 : 지금 내담자께서는 진로문제로 무척 고민하고 있고 그에 따른 성격과 학교 성적문제로 스트레스를 받으시는 것 같군요.

내담자7 : 네, 학교에서는 무조건 성적에 따라서 커트라인대로 하니까 좀 짜증나요.

상담자8 : 유아교육과를 지원할 수 있는 커트라인이 꽤 높은가 봐요?

내담자8 : 그렇다기보다는 아무래도 괜찮은 학교의 유아교육과는 경쟁률이 세니까요. 좀 안 좋은 학교의 유아교육과는 낼 수 있는데…, 사실 학교가 안 좋으면 아무래도…. (말끝을 흐린다.)

상담자9 : 아무래도 … ?

내담자9 : 학교를 보자니 과가 마음에 안 들고 내가 원하는 과를 가자니 학교가 마음에 안 들어요. 휴우.

상담자10 : 그렇군요. 그럼 학교 이름을 보고 가는 것과 원하는 과를 가는 것 중에 어떤 것이 더 후회하지 않을 수 있는지 같이 생각해 봐야 할 것 같군요.

내담자10 : 네, 사실 지금 당장은 알아주는 학교를 가는 게 더 끌려요.

상담자11 : 그럼 2가지 경우를 다 생각해 볼까요. 학교 이름을 보고 갔을 경우와 원하는 과를 지원해서 갔을 경우를 …. 음, 2가지 경우의 10년 후를 생각해 보는 것도 좋은 방법일 것 같군요.

내담자11 : … (침묵)

상담자12 : 그리고 막연하게 하고 싶은 걸 한다고 나중에 후회하지 않는 게 아니니까 자기 적성에 맞는지도 고려해 봐야 할 것 같다는 말을 해 주고 싶어요.

내담자12 : 네, 저는 아이들을 너무 좋아해서 어렸을 때부터 선생님이 되고 싶었어요. 그런데 성격이 내성적이라 누구 앞에 서게 되면 늘 자신이 없었어요. 그래서 진짜 내가 교사가 되서 아이들을 잘 가르칠 수 있을까 하는 점도 많이 걱정되고요.

상담자13 : (고개를 끄덕이며) 지금 내성적인 성격 때문에 고민하고 있는데 성격이 내성적이라고 해서 나쁜 건 절대 아니라고 생각해요. 그리고 내가 보기엔 아이들을 많이 좋아하는 것 같고 자신감만 조금 더 가진다면 아주 훌륭한 유치원 선생님이 될 수 있다는 생각이 들어요.

내담자13 : (표정이 밝아지며) 그럴까요? 그렇게 말씀해 주시니까 힘이 나요.

상담자14 : (미소 짓는다.)

내담자14 : 아, 그리고 한 가지 더 고민이 있는데, 제가 긴장을 하면 아무것도 못 해요. 그런데 수능시험을 칠 때 긴장해서 시험을 망칠까 봐 요즘 너무 불안해 죽겠어요.

상담자15 : (동감하며) 불안과 긴장 때문에 걱정이 많은가 보군요. 주로 어떨 때 긴장을 하는지 이야기해 보겠어요?

내담자15 : 음…, 여러 사람 앞에 나설 때나 시험을 칠 때면 완전히 긴장해서 제대로 시험을 못 봐요. 어떻게 하면 좋죠? (울상 짓는다.)

상담자16 : 그렇군요. 내담자께서는 중요한 시험 앞에서 긴장해서 그걸로 인해 시험이 망치진 않을까 걱정되고 많이 불안하군요.

내담자16 : 네, (한숨을 깊게 쉬며) 다른 사람들은 자신 있고 당당하게 잘하는 것 같은데 왜 저만 이런지 모르겠어요.

상담자17 : 그런 걱정과 생각이 오히려 더 불안하고 긴장하게 만드는 건 아닐까 생각해 봐요. 너무 겁먹지 말고 긴장을 푸는 법을 익혀서 긴장될 때마다 스스로 긴장을 푸는 방법이 좋을 것 같은데…, 내담자 생각은 어때요?

내담자17 : 긴장에 대처하는 방법…. 음, 제가 잘할 수 있을까요?

상담자18 : 물론이죠. 시험을 칠 때나 어려운 일이 닥쳤을 때 긴장과 불안 때문에 걱정이라고 했는데, 이런 문제는 보통 사람들에게도 정도의 차이이지 모두 공통으로 가지고 있는 문제이기 때문에 너무 걱정하지 않아도 될 거예요. 내담자분 스스로 긴장에 대처하는 방법을 찾고 노력한다면 차츰 나아질 거예요. 그리고 좀 더 능숙하게 불안과 긴장에 대처할 수 있게 될 거예요.

내담자18 : (웃으며) 그렇게 말씀해 주시니 한결 마음이 편해지네요.

상담자19 : 네, 잘할 수 있을 거예요. 또 다른 고민이나 어려움이 있나요?

내담자19 : 음…, 아니요.

상담자20 : 혹시 다른 고민이 생기면 언제든 찾아오길 바랍니다.

CHAPTER 07

사회복지실천 과정

사회복지실천 과정이란 전체적인 문제해결 과정을 말하는 것으로서 클라이언트, 즉 도움을 필요로 하는 사람이 도움을 받기 위해 사회복지사를 처음 만나는 과정부터 시작해 클라이언트의 문제를 확인하고 진단 및 사정하는 과정을 거쳐 구체적인 개입과 종결 및 평가하는 과정 등을 포함한다.

사회복지실천 과정에 대해서는 여러 학자마다 상이한 형태로 설명하고 있다. 먼저, 핀커스와 미나한(1973)은 사회복지실천 과정을 초기접촉, 자료수집, 사정, 계약, 행동체계, 영향력 행사, 변화 노력의 종결 과정으로 분류하고 있으며, 헵워스와 라슨(Hepworth & Larsen, 1993)은 탐구, 사정, 기획, 변화지향 단계, 종결과 평가의 단계로 분류하고 있다. 그리고 콤튼과 갤러웨이(1999)는 자료수집과 사정, 업무동의, 개입, 평가, 종결의 과정으로 설명하고 있으며, 팀버레이크와 그 동료들(Timberlake et al., 2002)은 계약, 자료수집, 사정, 개입, 평가와 종결의 과정으로 사회복지실천 과정을 분류하였다.

이와 같이 사회복지실천 과정은 학자에 따라 몇 가지 단계로 분류되고 있으며, 이러한 단계는 사회복지실천 과정이 기본적으로 일정한 과정 또는 구체적인 단계로 구성되어 있음을 보여 주고 있다. 즉, 사회복지실천은 전문적 활동의 진행 과정이 어느 정도 구조화되어 있으며, 각 단계별로 고유한 업무가 규정되어 있어서 사회복지사는 각 단계에 수반되는 업무를 규범적으로 추진하게 된다는 것을 의미한다(김기태 외, 2007).

따라서 사회복지실천 과정을 접수, 사정, 계획수립, 개입, 종결과 평가로 구분하여 각 단계별로 보다 구체적인 내용을 살펴보기로 한다.

제1절 접수 단계

자신의 문제를 안고 있는 클라이언트는 이를 해결하기 위해 사회복지사를 찾게 된다. 이때 클라이언트를 만난 사회복지사는 클라이언트를 대상으로 구체적으로 무엇을 어떻게 도와줄 것인지 결정을 해야 한다. 접수 단계는 사회복지실천 과정의 첫 번째 단계로서, 먼저 클라이언트를 만나 서비스의 적격 여부를 판단하고, 클라이언트와 긍정적인 관계를 수립함으로써 개입에 필요한 구체적인 자료를 수집하는 단계이다.

1. 접수

접수(intake)란 클라이언트가 도움을 요청한 문제와 욕구를 확인하여 기관에서 서비스를 제공해 줄 수 있는지의 여부를 결정하는 과정을 말한다. 접수는 사회복지실천 과정의 최초 단계이며 매우 중요한 과정이므로 기관에 따라서는 경험과 지식이 풍부한 접수만을 담당하는 사회복지사를 두어 접수 단계의 중요성을 강조하기도 한다.

클라이언트의 문제해결 과정을 위해 사회복지사가 해야 할 일은 클라이언트와 그 가족에게 기관의 목적과 정책, 사회복지사의 역할, 기관에서 제공 가능한 서비스, 클라이언트의 역할, 기관의 한계점 등을 명확하게 설명해 주고 클라이언트의 문제를 사정하여 기관에서 적합한 서비스를 제공할 수 있는지 판단하는 것이다.

따라서 접수 단계에서 클라이언트에 대한 정확한 판단을 내리기 위해서는 우선 클라이언트와 그 가족과 관련된 다양한 정보를 파악해야 한다. 클라이언트의 특성과 문제, 욕구, 클라이언트가 가지고 있는 자원과 문제해결능력 등에 대한 구체적인 파악이 필요하다.

만일 접수 단계에서 클라이언트의 문제와 도움을 받고자 하는 서비스의 내용이 기관의 정책과 서비스 범위를 벗어나거나 클라이언트의 문제해결을 위해 보다 더 적합한 서비스 기관이 있을 경우에는 클라이언트에게 서비스를 연결시켜 주는 타기관 의뢰서비스가 필요하다.

의뢰는 단순히 다른 기관에 대해 간단히 안내해 주는 것이 아니라 의뢰하는 기관명과 위치, 서비스 내용, 담당 사회복지사 등 정확한 정보를 안내해 주어야 하며 그 기관의 접수담당자와 직접 연결하여 주는 적극적인 내용을 포함하고 있다. 따라서 사회복지사는 인근의 다양한 사회복지기관과 관련 기관의 기능, 역할, 강점과 약점, 접촉 가능한 담당자 등에 대한 정보를 가지고 있어야 하고, 이들 기관과의 상호 연계를 확립하고 있어야 한다.

2. 신뢰관계의 형성

접수 단계에서 클라이언트가 기관과 사회복지사에 대해 갖는 첫인상은 클라이언트가 앞으로의 서비스 개입 과정에 적극적으로 참여하는지에 영향을 주게 되므로, 사회복지사는 도움을 받기 위해 찾아온 클라이언트의 감정 상태를 잘 파악해서 신뢰를 줄 수 있어야 한다. 먼저 사회복지사는 클라이언트를 만나기 전에 자기 자신을 되돌아보고, 안정된 심리상태를 유지할 수 있도록 하여야 하며, 저항이나 양가감정과 같은 클라이언트의 반응에 잘 대응할 수 있도록 준비해야 한다. 일반적으로 사회복지기관에서 서비스를 받는 클라이언트의 감정 상태는 우울하고 무력하며, 상처받기도 쉽고, 무능하게 보일까 봐 걱정하며, 자신의 문제를 스스로 해결할 수 없는 것으로 보고 문제해결의 의지가 없거나 포기하고 있을 수도 있다. 이와 같이 접수 단계에서 사회복지사의 클라이언트에 대한 태도는 관계의 질을 결정짓는 중요한 요인이며, 클라이언트의 서비스 개입 과정에 대한 적극적인 참여에 매우 큰 영향을 미치게 될 것이다.

따라서 접수 단계에서 클라이언트가 자기 문제를 드러내고 자연스럽게 감정을 표현하도록 돕기 위해서는 사회복지사와의 관계가 안전하다는 신뢰가 필요하다. 신뢰관계의 형성에는 언어적, 비언어적으로 클라이언트에게 관심을 기울이는 사회복지사의 진실한 자세가 필요하며, 자발적인 클라이언트인지 비자발적인 클라이언트인지를 파악하고, 클라이언트가 말하는 내용의 진정한 의미를 이해하기 위해 노력하고 고통을 함께 나누는 공감의 자세를 보여 주어야 한다.

또한 사회복지사가 클라이언트의 참여를 유도하기 위해서는 클라이언트와의 관계형성, 동기화, 저항감 해소와 양가감정의 수용과 같은 과업이 요구된다. 클라이언트의 참여는 성공적인 개입의 필수적인 조건이다. 사회복지실천현장에는 자발적인 클라이언트도 있지만 비자발적인 클라이언트도 많으므로 라포 성립을 통해 참여를 유도하는 것은 사회복지사의 매우 중요한 능력이다. 라포 성립을 위해 사회복지사는 우선 클라이언트가 가지고 있는 저항감을 이해하고 가능한 한 해소할 수 있도록 노력해야 한다. 사회복지사와 클라이언트와의 만남에서 클라이언트와 관련된 모든 체계는 변화 노력을 시작하는 것에 대한 저항의 4단계(갈등 - 방어 - 해결 - 통합)와 양가감정을 경험하게 된다. 저항감은 양가감정에 기인하는 자연스러운 반응으로, 저항감과 양가감정의 해소는 원조 과정의 성공적인 진행에 큰 영향을 준다. 특히 비자발적인 클라이언트는 자발적인 클라이언트보다 저항감이 강하기 때문에 사회복지사에 대해 적대적이며 방어적인 태도를 취하게 된다. 만일 사회복지사가 지나치게 권위적이거나 심판적인 태도를 보인다면 변화를 원치 않는 클라이언트는 더욱 위축되고 반발하게 될 수 있다(엄명용 외, 2007).

비자발적인 클라이언트에게 나타나는 일반적인 행동양식에는 부정, 투사, 적개심, 거리 두기 등의 행동적 특성을 볼 수 있다. 부정은 자신이 아무 문제가 없고, 문제가 있어도 스스로 해결할 수 있으며, 스스로 해결할 수 없더라도 이 문제로 인해 무엇이 행해질 수 있는지 알고 싶지 않다고 말하는 것이다. 투사는 문제가 존재하는 것은 인정하지만, 이 문제는 자신이 아닌 다른 사람이 일으킨 것이고, 다른 사람이 그만두거나 다르게 행동하면 해결될 것으로 여기는 것이다. 적개심은 공격을 최선의 방어로 여겨 도움이 필요하다고 여기거나 자신이 바라는 도움이 제공되지 않는 것에 화를 내는 것을 말한다. 또한 적개심은 공개적이고 적대적인 말과 행동으로 혹은 말보다 더 지독한 묵비권으로 표출될 수 있다. 거리 두기는 분노가 표출되는 또 다른 방식으로 문제로부터 자신을 심리적으로 떼어 놓는 것으로 그 문제와 관련된 감정이나 책임감을 외면하는 것을 의미한다. 비자발적인 클라이언트가 사회복지기관에 오게 된 경우 다음에 제시된 2가지의 시도를 권한다(Perlman, 1979).

첫째, 비자발적 클라이언트의 저항에 대한 인정과 수용을 말로 전달한다. 이는 클라이언트가 부정적인 감정을 표현하고 싶은 것을 사회복지사가 이해하고 이를 수용할 수 있음을 클라이언트에게 이야기하는 것이다.

둘째, 왜 그가 여기 보내졌는지 그의 생각을 말하도록 요청한다. 현실을 명료화하고, 오해를 바로잡고, 자신이 원하지 않는 의뢰에 관한 느낌과 태도의 표현과 반응의 기회를 갖는 것이다(최해경, 2009).

비자발적인 클라이언트 외에 자발적인 클라이언트이지만 문제해결에 대해 부정적이거나 다소 회의적이며, 적극적인 문제해결의 의지가 부족한 클라이언트가 있다.

의기소침한 클라이언트에 대한 실천 과정은 다음과 같다(임상록 외, 2009).

첫째, 비협조적이고 냉담한 클라이언트를 처음부터 사회복지사의 의지대로 변화시키려 하기보다는 있는 그대로 수용하려고 노력해야 한다.

둘째, 클라이언트의 상태를 잘 이해하고 있다는 느낌을 갖도록 감정이입적인 태도를 보인다.

셋째, 클라이언트의 감정 표출을 유도하여 그가 분노하고 있는 문제가 무엇인지, 의기소침한 이유가 무엇인지를 알아보고 클라이언트에게 반드시 필요한 구체적인 서비스를 제공하여 긍정적인 관계형성을 이루어야 한다.

넷째, 클라이언트의 긍정적인 변화에 대해 희망과 용기를 갖도록 격려한다.

다섯째, 클라이언트에 대해 단기간의 변화를 기대하여 부담감을 주기보다는 점진적인 관계형성을 통해 신뢰관계가 이루어질 수 있도록 인내심을 가지고 노력해야 한다.

여섯째, 클라이언트가 자신의 문제를 인식하고 스스로 변화를 꾀할 수 있는 능력을 가질 수 있도록 해결능력을 키워 주고 클라이언트에게 변화의 가능성이 충분함을 확신할 수 있도록 지지해 준다.

일반적으로 기본적인 인간관계에서조차도 감정이입, 인정, 온정, 진실성 등의 요소가 필요하다(Kirst-Ashman & Hull, 1993). 특히 클라이언트와의 원조 관계를 형성하는 것은 감정이입 외에 상호 신뢰와 존중이 더욱더 중요하다. 또한 사회복지사가 클라이언트의 어려움에 관심을 보이는 공감 반응은 신뢰 형성의 출발점이다. 클라이언트는 자신이 취약하다고 느낄수록 더 부정적일 수 있기 때문에 사회복지사가 같은 시대를 살아가는 한 사람으로서 클라이언트를 자신과 동등한 인격체로 대하는 것이 공감 반응의 시작이라 할 수 있다(Gambrill, 2006).

이와 같이 사회복지사가 클라이언트의 초기 부정적 감정과 두려움을 이해해 주면 클라이언트는 사회복지사를 신뢰하게 되고, 사회복지사가 자신을 이해하고 진정으로 돕고자 하는 의지가 있다고 느낄 때 신뢰관계가 형성된다.

그러므로 사회복지사는 클라이언트가 사회복지사와의 관계형성을 통해 진실성을 느낄 수 있도록 진실한 태도로 서비스 과정에 임해야 한다. 그 결과 클라이언트는 사회복지사로부터 이해와 지지, 믿음을 얻게 되면 스스로 변화하려는 마음이 생기게 될 것이다.

3. 문제 확인

접수 단계에서 해야 할 일에서 가장 기본적인 과정 중 하나는 클라이언트의 문제 확인이다. 이 과정은 클라이언트가 지적하는 문제와 이와 관련된 감정에서부터 시작한다. 문제 확인은 현재 클라이언트가 호소하는 문제에서부터 출발하며, 사회복지사는 그 문제의 성격이 어떤 것인지, 그 문제가 얼마나 중요한지, 문제가 발생한 원인이 무엇인지에 대해 확인하게 된다.

클라이언트의 문제는 ① 사회환경, ② 생활 사건과 상황, ③ 대인관계, ④ 유전·체질·건강 요인, ⑤ 성격 특성, 관계 패턴, 취약성 등 5가지 영역에서 확인해 볼 수 있다(Goldstein & Noonan, 1999). 이와 같이 클라이언트가 경험하고 있는 문제는 기본적으로 현재 클라이언트가 처해 있는 사회적 환경, 대인관계, 건강상태, 성격적 특성을 통해 사정에 필요한 다양한 문제를 확인해 볼 수 있다.

일반적으로 클라이언트가 가지고 있는 문제는 다양한 형태로 나타날 수 있으며, 이러한 문제는 2가지 이상의 영역 또는 여러 영역이 혼합되어 나타날 수 있다. 즉, 클라이언트가 가져오는 문제는 클라이언트 개인과 환경 간의 역기능적인 상호작용으로 인해 발생한다고 볼 수 있다. 따라서 사회복지사는 초기 접수 단계에서 클라이언트가 가지고 있는 문제에 대한 정확한 진단과 기관 서비스의 적격성을 판단하기 위해, 다양한 형태로 나타날 수 있는 클라이언트의 문제에 대해 충분히 확인할 필요가 있다.

4. 클라이언트의 동기에 영향을 미치는 요인

클라이언트가 변화에 대해 동기를 갖는 것은 매우 중요하다. 사회복지 활동의 성공 여부를 알아볼 수 있는 중요한 요소이기 때문이다. 클라이언트의 동기를 강화시키는 것은 초기 단계의 주요 과제이다. 클라이언트의 변화 과정에서 동기부여를 통해 적극적인 참여를 유도해야 한다. 자발적으로 찾아오는 클라이언트뿐만 아니라 비자발적인 클라이언트에 대한 원조를 포함하는 것으로, 비자발적인 경우 변화하고자 하는 동기가 약하거나 없기 때문에 비협조적이거나 불신감 등을 갖게 되므로, 사회복지사는 클라이언트와의 원조 관계에 어려움을 겪을 수밖에 없게 되고 이후 긍정적인 관계를 갖기까지는 상당히 많은 인내력과 기술을 필요로 한다(임상록 외, 2009).

기본적으로 클라이언트는 변화의 결과에 대해 두려워할 수 있기 때문에 사회복지사의 역할은 클라이언트의 변화를 위한 동기를 촉진하는 것이다. 클라이언트의 동기는 사회복지사가 어떠한 태도와 행동을 보이는가에 영향을 받을 수 있다. 클라이언트가 문제해결에 대한 동기가 없거나 부족할 경우 사회복지사는 그 이유를 파악하여 클라이언트가 원조 과정에 참여 의지를 가질 수 있도록 노력해야 한다.

클라이언트의 동기에 영향을 미치는 요인은 클라이언트가 느끼는 불편함과 희망의 정도, 자발적 혹은 비자발적 참여 여부, 원조 요청에 대한 이전의 경험, 원조 과정에 관한 기대, 문제해결에 소요되는 시간, 에너지와 자원을 투입할 수 있는 능력 등이다(Goldstein & Noonan, 1999).

1) 불편함과 희망

클라이언트는 자신의 문제로 인해 불편함을 느끼게 된다. 이러한 불편함을 극복하기 위한 희망의 정도는 클라이언트마다 상당히 다른데, 문제의 성격이나 심각성, 인생에 대한 기본적 태도, 개인적 경험, 자존감 등에 많이 영향을 받는다. 사회복지사는 클라이언트가 어떠한 문제로 어떤 불편을 느끼는지 찾아내고 클라이언트가 이 불편함을 해소할 수 있다는 희망을 갖도록 노력해야 한다.

2) 자발적 참여와 비자발적 참여

자발적 클라이언트의 경우는 변화에 대한 동기가 비자발적 클라이언트에 비해 강할 것이다. 그러나 자발적인 클라이언트의 경우에도 사회복지사가 즉각적인 도움을 주지 못하거나 클라이언트의 욕구에 초점을 두어 문제를 재규정할 수 없을 때는 점차 동기가 약화될 수 있다. 비자발적으로 참여하게 된 클라이언트는 동기부여가 되지 못한 채 관계에 임하게 되며, 자신을 이러한 변화로부터 보호하려 한다. 따라서 사회복지사는 자발적인 참여와 비자발적인 참여의 특성을 고려해 클라이언트의 동기부여를 위해 노력해야 할 것이다.

3) 서비스 지원에 대한 과거의 경험

사회복지사의 서비스에 대해 부정적인 경험이 있는 클라이언트의 경우 동기에 부정적인 영향을 미칠 것이며, 반면 긍정적인 경험이 있는 클라이언트의 경우 적극적으로 사회복지사에게 도움을 요청하게 될 것이다. 따라서 사회복지사는 클라이언트의 서비스 지원에 대한 과거 경험을 확인하여 클라이언트가 원조 과정에 적극적으로 개입할 수 있도록 최선을 다해야 할 것이다.

4) 서비스 지원에 대한 기대

클라이언트는 사회복지사로부터 자신이 무엇을 원하는지 각각 다른 요구사항을 가지고 원조 과정에 참여하게 된다. 반면 어떤 클라이언트는 사회복지사로부터 자신이 바라는 것이 무엇인지를 정확히 알지 못하기도 한다. 이러한 경우 사회복지사는 클라이언트 자신이 무엇을 기대하는지 이해할 수 있도록 도와주어야 할 것이다.

5) 에너지와 자원을 원조 과정에 투입하는 능력

모든 클라이언트가 원조를 받기 위해 시간을 내거나 서비스를 활용할 만한 정서적 자원, 경제력, 사회적 지지를 갖고 있는 것은 아니다. 기관이 지리적으로 접근하기 어렵거나 한정적인 근무시간 등의 이유로 원조 과정의 참여에 불편함을 겪을 수 있다. 이러한 요인은 클라이언트의 동기에 영향을 미치는 현실적인 요인으로 개입계획 수립 시 고려되어야 한다.

이와 같이 클라이언트의 동기부여에 영향을 미치는 요인은 다양하며, 동기부여는 개입의 효과성에 많은 영향을 미치게 된다. 이 외에도 클라이언트의 동기부여를 위해서는 초기 접수 단계의 저항감을 해결하는 것이 매우 중요하며, 사회복지사는 변화에 대한 클라이언트의 저항감 감소를 위해 세심한 주의를 기울여야 한다. 따라서 사회복지사는 클라이언트의 저항감의 원인을 파악하기 위해 클라이언트의 반응을 주의 깊게 관찰하고 이를 해소하기 위해 노력해야 한다.

5. 자료수집

자료수집은 접수 단계에서 가장 광범위하게 이루어진다. 하지만 클라이언트의 문제를 분석하고 해결하는 데 필요한 모든 자료를 수집하는 과정은 접수 단계뿐만 아니라 개입의 모든 과정에서 이루어진다. 자료수집의 구체적인 목표는 사회복지사가 사정을 위한 다양한 자료를 모으는 것이다. 사회복지사는 문제, 개인, 환경으로 범주화될 수 있는 모든 자료를 수집한다(Timberlake et al., 2002).

사회복지사는 클라이언트의 문제와 그 문제에 관련된 개인, 환경 그리고 환경과의 상호작용 과정에서의 역기능 등 문제 상황과 관련된 실질적인 자료를 수집하게 된다.

이 과정에서 사회복지사가 수집하는 다양한 자료는 클라이언트가 호소하는 문제의 원인에 대한 주요한 정보를 제공해 준다. 즉, 클라이언트의 직접적인 상담 내용, 클라이언트의 비언어적 행동, 클라이언트가 작성한 서류, 주변 사람으로부터 수집된 정보, 심리검사, 주변 사람과의 상호작용 유형, 클라이언트와 직접 상호작용하면서 느끼는 사회복지사의 감정 등 다양한 자료를 사회복지사는 클라이언트의 개인력, 가족력, 사회력, 지적·신체적·행동적 능력, 문제해결능력 그리고 클라이언트의 강점과 약점 등으로 클라이언트를 진단하고 사정하는 데 도움이 되도록 재구성할 수 있다(최해경, 2009).

자료수집에서 다양한 정보의 출처는 각각 또는 병행하여 사용될 수 있는데, 일반적으로 활용되는 자료수집 방법은 다음과 같다(Hepworth et al., 2006).

1) 클라이언트가 작성한 기본 정보

자료수집에 있어서 정보 제공의 가장 중요한 출처는 클라이언트 자신이다. 자료수집 방법 중 클라이언트가 작성하는 기본 정보와 면접을 통해 얻은 클라이언트 관련 정보는 클라이언트의 자기 보고에 해당된다.

클라이언트의 기본 정보 수집은 초기 면접지의 구조화된 양식을 사용하며, 초기 면접지에 포함되는 정보는 다음과 같다.

- 기본 정보 : 이름, 성별, 나이, 학력, 결혼관계, 주소, 전화번호, 직업 등
- 가족관계 : 가족 구성원의 이름, 나이, 직업, 교육 수준, 종교, 관계, 동거 유무 등
- 주요 문제 : 클라이언트가 가지고 있는 문제, 언제부터 어떻게 지속되었는지에 관한 내용
- 문제해결을 위한 구체적인 욕구
- 기관에 오게 된 동기
- 의뢰 이유 : 타 기관 혹은 가족에 의한 의뢰일 경우
- 이전의 사회복지서비스 경험 : 과거에 어떤 사회복지기관에서 어떤 서비스를 받았는지에 대한 내용
- 클라이언트가 활용할 수 있는 공식적·비공식적 자원에 대한 내용

클라이언트가 작성한 자기보고 형태의 자료수집은 사회복지사와 클라이언트와의 면접 과정을 통해 이루어지 때문에 클라이언트의 문제에 관한 정확한 자료를 수집하기 위해 면접 과정에서 심도 깊은 면접을 실시하여야 한다. 즉, 경청, 구체적 질문, 명료화, 사고와 감정 반영, 알기 쉽게 바꾸어 말하기, 요약해 주기 등 클라이언트의 이야기를 통해 정보가 수집될 수 있도록 최선을 다해 노력해야 한다. 즉, 클라이언트의 생활과 문제에 대해서는 클라이언트가 최고의 전문가라는 생각을 가지고 클라이언트의 관점을 이해하는 것이 필요하다.

2) 비언어적 행동에 대한 직접적 관찰

비언어적 행동에 대한 직접적 관찰은 우울, 분노, 두려움 같은 정서적 상태에 관한 정보를 제공한다. 이러한 자료를 얻기 위해 사회복지사는 클라이언트의 억양, 눈물, 손짓, 몸짓, 목소리의 떨림, 손 떨림, 꽉 다물거나 깨문 입술, 표정의 변화 등 비언어적 표현에 주의를 기울여야 한다. 또한 사회복지사는 이러한 클라이언트의 비언어적 행동을 현재 클라이언트가 가지고 있는 문제와 관련하여 해석하고 설명할 수 있어야 한다.

3) 부부, 가족 구성원, 집단 구성원 간의 상호작용의 관찰

부부, 가족 구성원 등 집단 구성원 간의 상호작용에 대한 관찰은 자연스러운 상황에서 이루어질 수 있도록 해야 한다. 특히 가정방문이나 집단의 관찰은 직접 가족의 어려움을 파악할 수 있는 유용한 기회가 되며, 이러한 관찰은 클라이언트의 실제 생활환경을 통해 문제와 자원을 구체적으로 이해할 수 있는 중요한 자료수집 방법이다. 또 다른 방법으로, 사회복지사는 직접적으로 상호작용을 관찰하기 위해 클라이언트에게 문제 상황을 그대로 재현하게 할 수 있다. 직접 관찰은 관찰자의 기록과 보고에 의한 오류가 있을 수 있기 때문에 각별한 주의가 필요하다.

4) 친척, 친구, 의사, 교사, 고용주, 다른 전문가로부터의 정보

클라이언트에 대한 추가의 부수적인 정보가 필요한 경우 클라이언트와 관련된 모든 자료는 클라이언트의 허락하에 공개가 이루어져야 한다. 사회복지사는 클라이언트에게 어떠한 종류의 정보가 필요하고 왜 그 정보가 필요한가에 대해 상세하게 설명하고, 클라이언트로부터 정보공개 동의서를 받아 부수적인 정보를 얻어야 한다.

5) 검사 혹은 평가도구

자료수집은 심리검사, 기타 평가도구 등 다양한 측정도구를 활용할 수 있으며, 특히 지능검사, 신경심리학적 검사, 투사적 검사 등은 전문적인 훈련을 받은 전문가에 의해 실시되어야 한다. 사회복지사는 이러한 검사 결과를 클라이언트의 문제에 개입하기 위한 사정자료로 활용할 수 있다. 또한 일부 검사도구는 사회복지사가 사용할 수 있도록 설계되는데, 우울, 자존감, 스트레스, 불안 등 다양한 임상적 현상을 측정하는 도구나 클라이언트의 강점과 욕구를 확인하는 데 사용되는 도구로 활용된다.

6) 클라이언트와의 직접적 상호작용에 근거한 사회복지사의 개인 경험

사회복지사의 반응은 클라이언트에 따라 각각 다를 수 있다. 사회복지사 자신의 반응에 대한 통찰은 다른 사람이 클라이언트에게 어떻게 반응하는지를 파악하는 데 도움을 준다. 클라이언트 또한 다른 사람과 다르게 사회복지사를 대하고 행동할 수도 있다. 그리고 클라이언트에 대한 사회복지사의 지각과 반응도 사회복지사의 독특한 생활 경험에 의해 왜곡될 수 있다. 따라서 사회복지사는 자신에 대한 통찰을 통해 클라이언트와의 관계형성에서 또 다른 문제를 야기하지 않도록 주의해야 한다.

사회복지사는 다양한 방법을 통해 클라이언트의 문제를 확인하는 자료를 수집하게 되며, 이러한 자료수집 과정에서 최대한 오류를 범하지 않도록 주의해야 한다. 자료수집 과정에서 나타날 수 있는 오류를 최소화하는 방법에는 대표적으로 자료의 다각화, 즉 여러 방법을 함께 사용하는 것이다(Nugent, 2008). 여러 가지 자료수집 방법을 통해 얻은 자료를 함께 분석해서 클라이언트의 문제 상황을 더욱더 정확히 이해할 수 있을 것이다.

마지막으로 클라이언트의 오류, 편견, 불신, 제한된 자아인식 등의 이유로 정확한 상황을 적절하게 설명하지 못하는 경우 다른 자료수집 방법으로 보완해야 한다.

제2절 사정

1. 사정

사정작업은 접수 단계에서 이루어진 자료수집이 끝나면 수집된 자료를 기초로 진행된다. 사정은 학자마다 다양하게 정의하는데, 클라이언트의 문제에 관해 수집된 정보 또는 자료를 해석하는 것으로 정의하기도 하고(Nugent, Sieppert & Hudson, 2001), 클라이언트와 클라이언트의 욕구와 강점에 관한 핵심 정보를 얻기 위해 정보를 수집하고 종합하는 실천가와 클라이언트 간의 실행을 일컫는 것으로 개념화하기도 하며(Hepworth et al., 2006), 전체적인 원조 프로그램을 개발하기 위해 정보를 수집하고 처리하는 데 사용되는 절차와 도구로 이루어지는 것으로 정의하기도 한다(Cormier & Nuriyus, 2003).

사정은 자료를 해석하고 의미를 부여해서 실천적 개입을 위한 함의를 도출해 내는 활동이다. 즉, 문제를 규정하고, 실천의 방향을 결정하는 것으로 구체적으로는 문제가 무엇인지, 어떤 원인 때문인지, 그 문제를 해결하거나 감소시키기 위해 무엇이 변화되어야 하는지에 대해 답하는 것이다. 사정은 수집된 자료를 토대로 시행하므로 순서상으로는 자료수집이 사정에 선행되지만, 사회복지사는 자료를 수집하면서 분석하고 분석 과정에서 필요한 정보를 다시 수집하므로 실제로는 자료수집과 사정이 동시에 순환적으로 행해진다고 볼 수 있다(최해경, 2009). 또한 사정은 사회복지실천 과정에서의 핵심 역할을 하는 복합적인 과정으로서 조사, 진단, 치료의 제 측면을 포괄한다(김기태 외, 2009).

사정은 적어도 다음과 같은 점에서 진단과 구분된다. 우선 클라이언트의 문제를 이해할 때 클라이언트의 문제가 내부체계뿐 아니라 외부체계에도 존재한다고 인식하기 때문에 외부체계도 개입의 대상이 될 수 있다. 또한 사회복지실천 과정에서의 사정은 사회복지사가 클라이언트와 '더불어' 활동하는 것을 강조하기 때문에 문제해결 과정에 클라이언트의 참여가 이루어진다. 그리고 진단에서는 병리에 초점을 두지만, 사회복지실천 과정에서의 사정은 클라이언트의 강점에 초점을 두고 있다. 강점을 강조하는 것은 사회복지사로 하여금 클라이언트의 성장을 위한 잠재력을 발휘하게 하고 클라이언트의 자긍심을 제고시키도록 돕게 하는 것이다.

사정은 창조적인 과정이지만 과학적 방법을 적용한다는 점에서 과학적이라고 볼 수 있으며, 다음과 같은 특징을 가지고 있다(Johnson & Yanca, 2007; 최해경, 2009 재인용).

첫째, 사회복지사의 클라이언트에 대한 이해의 과정이자 결과이다. 사정 단계는 사회복지사가 사정을 수행하면서 경험하는 과정으로 이루어진다. 사회력은 사정이 완성된 결과이다.

둘째, 사정은 지속적으로 이루어진다. 초기 단계에 사정이 주로 이루어지나, 이후 단계에서도 클라이언트의 욕구에 관해 재고려할 사항이 있거나 체계 간의 상호 교류에 개입해야 할 일이 있을 때는 다시 사정을 하게 된다. 클라이언트와 사회복지사는 원조 과정에 함께 참여하면서 새로운 정보를 얻을 수 있고 새로운 이해가 발생하기도 한다. 그러면 이것이 진행 중인 사정의 일부가 된다.

셋째, 사정은 환경 속의 클라이언트를 이해하는 것과 계획과 행동의 토대를 제공하는 것에 초점을 두는 2가지 측면이 있다.

넷째, 사정은 클라이언트와 사회복지사가 참여하는 상호 간의 과정이다. 클라이언트는 자신의 능력을 최대한 발휘하여 사정의 모든 면에 관여할 수 있어야 한다. 사정에서 사회복지사와 클라이언트의 상호작용 과정을 활용하는 것은 클라이언트의 자존감을 인정해 주고 그가 생각하고 믿는 것이 중요하다는 사실을 확인시켜 주므로, 클라이언트의 역량을 강화시키는 방법이 될 수 있다. 이러한 경험을 통해서 클라이언트는 자신이 소극적인 원조 수혜자가 아니라 원조 과정에서 중요한 파트너라는 점을 알게 된다.

다섯째, 사정 과정에는 순서가 있다. 상황에 대해 관찰하고, 이해하기 위해 필요한 정보를 검토한다. 이어서 관련 정보를 수집하고 그 정보의 의미에 대한 설명이 이어진다. 또한 사실과 여러 요소의 의미에 대한 전체 상황을 이해하기 위해 종합한다.

여섯째, 수평적이고 수직적인 탐색이 중요하다. 사정의 초기 단계에서는 상황을 수평적으로 바라보는 것이 유용하다. 모든 관련 부분, 상호작용, 관계를 확인하기 위해 상황을 폭넓게 검토한다. 이러한 수평적 탐색의 목적은 욕구충족의 장애물과 욕구충족을 위해 사용될 수 있는 생태체계에서 가장 중요하다고 확인된 부분을 수직적으로 혹은 심층적으로 검토한다. 사회복지사는 수평적인 접근이 언제 가장 적절하고 수직적인 접근이 언제 이루어져야 하는지 결정할 수 있어야 한다.

일곱째, 지식 기반은 이해를 하는 데 사용된다. 사회복지사는 자신의 지식 기반을 환경 속의 클라이언트를 이해하는 수단으로 사용한다. 개인에 대한 이해는 인간발달과 다양성의 요소를 참조하고, 가족을 이해하기 위해서는 가족구조와 가족과정에 관한 지식이 필요하다. 또한 기관을 이해하는 것은 관료적인 구조에 관한 지식을 참조하고, 지역사회의 이해는 경제학, 정치학 등의 지식을 요구한다. 생태체계의 이해는 체계이론과 체계 간의 구성요소, 에너지, 정보교환에 대한 지식을 필요로 한다.

여덟째, 사정은 생활 속의 욕구를 확인하고 그 욕구의 의미와 패턴을 설명한다. 사정은 욕구와 욕구충족의 장애물을 상세하게 설명하면서 생활주기 전반에 걸친 성장과 변화의 과정에 주목한다.

아홉째, 사정은 클라이언트와 생태 환경의 강점을 확인하고 개입 과정에서 그 강점을 강화하고자 한다. 인간의 능력은 한정되어 있지 않고 강점을 통해 성장한다. 클라이언트와 함께 목적, 목표, 성공 가능성이 높은 과업을 설정하기 위해서 신체적·정신적·정서적·행동적 강점에 대한 철저한 사정을 해야 한다. 클라이언트의 강점에 대한 확인은 클라이언트가 가지고 있는 자원과 욕구를 충족하기 위해 사용될 수 있는 환경 또는 상황 속의 자원을 규명하는 것을 요구한다.

열째, 사정은 개별화된 것이다. 인간의 상황은 복잡하며 정확하게 동일한 상황은 없다. 따라서 모든 사정평가는 다르며, 이는 클라이언트의 특징적인 상황과 관련이 있다. 특히 사회복지가 자신과 다른 인종이나 사회문화적인 배경을 가진 인구집단과 일할 때 그렇다. 사회복지사의 관점이 아닌 클라이언트의 관점에서 그 상황과 상황의 의미를 이해하는 것이 핵심이다.

열한째, 판단이 중요하다. 사정평가에서는 많은 결정이 내려져야 한다. 이 결정은 어떠한 측면이 초점이 되어야 하는지, 지식 기반의 어떤 부분을 적용할지, 클라이언트를 어떻게 참여시킬지, 관심사나 욕구를 어떻게 정의할지 등을 포함한다.

이 결정의 본질이 사정 내용과 그 내용의 해석에 크게 영향을 미친다. 사건의 중요성에 대한 클라이언트의 견해는 주의 깊게 평가되어야 한다. 사회복지사가 자신의 준거틀을 기준으로 중요하지 않다고 판단한 것이 클라이언트에게는 매우 중요할 수 있다. 혹은 반대일 수도 있다.

열두째, 이해를 하는 데는 한계가 있으므로 사정이 완벽할 수는 없다. 어떤 상황을 완전히 이해하는 것은 불가능하며 이해를 위한 시간이 요구된다. 곤란에 처한 클라이언트는 대개 신속한 원조를 필요로 한다. 사회복지사는 원조를 제공하기 위해 어떤 이해가 필요한지 결정해야 하고, 원조를 제공하면서 생기게 되는 새로운 이해를 의식해야 하며, 원조를 제공하면서 생기게 되는 새로운 이해를 의식해야 한다. 사회복지사는 제한된 이해에 근거하는 사정의 불확실성을 받아들여야 하고 사정이 연속적 과정이라는 점을 기억해야 한다.

사정 과정의 과업은 문제를 발견하고, 정보를 수집하며, 문제를 형성해서 개입 과정에서의 '무엇을 어떻게'에서 '무엇을'에 해당하는 질문에 대답하고자 하는 것이다. 즉, 충족되지 않은 욕구를 인지하고 욕구충족의 장애물을 규명하여 문제에서 욕구충족의 장애를 제거하는 방식을 설정하는 과정이다.

사정 과정에서 구체적인 질문을 살펴보면 다음과 같다(Zastrow, 1999).

① 구체적으로 무엇이 문제인가?
② 클라이언트는 문제를 어떻게 보며 문제에 대한 정서적 반응은 어떠한가?
③ 문제체계에 누가 관련되어 있는가?
④ 참여자가 어떻게 관련되어 있는가?
⑤ 문제의 원인은 무엇인가?
⑥ 문제행동이 어디에서 일어나는가?
⑦ 언제 문제행동이 유발되는가?
⑧ 문제행동의 빈도, 강도, 지속기간은 어떠한가?

⑨ 문제해결의 역사는 어떠한가?
⑩ 클라이언트가 원하는 것이 무엇인가?
⑪ 클라이언트는 문제해결을 위해 어떤 노력을 해왔는가?
⑫ 클라이언트가 문제에 대처하기 위해서는 어떤 기술이 필요한가?
⑬ 문제에 대처하기 위하여 필요한 외적인 자원은 무엇인가?
⑭ 클라이언트 자신의 자원, 기술, 강점은 무엇인가?
⑮ 치료 계획과 개입 계획은 어떠한가?

2. 사정의 분류

사회복지실천 과정에서의 사정을 구체적인 유형별로 살펴보면 다음과 같다 (Brown, 1992).

1) 원인론적 사정

원인론적 사정은 일반적으로 사회복지실천의 문제해결 접근이나 심리사회적 접근에서 사용된다. 원인론적 사정은 문제 발생의 초기 과정과 성장 과정을 강조하며 클라이언트의 성격구조 또는 기능에 내재해 있는 역기능에 대한 사정이 이루어진다. 이러한 사정 방법은 클라이언트가 직면했던 초기의 문제를 이해하고 이 문제가 어떻게 현재 상황에 영향을 미치는가를 이해하는 데 도움을 준다.

2) 역동적 사정

역동적 사정은 클라이언트의 문제 상황에서 내부체계와 외부체계가 상호작용하는 역동에 대한 횡단적 고찰이다. 즉, 이 역동적 사정은 클라이언트의 과거와 현재의 여러 가지 힘의 상호작용을 인식하고 이들이 클라이언트의 문제에 어떻게 영향을 미치는가를 규명하는 것이다. 이러한 역동적 사정은 가족역동성과 유형을 그림으로 나타내는 데 있어 사정을 하는 가계도와 유사한 개념이다.

3) 심리사회적 사정

심리사회적 사정은 원인론적, 역동적 및 임상적 사정을 통합할 수 있는 광범위한 사정이다. 사회복지사는 클라이언트에게 영향을 주고 스트레스를 유발하는 심리사회적 및 문화적 요인을 사정한다. 이 사정은 클라이언트 문제 상황의 강점과 약점을 모두 이해하는 데 중점을 두고 있다. 이러한 측면에서 심리사회적 사정은 가족치료에서 활용되는 생태도와 유사한 형태로 사정이 이루어진다.

4) 임상적 사정

임상적 사정은 사회복지실천의 의료모델과 연결된 것이다. 의료모델은 병리지향적이며 개인이 문제에 대해 책임을 가진다고 본다. 비록 클라이언트와 상황에 대한 정확한 평가가 효과적인 개입을 위한 선행조건이 됨에는 의심의 여지가 없으나, 낙인을 초래하는 부정적인 요인도 존재하고 있다. 이러한 이유로 사회복지실천에서의 활용 정도는 다소 떨어지고 있다. 그러나 사회복지사가 정신장애의 진단 및 통계편람에 대한 지식을 가지고 있어야 하는데, 정신병리와 정신장애에 대한 강의와 학습을 위한 자료 제공, 정신과 의사나 임상심리학자와 같은 다른 전문가와의 의사소통 기능, 정신장애인의 진단을 위한 최신 기준을 제공한다.

3. 사정의 기술

사정은 확인된 문제의 해결과 개입의 우선순위를 결정하는 단계이다. 이때 사정하게 되는 것은 클라이언트의 기본적인 생활력, 클라이언트의 정서적·심리적 상태, 역할수행 및 기능상의 문제, 자아 방어기제, 클라이언트의 강점과 대처 방법, 가족구조 및 기능적 측면, 사회적 지지 등 생태체계적 입장에서 클라이언트와 관련된 모든 정보를 포함한다.

생태체계적 입장에서 '환경 속의 인간'이라는 환경과의 상호작용을 이해할 수 있는 좋은 관점은, 유지환경과 양육환경으로 구분한 노튼(Norton, 1978)의 이중적 관점이다.

[그림 7-1] 이중적 관점

출처: Norton, D. (1978). *The Dual Perspective*. N. Y.: CSWE.

노튼(1978)의 이중적 관점은 클라이언트의 사회환경을 양육환경과 유지환경으로 보고 클라이언트의 문제를 파악하여 구체적인 개입 방법을 확인한다. 양육환경은 가족, 친구, 이웃, 학교와 직장 등의 가까운 사람으로 구성된 환경으로 클라이언트의 사회적 기능수행에 미치는 영향력이 크다. 유지환경이란 클라이언트가 살고 있는 사회의 정치체계, 경제체계, 교육과 의료체계 그리고 사회복지체계와 같이 보다 광범위한 환경으로 구성된다.

이를 기초로 사회복지실천 과정에서 주로 활용되는 사정도구로는 가계도와 생태계 및 사회도 등이 있다.

1) 가계도

가족은 문제의 근원인 동시에 문제해결의 근원이기도 하다. 더욱이 체계이론이 사회복지실천에서 널리 받아들여지면서 가족에 대한 사정이 더 중요해지고 있다. 가족에 대해 사정을 할 때는 가족의 의사소통, 가족구조, 상호작용에 영향을 미치는 경계, 하위체계, 상위체계 등이 그 대상이 된다.

가계도는 사람을 표시하는 기호, 관계를 표현하는 선, 개인 관련 주요 정보를 사용하여 3세대 이상의 가족에 나타나는 결혼, 이혼, 출생, 사망, 입양 등 중요한 생활 사건과 성별, 연령, 교육 수준, 직업 등 인구사회학적 정보를 나타낸다.

가계도에서 사용하는 상징은 [그림 7-2]와 같다.

가계도는 다음과 같이 4가지 차원에서 분석할 수 있다(김혜란 외, 2001).

첫째, 가족의 구성과 가족 구조를 분석할 수 있다. 이혼, 재혼 등 결혼 상태와 형제 순위, 자녀에 대한 부모의 기대와 태도 등이 분석된다.

둘째, 가족의 생애주기를 분석할 수 있다. 가족이 생애주기에 따른 변화에 성공적으로 적응해 왔는지를 검토한다.

셋째, 세대 간에 유형의 반복이 있는지 분석할 수 있다. 적응 유연성, 강점, 창조성 등의 적응적 유형과 가정폭력, 알코올 남용, 자살 등 부적응적 유형 그리고 상호작용에서 친밀감, 소원함, 단절, 갈등, 삼각관계 등이 세대 간에 반복되는지 검토한다.

넷째, 가족 구성원의 역할과 기능이 균형을 이루고 있는지 분석할 수 있다. 부부간, 형제자매 간에 혹은 능력이나 부모의 편애, 가족 가치 등에서 차이가 있는 가족 구성원 사이에서 힘의 균형이 어떻게 이루어지고 있는지, 불균형이 있는 경우 가족이 이 문제를 어떻게 해결하는지, 균형을 이루기 위해 가족 구성원이 어떻게 변화해야 하는지 등을 검토한다.

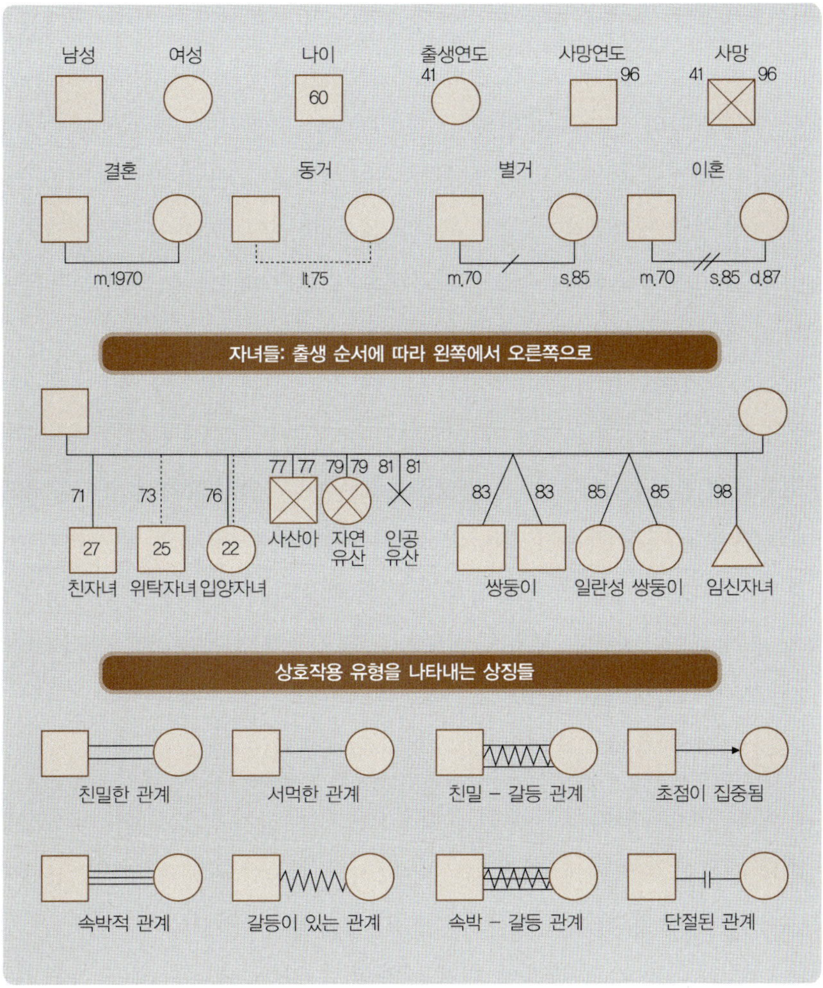

[그림 7-2] 가계도의 상징기호

출처 : McGoldrick, Gerson & Shellenberger(1999).

2) 생태도

생태도는 개인과 가족의 외부에 있는 환경적 요소를 확인하여 체계화하는 사정 도구이다. 사회복지사는 클라이언트체계의 문제해결 혹은 욕구충족을 돕기 위해 클라이언트체계가 환경과 어떻게 상호작용하는지 살펴보고자 할 때 생태도를 사용한다. 클라이언트체계와 주변 환경과의 관계는 관계의 내용과 방향을 나타내는 여러 가지 형태의 선으로 표현된다. 실선이 굵을수록 강한 긍정적 관계를 나타내고, 점선은 약한 관계를 의미하며, 실선 위에 사선을 그린 것은 갈등적인 관계를 나타낸다. 자원과 에너지의 흐름은 화살표로 나타낸다. 클라이언트체계의 상황에서 의미 있는 체계와의 관계를 시각적으로 표현한 생태도는 표적문제와 이에 대한 개입 계획을 세우는 데 유용하다(최해경, 2009).

생태도는 클라이언트의 양육환경과 유지환경의 종류, 관계의 질, 체계 사이의 에너지의 흐름을 보여 줌으로써 가족에 대한 현재 지역사회자원이나 체계의 영향과 상호작용의 변화를 보여 준다. 생태도는 가족이 지역사회에서 얼마나 많은 외부체계와 관계를 맺고 있는지, 고립의 정도는 어떠한지, 관계의 질은 어떠한지를 보여 줌으로써 가족 내부에 대한 이해와 함께 외부와의 연결과 적응 정도를 파악할 수 있게 해 준다. 보통의 경우 가계도와 생태도는 사회복지사와 클라이언트가 공동으로 작성한다(엄명용 외, 2007).

생태도는 3가지 차원에서 분석할 수 있다(김혜란 외, 2001).

첫째, 생태학적 환경에서 가족을 전체적으로 이해할 수 있다. 가족이 이용할 수 있는 주요 자원이 무엇인지, 전혀 없거나 있지만 부족한 자원이나 지지는 무엇인지, 가족과 환경 간 관계의 본질은 무엇인지 등을 알 수 있다.

둘째, 가족과 환경 간의 경계에 대해 이해할 수 있다. 에너지 혹은 자원의 투입과 산출의 흐름이 쌍방적인지, 환경에서 가족으로 일방적인지, 가족에서 환경으로 일방적인지 알 수 있다.

셋째, 가족 내부에 대해 이해할 수 있다. 가족 구성원이 외부체계와 어떻게 연결되어 있는지, 일부 가족 구성원이 환경으로부터 단절되어 있는지, 가족 구성원 중 누가 주변 환경과 긴장 관계에 있는지, 가족이 함께 혹은 개별적으로 다른 체계와 상호작용하는지 등을 알 수 있다. [그림 7-4]는 생태도의 예이다.

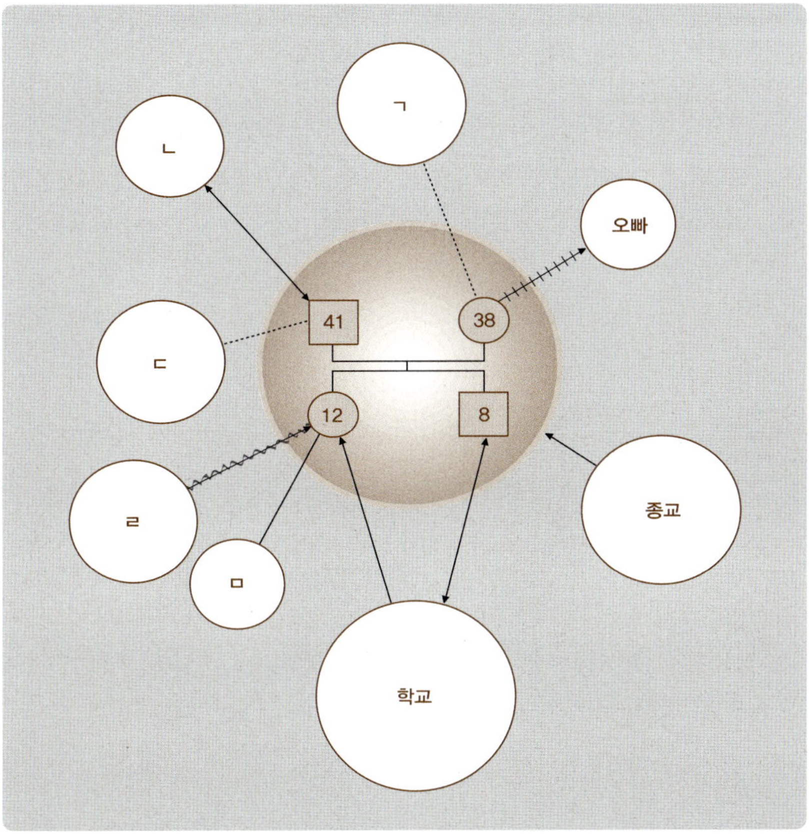

1. 중앙의 점선으로 된 원 안에 가계도를 그린 후, 각 개인과 자원의 상호작용과 영향력을 그린다.
2. 원의 크기는 영향을 미치는 자원의 정도를 나타낸다.
3. 원이 가계도를 중심으로 가까울수록 가까운 관계라는 것을 나타낸다.
4. 선의 굵기는 영향력의 크고 작음을 나타낸다.
5. 화살표의 방향은 에너지의 흐름을 나타낸다.

[그림 7-3] 생태체계도 그리는 방법

출처 : 설진화(2009). 사회복지실천기술론. p. 269 참고.

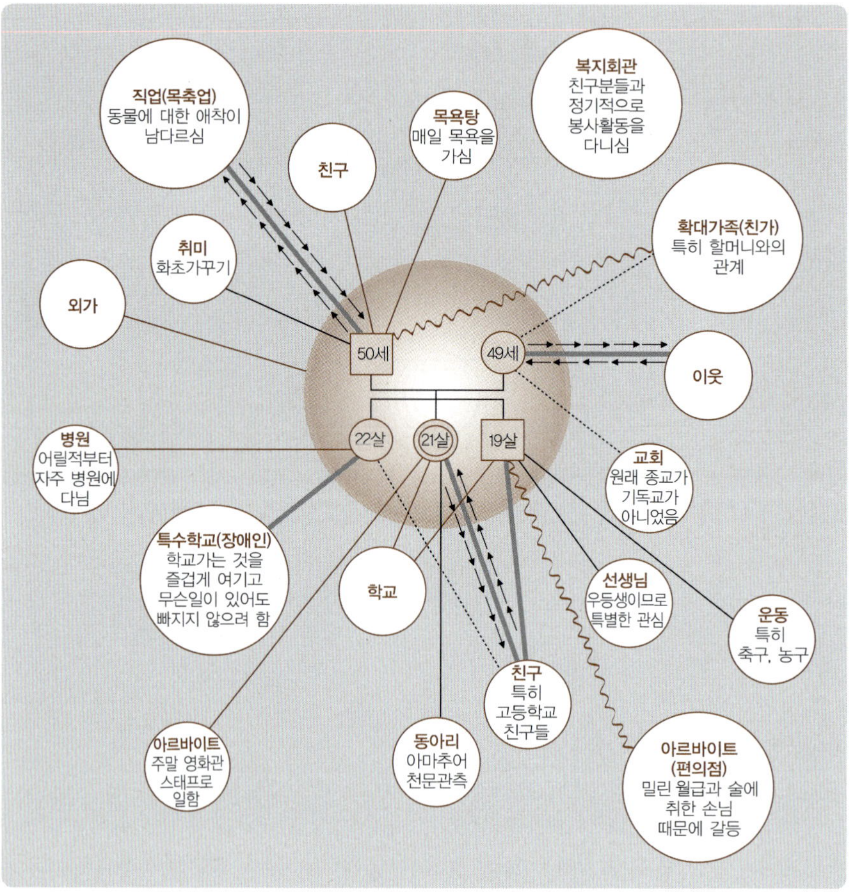

[그림 7-4] 생태도

3) 생활력 도표

생활력 조사는 모든 사회사업실천에서 공통으로 쓰는 방법으로 클라이언트의 생애 동안 발생한 사건이나 문제의 발전 과정을 사정하는 데 요긴하다. 생활력 조사는 접수에서부터 수집된 자료는 물론 모든 과정의 정보를 활용할 수 있다. 즉, 출생부터 개입시점까지 시간별로 클라이언트의 가족문제, 건강문제, 대인관계 문제 등을 구체적으로 기록해 봄으로써 클라이언트의 문제 상황을 사정할 수 있게 된다. 생활력 조사는 [그림 7-5]와 같이 생활력 도표로 나타낼 수 있다.

연도	연령	지역	가족	학교	건강	활동	문제
1999	1	서울	아버지 30 어머니 29		9개월 조산		부부 불화
2000	2	경기도 일산					심장병
2004	4	부산	동생 1				남동생 출생
2006	6	부산		어린이집 다님			심한 분리불안
2007	7	대구	어머니 사망				
2009	10	대구		성적 부진	다리 골절	축구	병원 입원
2011	12	대구	아버지 재혼	가출			청소년 쉼터

[그림 7-5] 생활력 도표

4) 사회적 관계망 표

가족이 주거하는 이웃과 지역사회를 포함하여 외부의 사회체계들은 지속적으로 가족과 상호작용하며 영향을 주고받고 있다. 따라서 사회복지사는 이웃관계 등 가족 외부의 사회체계들과의 상호작용을 평가해야 한다.

사회적 관계망이란 클라이언트에게 영향을 미치는 중요한 사람이나 체계를 의미한다. 클라이언트의 사회적 관계망에 있는 체계로부터 받는 지지의 종류와 정도, 원조의 방향, 접촉 빈도 등을 평가하는 사정도구이다.

사회적 관계망 표는 클라이언트를 사정하는 아주 유용한 정보를 제공해 준다. 특히, 클라이언트의 관계망을 전체적으로 볼 수 있다. 개인의 사회적 지지체계뿐만 아니라 가족의 사회적 지지체계를 사정하는 데 사용할 수 있다.

사회적 관계망 표를 통해 클라이언트의 사회적 관계망에 있는 중요한 인물, 지지를 받는 영역(가족원, 직장, 학교, 친구, 전문가 등), 지지의 구체적 유형(정서적 지지, 물질적 지지, 정보), 지지의 성격(상호적 지지, 일방적 지지), 개인적 친밀감 정도, 접촉 빈도, 관계 기간 등 다양한 정보를 사정할 수 있다.

성명 – 지지 제공자 – 중요 인물	생활 영역	물질적 지지	정서적 지지	정보/조언	비판	원조 방향	친밀도	접촉 빈도	관계 기간
	1. 가족 2. 친척 3. 직장/학교 4. 조직 5. 친구 6. 이웃 7. 전문가 8. 기타	1. 가끔 제공 2. 자주 제공 3. 항상 제공	1. 가끔 제공 2. 자주 제공 3. 항상 제공	1. 가끔 제공 2. 자주 제공 3. 항상 제공	1. 가끔 제공 2. 자주 제공 3. 항상 제공	1. 양방향 2. 내가 그에게 3. 그가 나에게	1. 거의 친하지 않음 2. 가까운 정도 3. 매우 친함	1. 보지 못함 2. 일 년에 몇 번 3. 한 달에 한 번 4. 일주일에 한 번 5. 매일	1. 1년 미만 2. 1~5년 3. 5년 이상
엄마									
아빠									
할머니									
언니									
친구 1									
친구 2									
선생님									

[그림 7-6] 사회적 관계망 표

5) 사회도

사회도는 집단 구성원의 관계를 점과 선을 이용해 그래프로 나타낸다. 점은 집단 구성원이고, 선은 이들이 서로 어떻게 연결되어 있는지를 나타낸다. 선은 한 구성원이 다른 구성원과 어떤 형태의 관계인지를 나타낸다. 사회도는 상징을 사용해서 집단 내 구성원 간의 상호작용을 표현하는 그림으로, 구성원 간의 개인적 수용과 거부 및 집단 내의 대인관계를 평가하는 데 사용한다. 주로 집단과 관계하는 사회복지사가 집단 내 구성원의 상호작용을 파악할 때 많이 사용한다.

사회도는 사회복지실천 과정에서 주로 집단개입에서 집단성원의 변화 과정을 측정할 때 활용되며, 사회도를 여러 번 그려서 비교해 봄으로써 집단의 특징적 상호작용과 대인관계 유형의 변화를 파악할 수 있다.

사회도를 통해서는 집단 구성원의 성별(성별 표시 여부는 선택할 수 있음), 집단성원 간의 선호도와 무관심, 배척 여부와 방향, 하위 집단 형성 여부, 소외된 성원, 삼각관계 형성 여부, 집단원 간의 결속 강도 등을 파악할 수 있다.

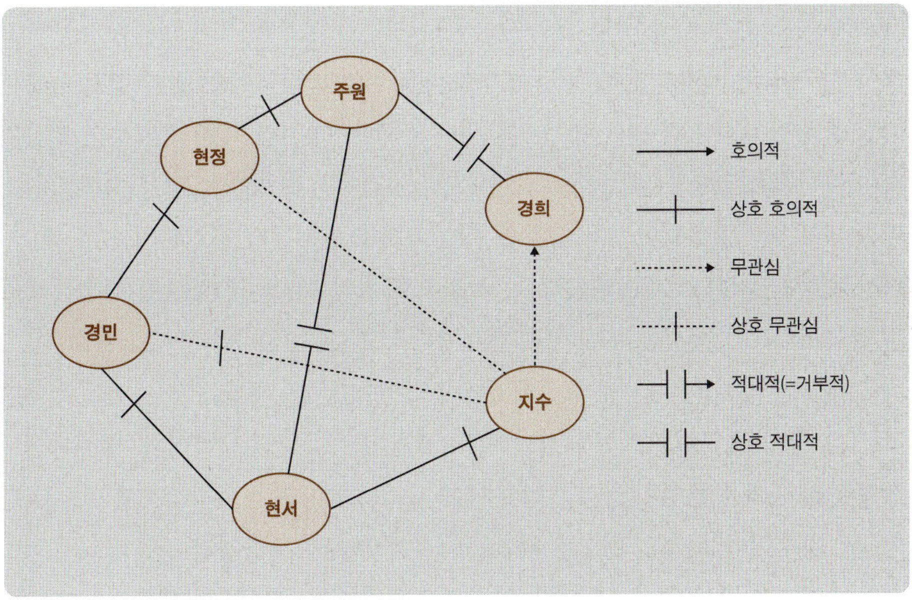

[그림 7-7] 사회도(소시오그램)

출처: 생각의마을(2018). 사회복지사 1급 수험서: 사회복지실천론.

제3절 계획수립

1. 목표 설정

사정 단계가 끝나고 나면 클라이언트의 변화를 위한 구체적인 목표를 설정하여야 한다. 사회복지실천 과정에서 계획은 변화에 초점을 두고 사정과 개입을 연결하는 역할을 한다. 계획수립 단계에서는 사정 단계에서 파악된 클라이언트의 욕구나 문제를 다루기 위해 클라이언트의 동기와 능력에 기반하여 목표를 설정해야 하며 이 단계 또한 사회복지사와 클라이언트와의 공동 노력을 강조하고 있다. 목적(goal)과 목표(objective)를 구별 없이 사용하는 경우가 많은데 목적은 최종 목표라고도 하며 개입의 노력을 통해 얻고자 하는 장기적이고 궁극적인 결과이다. 목표는 최종 목표를 달성하기 위한 세부 목표라고도 하며, 목적을 세분화한 것으로 단기적이고 구체적인 행동상의 언어로 서술된다는 점에서 차이가 있다. 사회복지실천 과정의 목적이 클라이언트의 삶의 질 향상과 행복감의 증진에 있다고 한다면, 이러한 목적을 달성하기 위한 목표는 구체적으로 개입하는 원조 과정에서 개입의 결과 클라이언트가 제시한 문제가 해결된 상태라고 할 수 있다(임상록 외, 2009).

또한 개입의 목표는 3가지 측면에서 설명할 수 있는데, 첫째, 클라이언트의 내면적 변화, 둘째, 클라이언트의 외적인 변화, 셋째, 적응능력의 강화이다. 클라이언트의 내면적 변화는 개인이 경험하는 문제가 개인 내적이고 정신병리적인 것으로 정의되는 경우이며, 외적인 변화는 사람들의 문제와 욕구가 환경과 관련되고 사회병리적인 것으로 정의되는 경우이다. 마지막으로 사람의 욕구와 문제가 개인과 환경의 양면에 걸쳐 있고 생활공간 내에서의 부적응적 상호작용의 교류로 정의될 경우에는 적응능력을 강화시키는 데 목표를 두게 된다(Germain & Gitterman, 1986).

목표는 본질적으로 개입 과정의 바람직한 결과 혹은 기대를 말한다. 목표는 개입의 본질에 영향을 미치고 변화 과정에 사회복지사와 클라이언트가 수행하는 역할, 바람직한 목표에 따라 이행되는 활동 유형에도 영향을 미친다(Brown, 1992: 165).

목표는 개입 과정의 방향을 제시해 주고 변화 과정에 클라이언트를 적극적으로 참여하게 하는 수단으로 제공된다. 즉, 목표를 통해 클라이언트는 자기결정 혹은 자기주도적 활동에 집중할 수 있다. 그리고 개입을 위한 적절한 방법을 선택함에 있어서도 목표를 통해 협력이 일어난다. 이를 통해 의사소통의 활로가 열리게 되며 때로는 왜곡된 인식을 정정하는 기회를 갖게 된다(Fox, 1993).

이러한 점을 원조 과정에서 이루기 위해 목표는 항상 명확해야 한다. 목표가 모호하게 설정되거나 비현실적으로 높게 설정되면 어려움을 겪게 되고 낙담, 좌절 등을 경험하게 된다. 목표가 명확하지 않으면 사회복지사와 클라이언트 간의 접촉 이유를 오해할 수 있다. 또한 목표는 계속성을 제공하며 개입의 방향 설정에 중요한 기능을 한다(김기태 외, 2009).

사회복지실천 과정에서의 목표 설정의 의미는 첫째, 사회복지사와 클라이언트가 달성하고자 하는 목표를 서로 합의하고 확인할 수 있다. 둘째, 원조 과정의 방향성과 지속성이 유지되도록 한다. 셋째, 원조 과정에서 사회복지사는 개입전략과 개입방법을 쉽게 개발하고 선택할 수 있다. 넷째, 사회복지사와 클라이언트가 변화의 진전 정도를 점검할 수 있다. 다섯째, 원조 과정에서의 구체적 개입방법과 효과성을 평가하는 기준이 된다(Hepworth & Larsen, 1990).

사회복지실천 과정에서 목표 설정이 중요한 이유는 개입의 방향을 명확히 제시해 주고, 종결 후 평가 시 목표가 기준이 되며, 목표 설정을 위해 사회복지사와 클라이언트 간에 합의를 해야 한다는 점이다(엄명용 외, 2006).

사회복지실천 과정에서 목표 설정 시 고려해야 할 사항은 다음과 같다(양정남, 2007).

① 목표는 클라이언트가 희망하는 것과 관련이 있어야 한다. 개입의 목표에 클라이언트의 희망이 반영되어야 클라이언트가 동기를 가지고 사회복지사의 개입 과정에서 목표 달성하기 위해 적극적으로 노력을 하게 될 것이다.

② 목표는 명시적이며 측정 가능한 형태로 진술되어야 한다. 목표가 측정 가능한 형태로 제시되어야 변화하고자 하는 최종 상태가 무엇인지 명백하게 알 수 있으며, 개입의 성공 여부를 주관적 판단이 아닌 객관적 관찰에 의해 평가할 수 있기 때문이다. 예를 들면, 하루에 한 번 15분간 운동하기, 하루 한 번 이상 칭찬하기 등 구체적이고 명확하며 행동적인 용어로 목표가 진술되어야 한다.

③ 목표는 달성 가능해야 하며 클라이언트가 성취감을 느낄 수 있어야 한다. 목표는 작더라도 클라이언트의 능력과 환경적 조건을 고려하여 현실적으로 성취 가능한 것으로 설정하여야 한다. 이렇게 함으로써 클라이언트의 참여 동기를 높여 적극적으로 원조 과정에 참여하도록 하게 할 것이다.

④ 목표 설정은 사회복지사의 지식과 기술에 적절한 것이어야 한다. 사회복지사는 원조 과정에서 자신의 지식과 기술을 사용하여 클라이언트를 돕는다. 즉, 사회복지사의 지식과 기술 내에서 목표 달성이 가능해야 함을 의미한다. 만약 클라이언트의 문제가 사회복지사의 능력을 넘어서는 일이라면 관련 분야 전문가의 지도·감독을 통해 목표를 세우고 개입할 수 있다.

⑤ 목표는 성장 지향적인 긍정적 용어로 진술되어야 한다. 성장을 강조하는 긍정적 형태의 목표 설정은 목표를 달성하였을 때, 클라이언트의 삶에서 일어나게 될 긍정적인 변화와 성취를 더욱 부각시켜 주는 효과가 있다. 다시 말해 문제행동을 제거하기보다는 해야 하는 것에 관하여 긍정적인 용어를 사용하여 목표를 설정한다.

⑥ 목표는 기관의 기능과 일치해야 한다. 기관에 속해 있는 사회복지사는 기관의 목적과 기능에 대해 잘 알아야 하고, 사회복지사의 원조 활동은 기관의 목적, 기능과 일치해야 한다.

⑦ 개입목표가 여러 가지인 경우에는 우선순위를 정리한다. 우선순위를 정할 때는 클라이언트에게 가장 시급하고 중요한 문제, 단기간에 성취감을 느낄 수 있는 문제, 클라이언트에게 강한 동기를 제공할 수 있는 것, 사회복지사의 능력, 기관의 기능상 무리 없이 달성 가능한 것 등을 고려한다.

⑧ 개입 과정에서 클라이언트의 문제나 상황이 변하면 목표도 변할 수 있다는 것을 기억하고 목표를 수정하는 융통성이 필요하다.

2. 계약

계약 단계는 개입의 전 단계로서 사회복지사와 클라이언트가 서로의 역할 등을 정하고 구체적인 실천 활동을 위해 약속하는 행위이다. 계약이라는 용어가 사회복지실천에서 사용되기 시작한 때는 명확하지 않으나 대략 1940~1950년대에 집단사회사업 실천에서 계약의 뜻을 암시하는 말이 사용된 것으로 추정된다 (Compton & Galaway, 1984).

계약이라는 용어는 여러 학자에 의해 다양하게 정의된다. 콤튼과 갤러웨이(1984)는 표적문제, 개입의 목표와 전략, 참여자의 역할과 과업에 대한 사회복지사와 클라이언트 사이의 동의라고 하였다. 저메인과 지터만(1986)은 계약에 대해 원조 과정에서의 목표, 과업, 참여자의 역할, 원조 기간 등에 대한 사회복지사와 클라이언트의 명백한 상호 동의라고 하였다. 베이커(Barker, 1987)는 계약이란 개입 과정에서 이행하게 될 목표, 방법, 약속시간, 의무 등에 대한 사회복지사와 클라이언트 간의 서면이나 구두로 이루어지는 동의라고 했다.

즉, 사회복지실천 영역에서 계약이란 사회복지사와 클라이언트가 목표를 설정하고 목표 달성을 위해 원조 과정에서 각자 어떤 역할을 수행할지를 구체적으로 기술하고 이에 합의한 것을 말한다. 클라이언트는 계약 과정에 반드시 참여해야 하며, 계약 내용에는 클라이언트와 사회복지사 각각의 역할과 책임을 명확히 하여 가능한 한 클라이언트의 참여를 높여야 한다. 클라이언트가 원조자의 역할, 제도 이용의 의미 등을 확인하게 하고 동의를 얻는 것이 필요하며, 이용자가 해결해야 하는 문제, 원조 실시의 의미나 순서 등을 알 수 있도록 설명하고 합의를 얻는 것이 이용자인 클라이언트의 권리 옹호와 효과 있는 원조의 전개에 있어 필요하다(임상록 외, 2009).

이상의 정의로부터 확인할 수 있는 계약의 주요 특성은 상호 동의, 개입 과정에서의 상이한 참여, 상호 책임성과 의무, 명확성 등이다. 상호성과 명확성을 지닌 계약은 클라이언트와 사회복지사 간 힘의 불일치를 어느 정도 감소시킨다. 즉, 클라이언트와 사회복지사 사이에 존재할 수 있는 간격을 이어 주는 교량 역할을 함으로써 계약은 일종의 권위 부여를 만들어 내기도 한다(Fox, 1993).

계약은 서면계약과 구두계약, 암묵적 계약으로 나눌 수 있다. 서면계약은 계약의 내용을 서면으로 기재하는 것이다. 서면계약의 장점은 사회복지사와 클라이언트가 합의한 바를 명확히 기록함으로써 언제든지 계약의 내용을 상기할 수 있고 오해의 소지를 줄일 수 있으며 참여의 동기와 의지를 지속적으로 유지할 수 있다. 반면, 단점으로는 계약서를 작성하는 데 시간이 많이 걸리고 법적인 문제를 야기할 수 있다는 점이다(Sheafor et al., 1994).

구두계약은 구두로 계약하는 것을 말한다. 구두계약의 장점은 서면계약에 비해 신속하고 용이하다는 점이다. 단점은 합의한 내용에 대한 것을 잊어버리거나 다르게 기억할 수 있다는 점이다. 이러한 점을 보완하기 위해서는 구두계약이라도 계약 내용을 간략하게 기록해 놓도록 한다.

암묵적 계약은 문서화하거나 구두로 합의하지 않았지만, 암묵적으로 합의한 계약을 의미한다. 암묵적 계약은 클라이언트가 동의하지 않은 부분에 대해서 사회복지사는 동의했다고 오해할 수 있으며, 클라이언트가 자신의 역할과 권리, 책임 등을 이해한다고 가정하지만 실제로 그렇지 않을 수 있다는 단점이 있다(Kirst-Ashman & Hull, 1993).

계약은 사회복지사와 클라이언트가 이해한 내용의 본질을 간결하게 재검토하는 것으로 대개 계약당사자 및 관련된 주요 인물의 역할, 문제 목록과 우선순위, 최종 목표, 사회복지사와 클라이언트의 과업과 책임, 개입방법과 개입의 몇 가지 구조적 요인(장소, 기간), 평가방법으로 구성된다(엄명용 외, 2006).

사회복지실천 과정에서 계약서에 포함되는 구체적인 내용을 요약해 보면 다음과 같다.

- 구조적 요인 : 사례번호, 참석자, 날짜, 시간, 장소
- 문제 : 클라이언트가 규정한 문제, 사회복지사가 규정한 문제, 개입활동을 위한 합의된 문제 개요, 최종 목표
- 최종 목표 : 명확하고 구체적이며 목표 달성 정도가 측정될 수 있도록 기술
- 계획 : 접근방법, 클라이언트의 과제, 사회복지사의 과제, 회기 내의 과제, 평가계획(목표와 과정에 대한 평가)
- 비용 : 합의된 목표를 달성하기 위하여 사용될 비용
- 서명날인 : 사회복지사 서명날인, 클라이언트 서명날인

제4절 개입

개입은 변화를 위한 원조 과정의 핵심 단계이다. 개입이란 사회복지사와 클라이언트가 상호 합의한 목표를 위해 구체적으로 행동하는 것을 말한다. 즉, 계획 단계에서 수립된 목표가 사회복지사의 실천기술과 클라이언트의 협력으로 실행되는 것이다.

이 단계에서는 사회복지사와 클라이언트가 선택한 목표를 성취하기 위해 다양한 전략을 실행한다. 즉, 이전 단계에서 사회복지사와 클라이언트 간에 이미 합의하고 구체화한 개입 및 기술에 관한 계획을 행동으로 실행하는 단계이다.

이 단계에서 사회복지사 개입활동의 핵심은 문제를 해결하려는 클라이언트의 변화 노력을 지원하기 위해 구체적인 변화 전략을 수립하는 것이다. 또 개입은 필

요에 따라 상담, 자원 연계, 자원개발, 사회적 지지 집단의 활용, 교육, 역할극 등 다양한 방법으로 활용할 수 있다. 이 단계에서 사회복지사는 계획대로 문제해결 과정이 진행되고 있는지를 끊임없이 점검(monitoring)하면서 잘될 수 있도록 도와주며 지지와 환류를 제공해야 한다(엄명용 외, 2007).

개입을 성공하기 위해서는 적절한 개입의 선택이 우선되어야 한다. 개입은 변화가 필요한 표적체계와의 조화를 이루고, 클라이언트의 발달상의 단계와도 조화를 이루는 것이 중요하다(Hepworth et al., 2006: 358-359). 그러므로 사회복지사는 개입계획에 있어 인간 발달 단계 및 가족의 발달 단계를 신중하게 고려해야 할 것이다. 정상적 범주에서의 발달 단계 이외에 클라이언트에게 과도한 스트레스를 유발시키는 생활 사건도 개입의 선택에서 고려되어야 할 사항이다. 이러한 여러 가지 사항을 고려하면서 사회복지사는 개입이 문제에 직접적으로 관련되어 있고 클라이언트와 서로 합의된 목표에 궁극적으로 부합해야 한다는 원칙을 확인해야 할 것이다(김기태 외, 2007).

개입 단계는 클라이언트의 문제해결 혹은 욕구충족이라는 변화를 목표로 하고 있다. 개입 단계의 성공적인 수행을 위해 사회복지사는 다양한 역할을 수행하게 되는데, 클라이언트의 목표 달성을 위한 사회복지사의 활동은 중개자, 옹호자, 사회행동가, 교육자, 임상가, 중재자라는 6가지 역할로 설명될 수 있다(Connaway & Gentry, 1988).

중개자의 역할은 클라이언트체계를 문제해결에 필요한 자원체계에 연결시키는 사회복지사의 역할을 말한다. 옹호자의 역할은 클라이언트를 위해 현재 존재하는 권리나 자격을 확보해 주거나 보호해 주는 사회복지사의 활동을 말한다. 사회행동가의 역할은 클라이언트 또는 잠재적 클라이언트를 위해 새로운 권리를 확립하는 사회복지사의 활동을 말한다. 교육자의 역할은 구체적인 사회기술을 학습할 기회를 제공하고 더 효과적인 역할 수행을 위한 정보를 제공하는 사회복지사의 활동을 말한다. 임상가의 역할은 클라이언트가 해결해야 하는 문제의 심리적 측면을 변화시키려는 사회복지사의 활동을 말한다. 중재자 역할은 체계 간 또는 체계 내 갈등을 완화하거나 해결하려는 사회복지사의 활동을 말한다.

따라서 사회복지사의 역할은 클라이언트의 문제해결을 위해 개입활동의 핵심을 이루는데, 사회복지사는 상담, 지역사회의 자원 연계, 새로운 자원의 개발, 사회적 지지의 활용, 교육 등을 수행한다.

개입 단계에서 일어나는 변화의 초점은 개인적 변화, 관계적 변화, 환경적 변화 등 3가지 유형으로 크게 분류해 볼 수 있다(Bogo, 2006).

개인적 변화는 개인의 사고, 감정, 행동의 변화를 말하는 것으로, 이러한 변화는 클라이언트가 자신의 태도나 행동에 대한 의미, 경험을 통한 사고 과정, 자존감 및 자긍심, 과거 외상에 대한 수용과 성공을 위한 자기 자신의 능력 개발까지 포함하게 된다. 즉, 클라이언트는 사회복지사의 도움으로 분노, 슬픔 등 다양한 감정을 이끌어낼 수 있고 혼란, 양가감정 등을 해소하게 된다. 사회복지사와 클라이언트가 강한 감정 상태를 탐색할 때 관련된 사고와 의미를 분명히 할 수 있으며 사고, 감정, 행동 간의 상호 관계가 더욱더 분명해진다.

관계적 변화는 배우자, 가족 구성원, 친구, 동료, 고용주 등 중요한 관계에서의 변화를 일컫는다. 즉, 대인관계를 개선시킬 필요가 있는 개인이 의사소통하고, 갈등을 해결하며, 만족을 얻는 방식을 변화시키는 것이다. 관계를 변화시키기 위해서는 클라이언트가 휘말려 있거나 갈등의 원인이 되는 상호작용 패턴에 초점을 둔다.

환경적 변화는 개인의 복지와 사회적 기능에 중요한 영향을 미치는 환경 속의 상황이나 자원의 변화를 일컫는다.

사회복지사는 개인적 문제부터 전체 지역사회에 영향을 미치는 문제에 이르기까지 다루는 문제의 범위가 광범위하고 변화의 초점이 개인, 관계, 환경 등 다양하기 때문에 직·간접적 개입방법을 모두 활용할 수 있어야 한다.

따라서 사회복지실천 과정의 개입 단계를 직접적 개입과 간접적 개입으로 구분하여 살펴보도록 한다.

1. 직접적 개입

사회복지사는 클라이언트에게 개입하는 과정에서 다양한 문제해결 기술을 사용한다. 사회복지사와 클라이언트의 원조 관계는 사회복지실천의 전 과정에서 모두 중요하게 다루어지지만, 개입 단계에서는 특히 사회복지사와 클라이언트의 상호 협력적 관계가 필수적이다. 사회복지사와 클라이언트 간 상호작용의 목적은 클라이언트의 성장을 촉진하고 자기 결정에 따른 삶을 영위하도록 돕는 것이다.

사회복지사는 클라이언트가 스스로 문제해결을 할 수 있도록 적절한 방법을 개발하기 위해 의사소통기법을 사용하고, 바람직하지 않은 행동, 사고 또는 감정을 변화시키기 위해 행동수정기법을 사용한다. 이러한 기법은 클라이언트가 자신 또는 상황에 대한 이해를 명료화하고 객관화하며 통제력을 갖도록 도움으로써 클라이언트의 변화를 이끌어낸다.

직접적 개입에서 주로 활용되는 개입방법을 살펴보면 다음과 같다.

1) 의사소통기법

의사소통기법 중 지지, 재보증, 일반화, 환기법, 직면, 재구성 등은 정서적 안정을 위해 유용하게 활용되는 기법이다.

정서적 안정은 낙담, 좌절, 의기소침, 무력감, 자신감 결여와 같은 클라이언트의 심적 상태를 건강하고 자신감 있는 상태로 회복시키고 불안, 분노, 죄의식 등 불합리하고 불건전한 정서 상태를 적절하게 해소하도록 도와 자아 기능을 회복시키는 것을 말한다(엄명용 외, 2007).

의사소통기법은 정서적 안정 외에 왜곡된 인지구조를 변화시키기 위해서도 주로 활용되는데, 클라이언트의 비합리적 사고를 변화시켜 자신과 상황을 좀 더 현실적으로 인식하도록 돕는다. 사회복지사는 왜곡된 자아상을 가진 사람, 예를 들어 자신이 하지 않은 일에 대해서도 스스로 비난하는 사람을 돕기 위해 인지이론의 원리를 적용한다(정명숙, 2007). 또한 클라이언트의 상황에 대한 인식 능력의 향상은 클라이언트 자신의 정서 상태와 인지구조 및 행동, 문제와 이를 둘러싼 상황, 동원 가능한 자원에 대한 클라이언트의 통찰력을 높이는 것을 말하는 것으로 정보 제공이나 조언 등이 상황 인식능력을 높이는 데 유용한 기법으로 활용된다(김융일 외, 2005).

(1) 지지

지지(support)는 클라이언트를 격려하고 인정하는 것을 의미한다(Brill, 1998). 사회복지사는 클라이언트의 내적 강점, 반응방식, 의사결정, 행동방식, 구체적인 관계 등을 지지할 수 있다. 지지는 문제 상황에서 자신감이 약화되어 있고 불안과 위기상황에 처해 있는 클라이언트를 위한 것으로, 사회복지사가 클라이언트에게 신뢰를 표현하는 것이다. 또한 클라이언트의 문제해결 능력을 향상시키기 위해 클라이언트의 행동이나 태도를 인정하고 칭찬해 주는 것이다. 이 기법의 적용에서 주의할 점은 지지되는 요소가 현실적이어야 한다는 것이다.

(2) 재보증

재보증(reassurance)은 고심하고 있는 상황에 대한 해결책이 있다는 사실을 클라이언트에게 확신시키는 것을 의미한다. 클라이언트가 실제로 합리적이고 현실적인데, 자신의 결정이나 행동에 대해 망설이거나 확신이 없을 때 사용하는 기법이다(Sheafor & Horejsi, 2006). 즉, 재보증은 자신의 능력이나 자질에 대해 회의를 가지고 있는 클라이언트에게 사회복지사가 신뢰를 표현해 줌으로써 클라이언트의 자신감을 향상시킨다.

재보증이란 클라이언트는 도움을 받을 수 있고, 그 상태가 절망적이 아니며, 위험상황을 성공적으로 조종하고 해결할 수 있을 뿐만 아니라 자신이 인식하고 있는 것보다 더 많은 능력이나 힘을 가지고 있다는 것을 사회복지사가 클라이언트에게 전달하는 방법이다. 그런데 사회복지사가 사회복지실천 관계를 빨리 수립하기 위해서나 사회복지사 자신이 클라이언트의 불안에 대해 견딜 수 없기 때문에 지나치게 재보증을 해서는 안 된다. 더욱이 클라이언트의 불안이 너무 심하여 재보증하지 않고서는 진행할 수 없을 경우를 제외하고는 불필요한 재보증을 하지 않도록 특별히 유의해야 한다. 그리고 재보증은 반드시 현실성을 가져야 하며 클라이언트의 감정적 요소, 즉 특정 상황에 대해 느끼는 바를 그대로 수용하는 데 주안점을 두어야 한다(김기태 외, 2007).

재보증을 위한 기본적인 원칙은 다음의 3가지를 들 수 있다(Brill, 1998). 첫째, 현실을 무시한 채 피상적으로 안심시키는 말이 아닌 현실적으로 재보증한다. 둘째, 클라이언트가 자신의 우려와 고통에 대해 표현할 수 있는 기회를 주면서 적절한 시점에서 재보증한다. 셋째, 일반적 적응과 특정한 적응이 모든 상황에서 가능하다는 것을 의식하면서 재보증한다.

재보증은 클라이언트의 능력, 감정, 성취와 관련해서도 사용될 수 있다. 사회복지사는 클라이언트의 능력이나 성취에 대해 현실적인 평가에 근거한 사회복지사의 신뢰를 전달해서 클라이언트의 자신감을 높일 수 있다. 그러나 단지 관계형성을 위해 혹은 클라이언트가 보이는 근심이나 의기소침을 완화하려고 재보증을 사용하는 것은 바람직하지 못하다. 막연한 안심시키기나 보장은 사회복지사의 상황인식 능력과 원조 능력에 대한 의심을 불러일으킨다. "당신은 할 수 있을 거예요.", "모든 것이 잘될 거예요."와 같은 막연한 표현은 오히려 사회복지사의 전문성과 신뢰성이 떨어지면서 개입에 도움이 되지 않을 것이다(Sheafor & Horejsi, 2006).

(3) 일반화

일반화(generalization)는 클라이언트의 생각, 감정, 행동 등이 비슷한 상황에 놓인 다른 사람과 유사하다고 말해 줌으로써 클라이언트가 자신이 느끼고 행동하는 방식이 이상하거나 비정상적이라는 지각을 상쇄시키는 기법이다(Sheafor & Horejsi, 2006). 즉, 클라이언트 자신만이 이런 문제로 괴로워한다는 것에 대해 다른 일반적인 사람도 비슷한 경험을 할 수 있다든지, 또는 자신만이 가지고 있다고 생각하는 특별한 사고, 감정, 행동에 대해 보통 사람들이 공통적으로 겪는 것임을 전달해 줌으로써 클라이언트 자신만의 특별한 문제가 아님을 알려 주는 기법이다.

또한 일반화는 인간 경험의 공통점과 클라이언트의 문제 상황과 유사한 상황을 성공적으로 해결한 다른 사람의 강점을 활용하는 것이다(Brill, 1998). 일반화는 다른 사람이 유사한 문제에 대해 성공적으로 대처하는 경우가 있음을 알려 주고 그 상황으로 인해 지나치게 영향을 받는 것을 완화해 주고, 문제해결 방식에 관한 정보를 나누고, 다른 사람의 문제해결을 위한 강점을 참조하도록 한다.

(4) 환기법

환기법(ventilation)은 문제가 되는 감정과 태도를 표현하며 개방하는 것을 의미한다. 일반적으로 클라이언트의 기능에 영향을 미치고 당면한 문제에 대해 합리적으로 사고하는 것을 방해하는 감정이 환기의 대상이 된다. 이와 같이 클라이언트의 억압된 감정, 특히 부정적인 감정인 분노, 증오, 슬픔, 죄의식, 불안 등이 문제해결을 방해하거나 감정 자체가 문제가 되는 경우에 이를 표출하도록 함으로써 감정의 강도를 약화하거나 해소시키는 기법이다.

감정의 표현은 클라이언트를 분노, 자기연민, 상기된 고통과 두려움에 머무르지 않고 그러한 감정에서 벗어나게 한다. 사회복지사는 클라이언트가 '지금 그리고 여기'의 상황에 초점을 맞추고 과거의 감정에서 벗어나 현재의 문제를 다루고 변화시키는 데 에너지를 집중하도록 돕는다(Brill, 1998). 클라이언트가 감정의 강도나 본질과 관계없이 어떤 감정이든 표현할 수 있는 안전한 관계를 사회복지사와 형성할 수 있을 때 클라이언트가 현실에 대처하도록 도울 수 있다.

(5) 직면

직면(confrontation)은 클라이언트의 자아 인식을 고양하고 변화를 촉진하는 기술로 클라이언트의 어려움을 야기하거나 유지시키는 사고, 감정 또는 행동의 특정 측면을 클라이언트에게 직시하게 하는 것을 말한다(Hepworth et al., 2006). 또한 직면은 클라이언트가 자신의 문제를 부정하거나 회피하고 변화를 거부하고 개입을 피하려고 할 때 사용되는 기법이다. 이것은 클라이언트의 사고, 감정, 행동 중에서 특히 변화에 장애가 되는 부분에 대한 인식을 높이기 위해 사용한다.

직면의 중요한 목적 가운데 하나는 클라이언트가 행동하고 사고하며 느끼는 것에 있어서 모순을 인식하도록 돕는 것이다(Gambrill, 2006). 클라이언트의 태도와 행동의 불일치, 언어적·비언어적 의사소통의 불일치 등을 직면시키면서 문제에 대한 통찰력을 갖게 하거나 자신을 개방적으로 드러내도록 돕는다.

직면은 평형 상태를 혼란시키며 잠정적 불안을 야기하기도 한다(Northen, 1982). 그리고 사회복지사가 직면을 사용할 때 클라이언트를 비판하거나 거절하는 것으로 클라이언트가 해석할 수 있기 때문에 직면은 위험성을 내포하고 있는 기술이다. 따라서 직면을 효과적인 치료 기술로 사용하기 위해서는 충분한 감정이입을 동반해야 하며 적절한 타이밍의 기술 또한 요구된다. 직면을 사용하는 데는 다음과 같은 지침이 필요하다(Hepworth et al., 2006).

- 효과적인 치료 관계가 이루어질 때까지 직면을 사용하지 말아야 한다.
- 직면을 남용하지 않는다. 직면은 일반적으로 덜 위험한 다른 방법으로 클라이언트의 맹점이 잘 치료되지 않을 경우에만 활용되는 기술임을 명심한다.
- 관심과 주의를 기울이며 온정의 분위기 속에서 직면을 사용해야 한다.
- 가능한 한 항상 자기직면을 하게 한다.
- 클라이언트가 매우 심한 정서적 긴장을 경험하고 있을 때는 직면을 사용하지 않는다.
- 감정이입적 반응과 더불어 직면을 사용한다. 직면을 사용할 때는 클라이언트의 반응에 대하여 민감해야 한다. 클라이언트는 종종 그들의 반응을 언어적으로 표현하지 못한다. 그러므로 클라이언트의 상심, 분노, 혼돈, 불안, 당황, 원한 등을 암시하는 비언어적 단서에 특별한 주의를 기울일 필요가 있다.
- 직면 후에 즉각적인 변화를 기대하지 않는다. 비록 클라이언트가 직면을 충분히 수용한다고 해도 일반적으로 새롭고 기능적인 행동은 점진적으로 전개된다.

따라서 직면은 클라이언트가 비난받는다는 느낌이 들지 않도록 해야 하고, 건설적인 방향이어야 하며, 구체적인 예를 들어 사용하는 것이 유용하다. 시기 선택도 중요한데, 클라이언트가 직면에 대한 준비가 되어 있는지를 고려한다. 또한 신뢰관계가 충분히 형성된 후에 직면기법을 사용하는 것이 유용하다. 적절한 시점이 아니거나 클라이언트가 준비되어 있지 않았을 때 직면을 시도하면 클라이언트와의 관계에 좋지 않은 영향을 미칠 것이다. 따라서 클라이언트가 화나 있거나 좌절 상태에 있는 경우 직면기법의 사용은 바람직하지 않다.

(6) 재구성

재구성(reframing)은 클라이언트가 특정한 사건, 행동 또는 생활경험에 부여하는 의미를 수정하도록 돕기 위해 사용된다(Sheafor & Horejsi, 2006). 즉, 어떤 문제에 대해 클라이언트가 부여하는 의미를 수정해 줌으로써 클라이언트의 시각을 긍정적인 방향으로 변화시키려는 방법이다. 재구성은 과거의 같은 경험을 클라이언트가 다른 관점으로 보도록 도와주며, 보다 긍정적으로 이해하도록 돕는다. 재구성은 사회복지사가 클라이언트에게 새로운 관점을 제공하는 대신 클라이언트 스스로 여러 가지 다른 해석을 생각해 보도록 하는 것이다.

(7) 명료화

사회복지사는 클라이언트의 사고, 감정, 행동을 명확히 하도록 노력한다. 목표는 정신적 사건을 클라이언트의 기능의 다양한 단편과의 관계를 탐색하고 연결시키는 것이다. 예를 들어, 청소년기의 아들에게 과도하게 처벌적인 어머니는 아들에 대한 자신의 처벌적인 태도를 인식하지 못하는 경우가 있으며, 좀 더 깊은 수준에서 보면 아들이 결혼 초기에 그녀를 남겨 두고 가버린 아들의 아버지를 상기시키기 때문에 그렇게 대한다는 것도 인식하지 못할 수 있다. 사회복지사는 이러한 사실을 파악하고, 적합한 시기에 이러한 관계를 지적할 수 있다. 이러한 종류의 명료화는 심도 있거나 무의식적 수준의 것은 아니며 단지 부드러운 생활사적 내용일 뿐이다. 명료화는 이렇게 그 특성상 원인론적이거나 발달적인 해석과는 다르다. 명료화는 주로 현재적 사건 중에서 연관성을 찾는 데 국한하여 이루어진다(김기태 외, 2007).

(8) 정보 제공

정보(information)를 주는 것은 어떤 상황이나 사건에 관한 지식을 확장시킬 수 있도록 사실이나 의견, 생각을 제공하는 것이다. 즉, 클라이언트의 문제해결 능력을 향상시키는 데 필요한 정보와 지침을 제공하는 것이다.

사회복지사는 정보 제공이 클라이언트의 자기결정권을 약화시키지 않도록 유의해야 하는데, 제공된 의견이나 생각은 사회복지사 개인적인 것일 뿐 사람마다 각기 다른 의견을 가질 수 있다는 점을 분명히 해야 한다.

일반적으로 클라이언트에게 도움이 될 수 있는 정보로는 서로 다른 행동의 결과, 가치 있는 목표 달성을 위한 새로운 기회와 선택, 다른 사람에게 영향을 미치는 방법, 사회적 환경을 변화시키는 방법, 가치 있는 목표를 달성하기 위해 물리적 환경을 변화시키는 방법 등이 있다(Gambrill, 2006).

정보 제공은 클라이언트가 결정을 내리고 과제를 수행하는 데 필요한 정보를 주기 때문에 상황에 대한 이해력과 문제해결 능력을 향상시킬 수 있다. 사회복지사는 정보 제공을 통해 클라이언트와 클라이언트의 행동에 영향을 미치는 중요한 사람들이 문제를 해결하도록 도울 수 있으며, 클라이언트는 정보를 얻음으로써 선택의 폭을 확장할 수 있다.

(9) 조언

조언(advice)은 사회복지사가 클라이언트에게 추천하는 제언을 일컫는다(Sheafor & Horejsi, 2006). 사회복지사는 클라이언트가 미처 생각하지 못한 대안을 제시하거나 대안 중의 하나를 추천하는 조언을 한다. 정보 제공은 클라이언트가 자신에게 적합한 정보인지 그 여부를 판단한 후 이용하는 것이 자유로운 반면, 조언의 경우 클라이언트가 사회복지사의 선택을 분명히 알 수 있으므로 어떤 경우에는 원하지 않음에도 불구하고 조언을 따라야 한다는 압력을 느낄 수 있다.

사회복지사는 클라이언트가 직접적 조언을 요청하거나 필요로 하는 것을 간접적으로 표현하는 단서에 민감해야 한다. 사회복지사가 조언하기 위해서는 클라이언트의 관심사를 성공적으로 처리하는 방법에 관해 클라이언트보다 더 많이 알아야 한다. 또한, 사회복지사는 클라이언트가 실제 원하는 것과 그와 관련된 모든 요소에 대해 객관적이고 현실적인 평가에 근거하여 조언하며, 클라이언트의 능력에 대한 판단을 바탕으로 조언해야 한다.

2) 행동기법

행동기법은 개입 목적이 클라이언트가 새로운 행동을 학습하거나 기존의 행동을 수정하도록 돕는 것일 때 사회복지사가 사용할 수 있는 가장 강력한 개입방법이다(Sheafor & Horejsi, 2006).

사회복지사는 특정한 표적행동을 강화 혹은 증가시키거나 반대로 약화 혹은 감소시키기 위한 목적으로 행동기법을 적용하게 된다. 행동기법은 과잉행동, 공격성, 비행, 학대 혹은 방임 행동 등 다양한 문제행동에 유용하게 적용될 수 있다. 행동주의적 개입은 인간 행동의 학습에 관한 행동주의 이론의 개념과 원리를 적용해 여러 가지 형태의 부적응 행동을 변화시키는 것을 가리킨다. 행동기법은 모든 행동이 학습되며 변화가 가능하다는 전제하에 사람 간의 상호작용에 의해 행동이 형성되고 유지된다고 간주한다. 따라서 행동을 형성하고 유지하는 반응을 변화시킨다면 행동이 변화될 수 있다고 기대한다. 즉, 행동기법을 적용함으로써 특정 문제행동을 없애거나 바람직한 행동으로 변화시키고자 하는 것이다.

(1) 강화

강화(reinforcement)는 표적행동이 더 빈번하게 발생할 가능성을 증가시키는 사건이나 활동을 말한다. 강화는 특정 행동이 어떤 보상을 받으면 그 행동이 다시 일어나기 쉽다는 원리에서 출발한다. 강화는 정적 강화와 부적 강화로 구분되며, 정적 강화는 표적행동을 증가시키는 효과를 얻기 위해 클라이언트가 좋아하거나 유쾌해하는 조건을 추가하거나 제공해 주는 것을 의미한다. 부적 강화는 표적행동을 증가시키는 효과를 얻기 위해 클라이언트가 싫어하거나 불쾌해하는 조건을 감소시키거나 제거하는 것을 의미한다.

(2) 소거와 처벌

소거(extinction)는 바람직하지 않은 행동을 없애기 위해 그 행동을 무시하는 것을 의미한다. 즉, 벌을 사용하는 대신 특정 행동에 대한 강화를 해 주지 않음으로써 자연히 그 행동이 소멸되게 한다. 소거는 표적행동을 발생시키는 자극이 더 이상 제공되지 않으면 반응이 나타나지 않는 것을 말한다. 또한 반응을 하지 않는 것은 물론 결과와 그 결과로 이끈 관계, 즉 강화조건을 제거한다.

처벌(punishment)은 표적행동을 억제하거나 감소시키는 효과가 있는 고통스럽고 불쾌한 자극을 주는 기법으로 특정한 행동이 불쾌한 결과를 초래하면 그 행동은 약화되거나 없어진다는 원리이다. 처벌은 불쾌한 결과가 뒤따르는 정적 처벌과 생활의 유쾌한 부분을 박탈하는 부적 처벌로 구분된다.

(3) 타임아웃

타임아웃(time-out)은 신체적 징계의 대안으로 문제행동을 감소시키는데, 흔히 사용되는 기법이다. 타임아웃의 목적은 바람직하지 않은 행동을 강화하는 환경으로부터 클라이언트를 일시적으로 격리시켜 문제행동을 감소시키거나 제거하려는 것이다.

(4) 역할연습

역할연습(role play/rehearsal)은 행동기법의 일종으로 자주 사용된다. 역할연습은 토론으로 할 수도 있고 역할수행을 하는 상황을 실제 설정하는 방식으로도 할 수 있다. 혹은 클라이언트에게 이러한 역할이 어떻게 수행되는지 시범을 보여 주는 방식으로 할 수도 있다(Brill, 1998). 역할연습은 실제 생활에서 발생할 수 있는 내용에 대해 토론하거나 구성된 각본에 따라 역할행동을 하거나 관찰하는 경험을 함으로써 대처기술과 자신감을 발달시킬 수 있다.

(5) 기술훈련의 제공

사회복지실천 전문가는 클라이언트의 강점 관점을 중심으로 대처능력을 증가시키는 데 많은 관심을 가져왔으며, 그 노력의 일환으로 다양한 기술훈련 프로그램을 제공해 왔다. 대표적인 기술훈련 프로그램 4가지는 문제해결기술, 사회기술훈련, 자기주장훈련, 스트레스 관리이며, 구체적인 설명은 다음과 같다(Hepworth et al., 2006).

① 문제해결기술 : 문제해결 과정은 문제의 인정, 문제분석과 참여자의 욕구 파악, 가능한 해결책을 찾기 위한 브레인스토밍, 각 대안의 평가, 선택된 대안 이행, 문제해결 노력의 결과평가 등의 6단계로 구분해 볼 수 있다.

② 사회기술훈련 : 클라이언트가 자신이 속한 환경 속에서 효과적으로 기능하는 데 필요한 기술을 습득하도록 연습하고 실연해 볼 기회를 제공해 준다. 사회기술훈련은 클라이언트에 따라 그 내용이 다르지만, 대표적으로 부모양육기술, 자기주장, 다른 사람의 이야기 듣기, 분명한 메시지 전달, 요구하기, 분노조절, 친구 사귀기 등이 있다.

③ 자기주장훈련 : 일부 클라이언트가 대인관계에서 자신의 생각이나 느낌을 상대방에게 솔직하게 표현하지 못하여 결과적으로 타인이 자신을 침해하거나 무시하도록 허용해 버리는 식으로 응대하는 경우 상대방의 권리와 감정을

존중하는 가운데 본인의 의견과 주장, 선호도 등을 구체적으로 표현하는 행동이다.

④ 스트레스 관리 : 매우 다양한 접근방법을 포괄하고 있으며, 이들 모두 일상생활의 여러 문제와 관련된 긴장과 스트레스를 더욱 효과적으로 다룰 수 있도록 한다는 공통의 목적을 가진다. 즉, 스트레스를 주는 사건과 상황에 과도하게 반응하지 않게 대처기술을 사용하도록 돕는 것이다.

2. 간접적 개입

사회복지사는 직접 클라이언트를 만나서 서비스를 제공할 뿐만 아니라 클라이언트가 처한 환경을 변화, 조정하는 간접적 개입을 하기도 한다. 간접적 개입은 주로 기관과 지역사회체계에서 이루어지는 경우가 많으며 중범위 혹은 거시 실천으로 표현되기도 한다.

간접적 서비스 제공을 개입방법으로 선택한 경우 사회복지사는 환경 변화를 위한 개입, 영향력 있는 인사와의 관여 활동, 서비스 조정, 조직체 내부 변화를 위한 활동, 옹호 활동 등의 구체적 전략을 통해 보다 세부적 활동을 추구할 수 있다.

사회복지실천에서 사회복지사는 다양한 역할을 수행하는데, 이 중 환경 조정에서는 주로 중개자, 중재자, 옹호자, 해석자, 자원의 제공자 역할을 수행한다(Grinnell et al., 1981).

간접적 개입은 클라이언트 또는 클라이언트체계의 목적을 달성하기 위하여 표적체계 및 외부 기관과 접촉하는 것을 의미한다(Timberlake et al., 2002). 사회복지사는 클라이언트의 목표 달성에 필요한 변화를 가져오기 위해 이 체계에 개입한다. 사회복지사는 개입 과정에서 클라이언트나 사회복지사의 요구에 비협조적인 체계를 만날 수 있다. 따라서 사회복지사에게는 클라이언트를 적극적으로 원조 과정에 참여시키고 변화하도록 돕기 위하여 이 체계를 관리할 수 있는 전문적인 기술이 필요하다.

1) 자원연계

사회복지사는 개입 과정 중에 외부 자원을 동원하고 연결하는 간접적인 개입을 하게 된다. 사회복지사는 클라이언트의 가족, 동료, 소득 보장 프로그램, 자조집단, 지역사회 내 다양한 기관과 서비스 등 클라이언트체계에 도움이 될 수 있는 모든 사람과 제도를 원조 과정에서 활용한다. 전문가 집단의 협력과 클라이언트의 사회적 관계망을 확장하는 것은 클라이언트에게 필수적인 자원과 지지체계를 강화하는 데 필요하다.

클라이언트가 스스로 주위 환경과의 상호작용을 통해 필요한 자원과 지원을 확보하지 못하는 경우, 사회복지사는 클라이언트의 외부 환경을 변화시키기 위해 환경적 개입을 실시한다. 어떤 클라이언트는 자원이 어디에 존재하는지와 같은 단순한 정보가 없어서 어려움을 겪는가 하면, 어떤 클라이언트는 비록 자원의 소재는 알고 있지만 그 자원을 어떻게 연계할지 모르는 경우도 있다. 지역사회에 자원이 존재하고 있음에도 그 자원과 연계되지 못해 클라이언트의 욕구가 충족되지 못하는 경우가 흔히 발생한다. 클라이언트에게는 필요한 자원을 얻도록 도와주는 옹호자가 필요한 경우가 종종 있다.

사회복지사는 클라이언트의 욕구를 충족시키고 문제를 해결하기 위해 공식적·비공식적 자원을 동원하고 연계할 수 있도록 도와야 한다. 또한 사회복지사는 지역사회의 자원을 발견해 이를 단순히 클라이언트에게 연결해 주는 역할에 그치는 것이 아니라 클라이언트의 옹호자 혹은 대변자로서의 역할을 수행해야 한다. 이 과정에서 때로는 서비스 전달체계의 개선도 필요하다. 지역사회에서 어떤 사람은 필요한 서비스가 부족하거나, 정보가 없어서 수혜 대상에서 배제되는가 하면, 어떤 사람은 중복이 심한 서비스로 인해 조정을 필요로 한다. 서비스의 배제 혹은 중복과 같은 전달체계상의 문제를 해결하기 위해서 사회복지사는 필요한 서비스의 공급 확대, 지역사회 내 서비스 분석의 정보 제공, 서비스 조정 등의 역할을 수행할 수 있다.

2) 환경개입

간접적 개입은 환경에 대한 개입활동과 기술을 포함한다. 클라이언트의 변화를 위해 사회복자사가 행하는 환경에 대한 개입은 서비스 연결과 의뢰와 같은 서비스 조정에 관련된 활동, 새로운 프로그램 및 자원의 개발에 초점을 둔 프로그램 계획과 개발을 위한 활동, 클라이언트의 시설입소 등의 환경조정 등을 일컫는다.

환경조정(environmental manipulation)은 클라이언트의 사회적 기능을 향상시키는 수단으로 클라이언트의 환경에 변화를 일으키는 전략이다. 공간, 시간, 관계라는 환경의 3가지 요소가 변화 대상의 초점이 된다(Johnson & Yanca, 2007).

헵워스와 라슨(Hepworth & Larsen, 1993)은 환경을 개선시키기 위한 개입의 구체적 전략을 제시했는데, 요약하면 다음과 같다.

① 가정 내 관계의 증진
② 가족 환경 내의 자원의 보충
③ 지지체계의 개발과 강화
④ 클라이언트를 다른 환경으로 이동시킴
⑤ 시설환경의 개선
⑥ 지역사회 환경의 활용
⑦ 새로운 자원의 개발
⑧ 해석을 통한 태도 변화
⑨ 대중매체의 활용

3) 자원개발

환경에 대한 개입에는 존재하지 않는 자원을 새롭게 개발하는 활동도 포함된다. 필요한 자원이 지역사회 내에 없는 경우는 흔하다. 생활환경이 급변하고, 기술이 발전하고, 사회경제적 상황이 바뀌면서 변화하는 클라이언트의 욕구에 부합하기 위하여 새로운 자원의 개발이 요구되고 있다. 사회복지사는 새로운 자원의 개발과 관련해 옹호와 사회행동 차원에서 역할을 수행한다.

제5절 평가와 종결

1. 평가

1) 평가의 내용

사회복지실천 과정에서 개입 과정을 통해 설정된 목표가 얼마나 달성되었는지 과학적으로 판단하기 위해서는 평가를 해야 한다. 평가는 문제해결 과정의 마지막 단계이다(Compton & Galaway, 1999).

사회복지실천에 있어서 평가는 사회복지실천의 과학성과 전문성을 강화해 주고 클라이언트에 대한 책임성을 높여 준다는 면에서 매우 중요한 의미를 지니고 있다.

평가는 여러 측면에서 긍정적인 기능을 수행한다. 평가를 통해 사회복지사의 지식 기반이 증진될 수 있고, 서비스 질에 관한 결정을 용이하게 할 수 있으며, 책임성을 증명할 수 있고, 클라이언트의 목표가 달성되었는지 여부를 객관적으로 결정할 수 있다(Gabor & Grinnell, 1994).

평가를 통해 사회복지사와 클라이언트는 의도한 대로 서비스 계획을 이행했는가의 여부와 목적이 성취되었는가를 결정짓고, 이를 토대로 문제나 목표, 서비스계획 등을 수정할 수 있으며 동일한 서비스계획을 다른 방식으로 수행할 수도 있다.

또한 평가를 통해 서비스를 받는 클라이언트뿐 아니라 실천가, 프로그램관리자, 재원 제공자, 정책 수립자 등에게 서비스의 질에 관한 정보를 줄 수 있다. 그리고 평가를 통해 클라이언트의 욕구충족 혹은 문제해결을 위한 서비스를 적절하게 제공하고, 재원을 적절하게 지출하였으며, 실천윤리와 가치에 위배되지 않는 서비스 전달을 하였다는 책임성을 증명할 수 있다. 무엇보다도 평가를 통해 클라이언트의 목표 달성을 증명할 수 있다.

헵워스와 라슨(1993: 660)은 평가를 실천 과정의 3가지 다른 차원에서 이루어져야 할 활동으로 설명하면서 결과평가, 과정평가, 사회복지사 평가의 영역으로 구분해서 설명했다. 결과평가란 성취된 결과에 대한 사정을 의미한다. 사정 단계에서는 이미 결정한 방식에 따라 결과를 사정하게 된다. 또 다른 한 영역으로 과정평가는 원조 과정에 대한 클라이언트의 인식과 관련해서 이루어진다. 원조 과정에서 사용된 기법 및 활동에 대한 클라이언트의 피드백은 사회복지사로 하여금 특정 기술을 더욱 활용하거나 배제할 수 있도록 한다. 마지막으로 사회복지사에 대한 평가는 사회복지사 자신의 행동, 태도 및 속성이 원조 과정에 어떠한 방식으로 긍정 혹은 부정적 영향을 미쳤는가에 대한 피드백을 통해 이루어진다. 사회복지사는 항시 비판을 적극적으로 수용할 준비를 갖추어야 한다. 부정적 피드백은 때로는 받아들이기 고통스럽지만, 사회복지사 자신의 행동, 태도, 매너리즘 등에 대해 인식을 가지게 하므로 매우 유용하다. 클라이언트와 마찬가지로 사회복지사도 성장 및 변화를 위해 인식이 앞서야 한다.

평가를 위한 핵심 질문은 '목표가 달성되었는가?'이다. 사회복지실천은 개입계획을 수립하는 과정에서 목표를 설정한다. 그리고 그 목표는 문제규정과 직접적으로 관련된다. 기본적으로 평가과정에서 제기되는 질문은 다음과 같이 요약될 수 있다(Timberlake et al., 2002).

- 목표가 달성되었다면 그 원인은 무엇인가?
- 목표가 달성되지 못했다면 클라이언트체계, 행동체계 또는 표적체계는 목표를 어느 정도 달성했는가?
- 목표를 달성하지 못했다면 그 원인은 무엇인가?

- 목표 달성 시기는 적절했는가?
- 목표 설정이 처음부터 정확하지 않았는가?
- 사정이 정확하지 않았는가?

2) 평가도구

평가에는 검정된 평가도구 및 설문검사지, 문제 상황의 변화 정도에 대한 평가, 참여자의 피드백 등을 활용한 객관적 자료가 요구된다. 사회복지사는 클라이언트와의 면접 시 개입 과정에서 무엇을 했고, 어떻게 느꼈으며, 무슨 생각을 했는지 등을 파악한다. 여기서 클라이언트의 변화에 따라 개입을 조정한다.

또한 특정한 문제 영역이나 강점에 초점을 둔 간단한 표준화된 질문지, 척도로 구성되어 신속하게 사정평가할 수 있는 도구가 개발되어 클라이언트와의 직접 면접 혹은 클라이언트를 대신해서 얻은 정보의 신뢰성과 타당성, 유용성을 증진시켰다(Thyer, 2008).

(1) 사례연구

사례연구는 사회복지실천 과정의 결과를 평가하는 가장 오래된 방법이다(Thyer, 2008). 이는 클라이언트의 변화를 평가하기 위해 이야기, 도표, 그림 등을 사용하는 질적 평가방법 중의 하나이다.

사례연구에서 사회복지사는 측정도구, 행동변화의 기록, 모니터링, 과정 기록, 이론적 틀에 대한 비판, 각각의 실천요소 수행에 대한 철저한 검토, 클라이언트의 만족도 등 여러 가지 평가수단을 활용한다(Bisman, 1994).

(2) 단일체계설계

단일체계설계는 가장 널리 알려진 사회복지실천의 평가방법이다. 단일체계설계는 어떤 규모의 클라이언트체계에도 적용될 수 있으며, 개인, 가족, 집단, 프로그램, 조직 또는 지역사회를 대상으로 할 수 있다(Johnson & Yanca, 2007). 단일체계설계는 개입 결과를 그래프로 그려 평가결과를 시각적으로 쉽게 이해할 수 있다.

자스트로(1999)는 사회복지실천 평가와 관련된 문헌을 검토한 후 단일체계설계 평가의 실행 절차를 다음과 같은 단계로 분류하고 있다. ① 목적을 명확히 하는 것, ② 적절한 측정방식을 선택하는 것, ③ 기초선 자료를 기록하는 것, ④ 개입을 실행하며 모니터링을 계속하는 것, ⑤ 변화를 사정하는 것, ⑥ 효과를 추론하는 것으로 분류하고 있다. 이는 클라이언트에게 일어난 변화에 대하여 분석하거나 인과관계에 관해 추론하는 작업을 말한다.

단일체계설계는 표적행동과 기초선으로 설명할 수 있다. 표적행동은 개입을 통해 변화시키려는 행동을 말하며, 클라이언트의 문제나 상황에 대해 측정 가능한 것이 표적이다. 기초선은 개입 이전의 표적행동의 빈도, 강도, 기간을 의미하며, 기초선은 개입 과정 동안 관찰된 변화의 정도를 측정하기 위한 기준으로 사용된다. 기초선을 위한 측정횟수는 일반적으로 많을수록 좋으며 적어도 세 번 이상 측정하도록 권장한다.

AB설계는 개입 이전의 기초선을 알아보기 위해 사전 측정을 여러 번 하고 개입을 하는 동안 연속으로 측정하는 것으로, A는 기초선, B는 개입을 의미한다. 기초선의 패턴과 개입 이후의 패턴에 변화가 보이면 개입이 영향을 미친 것으로 간주한다.

(3) 목표달성평가

목표달성평가는 구체적 과업의 완수를 측정하는 것이다(Sheafor & Horejsi, 2006). 목표는 바라는 결과에 도달하기 위해 필요한 클라이언트 혹은 사회복지사의 행동이나 결정을 일컫는다.

목표달성평가는 서비스가 상대적으로 단기적이고, 활동이 구체적일 때 특히 유용하다. 목표달성평가의 형식은 각 세부 목표에 대한 성취 정도를 서열척도로 평가한다.

각 목표에 대한 평가 점수를 합계해서 최고 점수 합계로 나누면 성공률이 계산된다.

(4) 클라이언트 만족도 조사

클라이언트 만족도 조사는 사회복지기관이 제공한 서비스에 관한 클라이언트의 의견을 구하는 것이다(Sheafor & Horejsi, 2006). 클라이언트에게 기관의 인상, 개입의 성공, 담당자의 역량 등 원조 과정의 중요한 측면을 평가하도록 한다. 이 평가방법의 한계는 개입의 결과로 일어난 것에 대한 클라이언트의 인식만을 파악한다는 점이다.

2. 종결

1) 종결의 의미

종결은 사회복지실천 과정의 최종 단계이며, 사회복지실천의 이상적인 마무리는 긍정적인 변화를 지속하게 하는 것으로 사회복지사의 개입이 종료된 후에도 문제를 해결할 수 있는 클라이언트체계의 능력이 유지되도록 하는 데 있다. 바람직한 종결은 클라이언트에게 원조 과정에서 이루어진 변화를 검토할 기회를 주고, 클라이언트가 그 변화를 통합하며 자신이 변화의 주체임을 깨닫고, 종결 이후의 생활에 대한 자신감을 갖게 하며 원조 관계를 종료하도록 돕는다(최해경, 2009).

종결 단계에서 사회복지사는 클라이언트가 개입으로 인해 나타나는 전체적인 변화 과정에 대해 이해할 필요가 있다. 따라서 사회복지사는 처음 제기되었던 문제를 현재 어떠한 상태인지, 개입 이후 어떤 변화가 있었는지, 개입 과정에서 클라이언트가 어떤 역할을 수행했는지, 유사한 문제가 다시 발생한다면 클라이언트가 이를 어떻게 다룰 것인지, 문제에 대한 클라이언트의 생각이 어떻게 달라졌는지, 실천 과정의 종결에 대해 클라이언트는 어떻게 느끼는지, 다시 개입이 필요하다고 느끼게 하는 요인은 무엇인지 등을 구체적으로 확인해야 한다(김혜란 외, 2001).

종결의 목표는 개입을 통한 클라이언트의 변화를 확인하고 원조 과정에서 성취한 것을 유지할 수 있도록 준비시키는 것이다. 사회복지실천이 종료된 이후에도 클라이언트가 독립적으로 자신의 문제를 해결하기 위한 역량을 발휘할 수 있어야 하기 때문이다.

사회복지사는 클라이언트가 새로운 성취를 인정하고 자신감을 유지할 수 있도록 세심한 배려로 종결을 이끌어야 한다. 클라이언트와 종결을 준비하는 과정에서 서비스를 효과적으로 마무리하기 위해 사회복지사는 시간과 기술 및 이해가 필요하다. 종결 과정에서의 과업은 적절한 종결시기의 결정, 클라이언트와 사회복지사의 정서적 반응의 처리 및 개입을 통해 획득한 효과의 유지와 강화, 필요한 경우 클라이언트를 다른 자원으로 의뢰하는 것이다(엄명용 외, 2007).

종결의 적합성을 판단할 때는 다음과 같은 요소가 고려되어야 한다(Sheafor & Horejsi, 2006).

- 계획된 개입 목표가 달성되었는가?
- 서비스 제공이 적절하였는가?
- 클라이언트의 문제가 해결되어 현재 만족스러운가?
- 사회복지사와 기관은 만족할 만한 성과 없이 시간, 에너지, 기술을 투입하고 있는가?
- 클라이언트와 사회복지사는 개입의 필요가 없다는 결론에 도달했는가?
- 클라이언트를 다른 기관이나 다른 전문가에게 의뢰하는 것이 더 적합한가?

2) 종결의 유형

일반적으로 종결의 유형은 다음의 세 범주로 구분할 수 있다(최해경, 2007).

(1) 목표 달성으로 인한 종결

바람직한 종결의 유형은 클라이언트와 사회복지사가 목표가 달성되었고 충분한 변화가 이루어졌다고 믿거나, 제시된 상황이나 문제에서 벗어났을 때 발생한다(Bogo, 2006). 개입의 목표가 달성되어 종결을 하게 되는데, 종결의 유형 중에서 가장 만족스러운 종결 유형이다.

(2) 시간제한에 의한 계획된 종결

기관의 기능 혹은 사회복지사와 클라이언트 간의 합의와 관련된 시간제한에 의해 종결이 이루어지는 경우다. 시간제한은 실천 현장의 현실적 조건 때문이기도 하지만, 동시에 정해진 시간 내에 성과를 기대하는 것이므로, 시간제한이 있을 때 실천가와 클라이언트 모두 열심히 개입에 임하게 된다. 일반적으로 시간제한이 있는 원조의 경우에는 원조 과정이 목표 지향적이고 한시적이라는 것을 클라이언트에게 처음부터 주지하여야 한다.

(3) 계획되지 않은 종결

클라이언트가 공식적으로 혹은 말없이 중단하는 경우처럼 계획되지 않은 종결이 일어나는 상황이다. 계획되지 않은 종결은 원조 관계에 이상이 있거나 서비스가 도움이 되지 않는다는 클라이언트의 생각이 반영될 수 있다. 또는 클라이언트가 시간이나 장소 등 물리적으로 이용하기 어려운 사정 때문에 일어날 수 있다. 그 이유를 파악하는 것이 중요하다. 계획되지 않은 종결이 곧 실패를 의미하는 것은 아니다. 계획되지 않은 종결이 발생하는 이유가 사회복지사에게도 있을 수 있다. 사회복지사의 퇴직이나 업무 변동 혹은 개입이 클라이언트에게 더 이상 도움이 되지 않는다는 전문적 판단 등에 의해서 종결이 이루어질 수 있다. 사회복지사로 인한 종결이 발생하는 경우 클라이언트는 거부당한 느낌과 같은 부정적인 감정을 갖기 쉽다. 사회복지사는 클라이언트와 함께 이러한 감정을 개방적으로 이야기할 기회를 갖는 한편, 다른 사회복지사 또는 다른 기관으로 의뢰가 원활하게 이루어질 수 있도록 해야 한다.

계획되지 않은 조기 종결에 영향을 미치는 요인은 클라이언트와 사회복지사 간의 태도, 신념 및 행동이 서로 일치하지 않을 경우, 사회복지사와 클라이언트 간의 불일치와 관련되는 것으로 사회계층, 사회적 영향, 과거에 치료 중단 경험이 있는 경우 등 다양하다.

3) 종결의 단계

종결의 단계를 부정, 분노, 애도, 시험, 고별파티증후군인 5단계로 나누어 설명한다(Shulman, 1984; 김기태 외, 2007 재인용).

(1) 부정의 단계

클라이언트는 종결에 직면했을 때 가끔 종결이 임박했다는 것을 부정하거나 그 경험이 가치 있었다는 것을 부정한다. 부정은 임박한 분리를 피하고 분리와 관련된 상심과 불안을 피하려는 방어로써 작용한다. 클라이언트는 헤어질 준비가 되지 않았다거나 문제가 다른 어느 때보다 악화되었다고 저항을 하기도 한다.

사회복지사와 클라이언트는 그들의 감정을 정리하고 이 단계를 생산적으로 활용할 수 있도록 충분한 시간을 갖는 것이 중요하다. 갑작스러운 중단은 사회복지사와 클라이언트 모두에게 어려움이 따르며, 필요한 활동을 못 하게 될 수 있다.

(2) 분노의 직접적 및 간접적 표현

분노와 슬픈 감정이 관련되어 있는 경우가 있으므로 분노의 감정을 표현하도록 허용하는 것이 중요하다.

(3) 애도의 기간

클라이언트가 표현하는 분노의 저변에는 종종 슬픔이라는 감정이 있다. 슬픔이 나타날 때 종결 과정의 애도 단계가 시작된다. 이 기간에는 억제하기 힘든 감정을 경험한다. 이러한 감정이 유발될 때 클라이언트는 이 감정을 사회복지사에게 직접적 혹은 간접적으로 나타낸다.

(4) 시험을 해 봄

사회복지사는 마지막 면접에서 클라이언트의 문제해결 능력과 기술을 시험해 보려고 한다. 사회복지사는 클라이언트의 성취에 대한 긍정적 감정을 가지고 클라이언트를 신뢰하며 클라이언트의 문제해결 능력에 대한 직접적인 인정 등의 방법을 사용한다.

(5) 고별파티증후군

모든 치료 관계는 긍정적인 면과 부정적인 면을 가진다. 사회복지사는 지나치게 긍정적인 감정에 사로잡혀서 내용과 과정에 대한 정직한 분석을 소홀히 해서는 안 된다. 또한 사회복지사는 부정적 평가에 관한 기술도 활용해야 한다.

4) 종결의 구성요소

종결의 구성요소를 변화 수준 검토, 긍정적 변화의 유지, 정서적 유대 다루기, 다음 단계의 계획, 평가 등 5가지 요소로 구분하여 살펴보고자 한다(Bogo, 2006).

(1) 변화 수준 검토

종결이 다가온 것을 클라이언트에게 알리는 유용한 방법은 사회복지사와 클라이언트가 함께해 온 과정에 대해 성찰적 논의를 하도록 클라이언트를 참여시키는 것이다(Bogo, 2006). 이 시점에서 중요한 것은 클라이언트가 노력한 부분에 특히 주목하면서 목표가 어떻게 성취되었는지를 함께 생각해 보는 것이다. 사회복지사는 클라이언트의 강점과 협력에 초점을 두면서 변화에 영향을 미친 클라이언트 자신의 태도, 역량, 자원을 확인하도록 돕는다. 이 과정에서 클라이언트로부터 실천가의 개입으로 인해 도움이 되었던 점을 들을 기회를 갖는 것은 사회복지사에게도 매우 유용하다.

(2) 변화의 안정화

변화의 안정화는 변화의 정도를 검토하는 것에서부터 시작된다. 사회복지사는 그동안의 변화를 검토하면서 클라이언트가 변화를 가져오기 위해 무엇을 했는지 확인하고 자신이 변화의 주체임을 깨닫도록 돕는다(Bogo, 2006). 클라이언트는 탐색 과정을 통해 개인적 요인과 환경적 요인을 구별해 보고 어떠한 변화가 자신의 새로운 사고, 감정, 행동의 결과이고 어떤 변화가 가족, 친구, 직장 동료와 같은 중요한 사회적 관계 및 환경의 결과인지 알게 된다. 이후 성취한 것을 유지하기 위해 어떤 요소와 상황이 중요한지 생각하면서 이를 극대화하고 일반화할 수 있게 된다. 이는 클라이언트에게 미래에 발생하게 될 문제에 대해 어떻게 접근하고 처리해야 하는지에 대한 지침이 된다. 사회복지사는 변화의 안정화를 위해 문제점을 예상하고 이를 극복할 수 있도록 클라이언트를 준비시킨다.

변화를 안정화하기 위한 또 다른 방법은 클라이언트가 원조를 요청하기 위해 처음 기관에 오게 된 상황과 비슷한 상황을 설정하고 가능한 대처방법을 탐색해 보도록 하는 것이다(Johnson & Yanca, 2007). 그동안 경험을 통해 배운 것이 다른 상황에서도 적용될 수 있는지 생각해 본다. 클라이언트의 생활 속에서 대처능력을 키우기 위해 클라이언트 환경의 유용한 다른 자원을 함께 확인해 보는 것도 중요하다.

(3) 정서적 유대 다루기

종결은 목표 달성을 의미하므로 일차적으로 긍정적인 것으로 간주된다. 목표 달성을 하고 종결을 앞둔 클라이언트는 자신의 역량에 대한 기대와 신뢰가 증진될 수 있다. 긍정적 종결 반응으로 가장 전형적인 것은 클라이언트 자신의 자아가 확대되었다고 느끼는 것이다. 사회복지사 또한 클라이언트와 함께 설정한 목표가 성취되는 것에서 전문가로서 자존감 향상과 역량 강화를 경험할 수 있다. 사회복지사는 클라이언트가 느끼는 종결에 대한 부정의 감정을 클라이언트와 함께 개방적으로 다루어야 한다.

클라이언트의 종결에 대한 감정은 원조 관계의 강도와 성격에 따라 다양하다(Johnson & Yanca, 2007). 원조 관계의 강도가 약하거나 참여기간이 짧았다면 관계가 돈독했거나 장기간이었던 경우보다 종결에 대한 감정이 덜 강렬할 것이다. 또한 자발적인 클라이언트와 비자발적인 클라이언트의 경우도 종결에서의 반응은 달라질 것이다. 그리고 클라이언트의 독립성이나 의존 욕구도 감정에 영향을 미친다.

원하는 결과를 얻지 못하고 종결하는 경우 클라이언트는 목적이 달성되지 못한 데 대한 실망, 사회복지사에 대한 분노, 초조함 등을 느낄 수 있고, 이런 시점에 종결이 논의된다면 충격이 증폭되어 거부 혹은 공격으로 부정적 감정을 표출할 수 있다. 사회복지실천은 문제의 특성, 클라이언트의 특성, 환경적 요구와 지지, 사회복지사와 클라이언트 간의 관계를 포함한 많은 요인에 달려 있기 때문에 최선의 노력을 했음에도 변화가 일어나지 않는 상황이 있게 된다(Bogo, 2006). 이처럼 목표 달성이 안 된 종결이라 하더라도 사회복지사는 클라이언트체계와 함께 변화를 성취하지 못하게 작용했던 요인에 대해 그리고 추가적 원조를 구하는 클라이언트의 감정에 대해 이야기할 기회를 갖는 것이 중요하다.

사회복지사 또한 슬픔, 상실감, 죄책감, 불안감 등 종결에 따른 다양한 부정적인 정서를 경험할 수 있다. 이러한 감정은 상실이나 슬픔뿐만 아니라 원조 관계나 원조 과정에 관한 불만과 관련될 수 있다. 사회복지사의 불편함이나 미숙한 대처로 인해 클라이언트가 감정을 적절하게 해소하도록 돕지 못한다면, 클라이언트는 감정 처리를 배울 기회를 놓치게 된다.

따라서 사회복지사는 클라이언트와의 관계를 적절하게 마무리 짓는 기술을 발휘하여야 한다. 클라이언트에 대한 관여를 점차 줄여 나가고 만남의 간격을 더 넓혀 나가면서, 클라이언트 스스로 해야 하는 것을 더 강조하는 접근이 필요하다.

(4) 다음 단계의 계획

많은 실천 상황에서 종결은 퇴원 계획 또는 클라이언트가 필요로 하는 자원이나 프로그램을 제공할 수 있는 다른 기관으로의 이동을 의미한다(Bogo, 2006). 사회복지사는 클라이언트에 대한 배려로, 그가 더 적합한 다른 자원이나 다른 전문가에게 의뢰된다는 것을 설명하여야 한다. 즉, 사회복지사는 의뢰기관과 클라이언트가 확실히 연결될 수 있도록 중개자와 옹호자 역할을 해야 한다.

5) 사후 관리

사후 관리를 통해 변화의 유지와 강화를 모색할 수 있다. 추후 면접을 이용해 클라이언트의 기능 수행상의 악화를 막을 수 있다. 사후 관리는 종결이 이루어진 후 일정 기간이 지나서 클라이언트가 잘 적응하고 있는지를 점검하는 과정으로, 종결 후 대개 1~6개월 사이에 진행된다. 종결 시에 사후 관리를 언급하는 것은 종결에 대한 클라이언트의 불안을 감소시키는 데 도움이 된다. 또한 사회복지사는 문제가 재발했을 때 언제든지 다른 원조를 받을 수 있으며 향후 대처하기 어려운 문제가 생기면 재방문할 수 있다는 점을 클라이언트에게 알려 주도록 한다.

사회복지실천에서의 사례관리

08

CHAPTER

사례관리(case management)는 복합적이고 다양한 욕구를 지닌 클라이언트와 사례관리자 간의 연속적인 지원 관계를 바탕으로 클라이언트의 욕구를 해결하고, 사회적 기능을 증진시키기 위하여 클라이언트가 필요로 하는 보호와 서비스를 적절하고 효과적으로 제공하고, 지역사회 내의 공식적·비공식적 지원체계를 통합, 조정, 관리하여 서비스를 연계 및 조정하고 연속적으로 서비스를 제공하는 종합적인 과정이다. 사례관리는 사회가 다양화되고 인간의 욕구가 다양화되면서 발생한 개개인의 복잡한 문제를 해결하기 위한 사회복지실천의 접근방법이다. 문제를 안고 있는 클라이언트가 자신의 문제를 스스로 해결할 수 있는 능력이 없거나 재원이 있어도 활용할 능력이 부족한 경우, 이러한 문제점을 발굴, 사정, 실천계획 및 목표 설정, 계획 및 목표 달성, 평가 그리고 지속적인 관리를 통하여 포괄적인 도움을 제공하는 사회복지의 실천방법이다.

이 장에서는 사례관리의 개념 및 목적, 발달 과정 및 등장 배경(필요성), 기능 및 역할, 구성요소 및 원칙, 모델 및 과정 등 사례관리의 전반적인 내용을 살펴보고자 한다.

제1절 사례관리의 개념과 목적

1. 사례관리 개념

사례관리는 사회복지실천의 한 가지 기법이다. 사회복지실천이란 개인과 집단, 지역사회가 적절한 사회적 기능을 수행하는 데 필요한 능력을 회복하고 강화하도록 원조하는 전문적인 활동으로서, 개인과 집단, 지역사회가 그들이 바라는 목표에 합당한 사회적 조건들을 창조해 낼 수 있도록 지원하는 역할을 한다(NASW, 1973).

이러한 사회복지실천을 기초로 사례관리는 서비스의 효율성을 높이기 위해 제안된 대표적인 통합적 실천모델이다. 사례관리는 클라이언트의 욕구에 적합한 서비스가 효율적으로 전달되도록 서비스의 조정 및 제공에 대한 개인이나 기관의 책임을 강조하고 있다. 종적으로는 시간의 경과에 따라 변화하는 개인의 욕구에 반응적인 서비스를 지속적으로 제공하고, 횡적으로는 주어진 특정 시점에서 클라이언트의 다양한 욕구를 충족시키기 위해 포괄적인 서비스를 제공한다(홍선미, 2005).

학자에 따른 사례관리 개념으로 로스만(Rothman, 1992)에 의하면, 사례관리는 정신보건, 노인, 아동 그리고 보건 및 장애와 같은 대인서비스 분야의 중요한 실천방법이며, 지역사회에 있는 클라이언트에 대해 개별적인 조언, 상담, 치료 등의 서비스를 제공해 주고, 클라이언트와 지역사회기관 간 연결 그리고 클라이언트와 비공식적 원조망을 연결시키는 기능이라고 하였다. 목슬레이(Moxley, 1989)에 의하면, 사례관리는 복합적인 욕구를 가진 사람들의 기능 향상과 복지를 위해 총체적이고 통합적인 서비스를 제공하는 것으로, 공식적·비공식적 지원과 활동의 네트워크를 조직하고, 조정하고, 유지하는 기능을 한다고 하였다. 한국사회복지협의회(KCSW)에 의하면, 사례관리는 복합적인 원인으로 요보호 상태에 있는 클라이언트에게 다양한 지역사회의 자원을 연결시켜 관리하는 원조대책으로서, 여러 가지 욕구를 조기에 적절하게 대응하는 지역보호체계라고 정의하고 있다. 또한 미국사회복지사협회에 의하면, 사례관리는 전문적 사회복지사가 클라이언트 및 가족의 욕구를 사정하고 클라이언트의 복잡한 욕구를 충족시키고자 다양한 서비스를 확보, 조정, 평가, 옹호하여 서비스를 제공하는 방법이라는 것이다.

따라서 사례관리는 복합적이고 다양한 욕구를 가진 클라이언트와 사례관리자 간의 연속적인 지원관계를 기초로, 클라이언트에게 필요한 서비스를 적시에 적절하게 제공받을 수 있도록 지역사회의 사회자원을 통합하고 조정하고 관리하여 서비스의 연계, 조정 그리고 연속적인 서비스를 제공하는 실천 과정을 의미한다고 할 수 있다(최용민, 2004). 또한 사례관리는 복합적인 욕구를 가진 클라이언트의 문제점을 발굴, 사정, 실천계획 및 목표 설정, 계획 및 목표 달성, 평가 그리고 지속적인 관리를 통하여 포괄적인 도움을 제공하는 사회복지의 실천방법을 의미한다고 도 할 수 있다.

이상과 같은 정의를 살펴볼 때 사례관리는 다음과 같은 특성이 있다.

① 지역사회 기반으로 서비스 및 지지를 제공하여 클라이언트의 생활기술 및 문제해결 능력을 향상시키는 활동이다.
② 각종 지역사회자원의 동원과 효율적인 원조 관계의 연결 및 조정으로 공식적·비공식적 자원의 역량을 강화하는 활동이다.
③ 사례관리자와 클라이언트 간의 긴밀한 상호 관계를 기초로 클라이언트 중심의 개별화된 접근을 한다.
④ 치료(cure)보다는 보호(care)의 개념을 강조하고, 복합적인 욕구를 가진 클라이언트를 대상으로 한 지속적인 지원 활동이다.
⑤ 서비스의 효율성을 높이기 위한 포괄적인 서비스를 제공하고 비용의 효과성을 강조하는 활동이다.

2. 사례관리의 목적

사례관리의 목적은 궁극적으로 대상자의 욕구를 충족시켜 삶의 질을 개선하는 것이지만, 학자에 따라 다양하게 제시되고 있다. 목슬레이(1989)에 의하면, 사례관리의 목적은 서비스와 자원을 이용하고 접근하는 데 있어서 가능한 한 클라이언트 자신의 생활기술을 증진시키는 것이고, 클라이언트의 복지와 기능을 증진하는 데 있어서 사회 관계망과 관련된 대인서비스 제공자의 능력을 발전시키는 것이고, 가장 효과적인 방법으로 서비스 및 지원의 전달이 이루어지도록 노력하며, 동시에 서비스의 효과를 증진시키는 것이라고 하였다. 또한 무어(Moore, 1990)에 의하면, 사례관리의 목적은 환경적 도전에 대처하는 데 있어 개인의 잠재력과 가족 및 일차 집단의 케어 능력을 극대화하는 것이고, 케어의 공식체계와 일차적 케어 자원을 통합하고, 개인과 일차 집단의 욕구를 충족시키기 위하여 공식적 케어체계 내의 능력을 극대화시키는 것이라고 하였다.

따라서 사례관리의 궁극적인 목적은 클라이언트가 직면한 욕구를 해결하기 위하여, 직·간접적 서비스를 충분히 제공하고 클라이언트를 자원과 연결시킴으로써, 클라이언트가 사례관리자의 도움 없이도 자원과 연결을 유지할 수 있도록 하는 것이다. 또한 사례관리의 목적은 서비스 대상자의 복합적인 욕구를 충족하여 궁극적으로 대상자의 삶의 질을 개선하는 것이다.

이러한 사례관리의 목적을 4가지로 정리하면 다음과 같다.

① 클라이언트에 대한 보호의 연속성이다. 연속성은 횡단적 차원과 종단적 차원으로 나눌 수 있으며, 횡단적 차원의 연속성은 주어진 시점에서 이용자의 다양한 욕구를 충족시키기 위해 포괄적인 서비스를 제공하는 것이고, 종단적 차원의 연속성은 시간의 경과에 따라 변화하는 개인의 욕구에 반응적인 서비스를 지속적으로 제공해 주는 것을 의미한다.

② 서비스 전달의 효율성과 효과성을 증대시켜 한정된 자원으로 가장 좋은 효과를 거둘 수 있도록 서비스를 제공하는 것이다.

③ 클라이언트의 문제해결능력 및 사회기술을 향상시키는 것이다. 즉, 클라이언트의 잠재능력, 강점, 발전 가능성 등을 최대한 활용하고 발휘할 수 있는 환경을 제공해 줘서 사회적으로 독립할 수 있도록 사회적 기능을 향상시키는 것이다.

④ 일차 집단의 보호능력을 향상시키는 것이다. 즉, 산업화, 도시화로 인해 가족구조의 변하는 클라이언트의 보호기능을 약화시키기 때문에 일차 집단(가족, 친척, 친구, 이웃 등)의 기능을 강화시켜야 한다.

제2절 사례관리의 발달 과정과 등장배경

1. 사례관리의 발달 과정

사례관리 발달의 기원은 19세기 자선조직협회(Charity Organization Society)의 구제 활동에서부터 찾아볼 수 있다(엄명용 외, 2005). 빈민과 도움이 필요한 사람에 대한 자선조직협회의 우애방문원 활동이 그 효시이다. 국가별로 차이가 있으므로 일부 국가인 미국, 영국과 한국의 등장배경에 대해서 알아본다.

1) 미국

미국의 사례관리는 19세기 후반에 정신보건, 발달장애, 재활, 아동복지, 노인복지, 재가복지 등의 대인서비스 영역에서 서비스의 조정과 책임을 강조하기 위한 방법으로 적용되었다(김기태 외, 2002). 그러나 현대적 의미의 사례관리는 1970년대에 들어서면서 시작되었다. 1970년대에 들어서면서 정신장애인을 지역사회와 연계 및 조정하였고, 그들을 지속적 관리와 도움을 제공하기 위하여 사례관리에 대한 관심이 높아졌다. 이후 다양한 연구와 시범사업을 통해 사례관리가 대인복지서비스를 제공할 수 있는 사회복지실천 방법으로 발전하였다. 또한 1970년대에 정신보건, 장애, 노인 관련 대인복지서비스 전달체계에 관한 입법이 연방정부와 주정부 차원에서 사례관리 조항을 규정하고 프로그램의 지원을 확대하였다.

1975년 제정된 발달장애인법(Developmental Disability Art)에 따라 사례관리가 발달장애 분야에 의무적으로 시행되고, 총괄예산조정법(Omnibus Budget Reconciliation)은 지역사회 중심의 장기보호서비스를 제공하였고 노인이나 장애인이 그들의 가정에서 장기적인 보호를 받을 수 있는 기회가 되었다. 이러한 입법안이 통과됨으로 인해 가정에서 보호를 받는 보호프로그램은 사례관리자가 진행하였다(Kane, 1990). 또한 미국사회복지사협회(1976)는 사회복지실천의 관심이 치료(cure)에서 보호(care)로 바뀌고 있으며, 사례관리는 클라이언트를 보호 및 옹호하기 위한 새로운 실천방법이라고 하였다. 1990년대에 발간된 『사회사업백과사전(*Encyclopedia of Social Work*)』 제18판에서 사회복지실천 방법론으로 사용되던 '케이스워크'라는 용어 대신 '사례관리' 용어로 변경되었다. 따라서 사례관리는 정부 및 민간복지기관에서 폭넓게 사용되고 그 중요성이 커지고 있음을 알 수 있다.

2) 영국

영국의 사례관리는 1970년대에 『시봄보고서(*Seebohm Report*)』 이후에 본격화되었다. 이때부터 대인서비스가 강조되었고, 복지서비스와 보건 간의 연계와 조정에 관심이 증대되면서, 지역사회보호의 개념에 입각한 사회복지서비스가 체계화되었다. '인간을 위한 보호'(caring for people)라는 정부백서가 1989년에 발간된 후, 정부는 사례관리를 효과적인 지역사회보호를 위한 공식적인 정책으로 채택하였다. 영국에서 잘 알려진 사례관리는 컨트대학 주관으로 시행한 컨트방식으로, 이 방식은 1987~1989년까지 3년간 컨트주 전체에서 클라이언트를 대상으로 사례관리를 실시하였고, 1991년부터는 신체장애인에 대한 사례관리를 실시하였다. 컨트방식의 기본 지침은 가능하면 불필요한 시설입소를 피하고, 개인의 복지를 높이는 것을 목표로 하면서 그 책임을 관리자에게 집중적으로 위탁하고 있다. 이후에 대인복지서비스에 사례관리를 더욱 폭넓게 활용하기 시작하였다(김욱, 2005).

3) 한국

우리나라에서 사례관리에 대한 논의는 사회복지학, 간호학 분야에서 관심을 갖기 시작한 1990년대에 들어서면서 시작되었다(장인협 외, 2001). 특히, 1992년 전국에 144개소의 자원봉사센터가 개소하면서 본격화되었는데, 이 시기에 사회복지 방향이 지역사회복지 중심으로 전환되고 재가복지서비스가 확대되었다. 이에 따라 사례관리는 재가복지서비스를 제공하기 위한 방법으로 확대되었다. 또한 1995년에 제정된 「정신보건법」에서 사례관리가 필수 사업의 하나로 지정되어 정신보건 영역에서도 실천되고 있다. 이러한 사례관리 도입은 사회적 지원체계와 지원망을 강조함으로써 복지 책임을 민간으로 전가하는 부정적인 시각도 있으나, 클라이언트의 욕구와 문제를 해결하는 데 있어서 효과가 큰 것으로 나타났다.

사례관리는 정신보건, 아동, 노인, 장애인, 가족복지 등 다양한 사회복지 분야에 적용되고 있으며, 보건과 의료 분야, 장기요양보험제도에서도 점차 확대되어 실천될 것이다. 또한 시설보호의 문제점과 재가복지에 대한 정부의 관심이 증가하면서 장애인, 노인, 저소득 가정을 위한 지역사회의 사례관리가 증가하고 있으며, 사회복지 전담 공무원이나 지역사회복지관, 정신보건센터 등에서도 사례관리 프로그램을 활발하게 도입하여 실천하고 있다(김욱, 2005). 현재 우리나라에서는 클라이언트의 문제와 욕구의 다양성으로 복합적인 욕구를 가진 인구가 증가하고, 서비스 전달의 지방분권화, 기존 서비스의 단편성, 비용 억제의 필요성, 탈시설화 등의 요인으로 사례관리에 대한 연구가 지속해서 활발히 이루어지고 있다.

2. 사례관리의 등장 배경(필요성)

사례관리는 1980년대 이후 미국, 영국, 캐나다 등에서 정신장애인을 비롯하여 노인, 아동, 장애인과 같은 다양한 대인서비스 영역에서 주목받아 왔다. 사례관리의 등장은 대인서비스에 있어서 서비스 전달의 구조화 과정에 영향을 미치는 요인에서 그 기원을 찾을 수 있다. 즉, 클라이언트의 문제와 욕구의 다양성은 ① 복합적인 욕구를 가진 인구의 증가, ② 서비스 전달의 지방분권화, ③ 기존 서비스의 단편성, ④ 비용 억제의 필요성, ⑤ 사회적 지원체계와 지원망에 대한 인식 증가, ⑥ 탈시설화 등의 6가지 요인으로 인해 등장하였으며(Moxley, 1989), 이는 현대사회에서 사례관리가 필요한 요인이다.

1) 복합적인 욕구를 가진 인구가 증가

의학의 발달과 생활수준의 향상으로 평균수명이 연장됨으로 인해 지역사회에서 함께 살아가야 할 사람들이 점차 증가하고 있다. 수명의 연장으로 인해 지역사회에서 소득, 고용, 주택, 교통수단, 의식주 등의 복합적 욕구를 가진 인구가 증가하고 있다. 또한 지적장애, 정신질환, 신체장애 등의 문제를 가진 클라이언트뿐만 아니라 심리적인 어려움, 경제적인 문제 등의 도움을 필요로 하는 사람이 증가하고 있다. 따라서 복합적인 문제가 있는 클라이언트가 지역사회에서 상호작용하면서 살아갈 수 있도록 하는 사례관리자가 필요하다. 또한 사례관리자는 클라이언트가 시설에서 지역사회로 이동하는 과정에 필요한 복합기능도 수행하게 된다.

2) 서비스 전달의 지방분권화

국가에서는 복지서비스에 대한 정부의 개입 역할이 점차 지방자치단체와 민간기관으로 이양되는 혼합복지 경향이 나타난다. 민간기관이 공공서비스를 지방정부로부터 위탁받아 실시하고 있으나, 산발적으로 이루어지는 민간기관은 대인복지서비스에 대한 체계적 관리가 미흡하다. 민간기관은 클라이언트와 관련된 서비스기관 간의 조정 능력이 부족하기 때문에 지역사회와 지역사회기관과의 연계가 잘 이루어지지 못하고, 기관의 서비스 내용도 제대로 파악하지 못하는 경향이 있다. 따라서 이러한 문제점을 해결하고 클라이언트의 복합적 욕구를 만족하기 위해 사례관리가 필요한 것이다.

3) 기존 서비스의 단편성

기존의 서비스 전달체계는 서비스의 공급 주체별, 서비스 대상별, 문제 영역별로 세분화되고 단편화되어 있다. 이는 현대사회의 다양한 욕구를 가진 클라이언트에게 체계적이며 포괄적으로 서비스를 지속적으로 제공하는 데 한계가 있다. 프로그램 중심으로 이루어지는 민간기관의 서비스 전달방식은 기관 간의 또는 기관 내 프로그램 간의 조정이 체계적으로 이루어지지 못하여 서비스가 중복되거나 연계성을 갖지 못할 때 서비스의 단편화가 발생한다. 클라이언트의 복합적 서비스 욕구 때문에 여러 기관으로부터 서비스를 받아야 하는 서비스 이용자의 불편함이나 정보의 부재, 활용능력의 부족 등으로 서비스의 접근성이 문제가 되며, 이러한 상황에 있는 대상자에게 능동적으로 반응하지 못하는 서비스체계의 문제로 효율성이 떨어지게 된다. 따라서 효율적으로 관리할 수 있는 사례관리가 필요하다.

4) 비용 억제의 필요성

재원이 한정된 상황에서 서비스의 비용을 억제하고 서비스의 효과를 최대화하려는 노력은 중요하다. 대규모 시설의 고비용 서비스를 줄이기 위해 불필요한 시설입소를 제한하고 비용효과가 높은 서비스를 중심으로 지역에서 재가서비스 및 그룹홈을 확대하는 방향으로 정부의 관심이 증가하고 있다. 또한 지역사회에 잠재되어 있는 사회자원을 개발하여 활용하고 비공식적 지원체계의 클라이언트에 대한 보호기능을 강화하며, 한정된 재원에서 서비스의 효과를 최대화하고 서비스 비용을 억제하는 노력이 나타나고 있다. 따라서 서비스의 비용과 중복 서비스를 줄이고 점검해야 하는 기술적인 기능을 수행할 수 있는 사례관리가 필요하다.

5) 사회적 지원체계와 지원망에 대한 인식 증가

복합적 욕구를 갖는 클라이언트에 대한 사회적 지원체계와 지원망이 점차 증가하고 있다. 가족이나 친구, 친척, 이웃 등을 포함하는 클라이언트의 주변체계는 클라이언트와의 역동적 상호 관계 속에서 문제의 원인제공자 또는 단순한 정보제공자의 차원을 넘어 비공식적 지원망으로서 문제해결 과정에 참여하게 되고 보호해 주는 역할을 한다. 이러한 사회적 지원망이 항상 긍정적인 결과만을 가져오는 것은 아니다. 그러나 비공식적인 지지는 클라이언트가 지역사회에서 활동적으로 생활하는 데 중요한 역할을 한다. 그러나 반복되는 지원은 클라이언트에게 부정적인 영향을 주고 부담을 느끼게 할 수 있다. 따라서 공식적 대인서비스를 제공하는 전문가의 활동과 비공식적인 지지를 제공하는 개인이나 사회적 상부상조의 관계를 조정하기 위한 사례관리가 필요하다.

6) 탈시설화

탈시설화(deinstitutionalization)는 사례관리의 필요성이 강조된 가장 중요한 요인이다. 실천현장이 지역사회로 확대되고 서비스의 제공방식이 기관의 프로그램 중심에서 클라이언트 중심으로 바뀌게 되었다. 따라서 특정 분야를 중심으로 전문화된 역할뿐만 아니라 복합적인 욕구를 가진 클라이언트를 중심으로 다양한 서비스를 지속적이며 체계적으로 관리하는 사회복지사의 역할이 필요하다. 또한 시설의 입소자는 시설 안에서 생활하기 때문에 가족, 지역사회와 상호작용하지 못하고 지역사회로의 복귀도 어렵다는 문제점을 안고 있다. 기관은 클라이언트와 가족의 욕구를 인지하고 욕구에 통합적으로 대응하는 포괄적 체계를 마련하지 못한다. 이러한 환경에서 조직의 경계를 넘어 클라이언트, 가족, 지역사회와 통합적으로 상호작용을 할 수 있는 사례관리자가 필요하다. 이러한 사례관리자는 탈시설화된 클라이언트들을 지역사회 내에서 지속적인 보호와 관리에 초점을 두고 통합적인 관리를 하게 된다.

제3절 사례관리의 기능과 역할

1. 사례관리의 기능

사례관리 기능은 사례관리자가 클라이언트와 어떤 활동에 관여하는지, 서비스 전달체계는 어떻게 구성하는지, 사례관리자를 고용하는 기관의 유형은 어떠한지, 사례관리자의 역할과 지위는 어떠한지, 사례관리 프로그램은 어떠한지, 지역사회의 환경적인 제도는 어떠한지 등 전반적으로 나타날 수 있는 다양한 요인에 따라 다양하게 나타날 수 있다. 일반적으로 사례관리 기능은 사례관리 과정 중에 나타날 수 있는 사례발견, 사례등록, 사정기능, 계획 및 개입기능, 평가기능 등을 모두 포함한다. 또한 사례관리 과정 중에 세부적으로 나타날 수 있는 클라이언트 발견 및 적격성 판단, 지역사회자원 확인, 서비스 연결, 서비스 조정, 서비스 상호작용 촉진, 상담, 옹호, 문제해결, 관계유지 등도 기능에 포함된다. 사례관리의 모형에 따라서 사례관리의 기능은 달라질 수 있으나 공통적으로 지니고 있는 기능은 다음과 같다(Rothman, 1991).

1) 클라이언트와 서비스 연결기능

클라이언트의 욕구를 충족시키기 위해서 사례관리자는 필요하고 유용한 서비스를 연결시켜 주는 기능을 해야 한다. 사례관리자는 정보전문가로서 지역사회자원의 이용 가능성, 수혜자격 요건, 신청절차, 중앙정부나 지방정부의 공식적 지원체계, 비공식적 지원체계 등 모든 정보와 기술을 제공하여 서비스를 연결해 주어야 한다.

2) 사례관리기관 간의 서비스 조정기능

사례기관 간의 서비스 조정기능은 서비스 제공자와 사례기관 간의 구성원이 서로 협력하여 서비스가 잘 실행될 수 있도록 하는 기능이다. 공식적인 정책이나 비공식적인 기관 간의 협력을 통하여 기관 사이의 연계를 촉진함으로써 사례관리의 효과성을 높이는 기능이다(엄명용 외, 2005). 사례관리기관 간의 서비스 조정에 있어서 사례관리자는 실행에 있어서 효율성이 일치하는지, 전달된 서비스가 합의된

계획에 부합되는지, 서비스 제공자가 논의할 기회가 있는지 등을 확인하면서 서비스 제공을 조정한다.

3) 비공식적 지원체계와 클라이언트 간의 상호작용의 촉진기능

자원을 지원받지 못한다면 아무리 좋은 계획도 무용지물일 것이다. 사례관리 과정에서 비공식적 지원체계를 통하여 클라이언트는 신체적·정신적 건강, 경제적·사회적 안정, 사회생활의 향상 등에 도움을 받고 있다. 이러한 일차 집단의 비공식적 지원체계는 다른 지원체계보다 더 실제적인 지원이 이루어지고 있는데, 사례관리자는 원만한 지원체계가 이루어질 수 있도록 촉진기능을 강화해야 한다.

4) 전문적인 훈련을 받은 상담자와의 관계형성 기능

상담은 도움이 필요한 사람이 전문적인 훈련을 받은 상담자와의 관계에서 자기의 생활 가정상의 문제점을 해결하고, 생각, 감정, 행동 측면의 인간적 성장을 위해 노력하는 학습 과정이다. 이러한 상담은 사회복지실천 분야에서 전반적으로 수행되고 있으며, 클라이언트와의 관계에서 가장 먼저 이루어지는 것이다. 상담기능은 사례관리 과정에서 클라이언트에게 유용한 서비스를 접근할 수 있도록 필요한 정보를 제공하고, 클라이언트 자신의 욕구와 문제에 대한 이해를 증진시키고, 가족에게 클라이언트에 대한 이해를 촉구하고, 서비스 제공기관의 접촉을 향상시키는 기능을 수행한다. 또한 상담을 통해서 클라이언트에게 정서적 안정감을 주고, 문제를 스스로 해결할 수 있도록 동기를 제공한다(엄명용 외, 2005). 따라서 사례관리자는 상담자로서의 기능을 강화해야 한다.

5) 옹호기능

옹호기능은 클라이언트의 욕구 충족을 잘 반영하도록 영향력을 발휘하는 기능이다. 또한 자원 획득이 불리한 조건에 처한 클라이언트가 서비스 또는 자원을 획득할 수 있도록 옹호하거나, 클라이언트에게 불리하게 적용하는 현재의 정책과 절차, 또는 새로운 입법과 정책 등을 클라이언트를 위해서 옹호하는 기능이다. 따라서 사례관리자는 전문가 집단과 연계하여 클라이언트를 대신하여 정부나 서비스 제공기관에 이들의 욕구와 권리를 주장·교섭·협상하여 클라이언트와 부양가족의 권리를 옹호해 주는 옹호자의 기능을 수행해야 한다.

6) 문제해결 기능

사례관리자는 사례관리 과정에서 클라이언트의 문제점을 정확하게 인식하고 문제해결을 위한 동기화를 촉진해야 된다. 또한 문제해결에 필요한 기회와 자원에 접근할 수 있어야 하고, 문제해결 능력을 강화해서 효율적인 사례관리가 이루어지도록 해야 한다. 따라서 사례관리자는 클라이언트의 문제해결을 위해서 클라이언트에게 격려, 지지, 안도감을 제공해 줘야 하고, 자신의 문제를 스스로 해결하려는 동기를 부여해 줘야 한다. 사례관리자에게는 문제해결에 필요한 기회와 자원에 접근할 수 있도록 하는 문제해결 기능이 요구된다.

2. 사례관리자의 역할

사례관리자(case manager)는 사례관리체계를 구성하는 핵심 요소이다. 사례관리자는 클라이언트의 욕구, 공식적·비공식적 자원체계를 사정하여 욕구와 자원 간을 연계하고 조정할 뿐만 아니라 자신을 임파워먼트(empowerment)하며, 서비스 공급 주체의 능력과 협력을 발전시키는 책임감을 갖고 사명을 다해야 한다. 과거에는 전통적으로 가족과 클라이언트 본인이 사례관리의 기능을 수행하였으나, 오늘날 가족의 사회자원이 다원화되고 있는 시대에는 전문가가 사례관리 실천 업무를 수행해야 한다. 따라서 사례관리자는 클라이언트를 위해서 다른 전문가와 함께 일을 하며, 다른 기관의 서비스를 활용하고, 자원 분배를 모니터하고, 서비스의 질을 보장하기 위해서 옹호 활동을 동반한다. 즉, 사례관리자는 클라이언트의 접수에서 평가 및 종결까지 직·간접적 서비스를 제공하면서 모든 업무를 수행한다. 서비스 프로그램의 특성에 따라 다를 수 있으나 공통적인 사례관리자의 역할로는 ① 사정자, ② 계획자, ③ 중개자 및 조정자, ④ 평가자, ⑤ 상담가 및 옹호자 등으로 요약할 수 있다(엄명용 외, 2005).

첫째, 사정자로서의 사례관리자는 클라이언트의 단점, 강점, 질병, 능력, 자원, 잠재력 등 모든 요소에 중점을 두어 초기면접 과정을 통하여 자료를 수집하고 분석하여 종합적인 면을 사정하는 역할을 수행한다.

둘째, 계획자로서의 사례관리자는 초기면접 과정에서 나타난 클라이언트의 이해와 파악을 토대로 사례관리 계획을 세우고, 가족 및 기관과의 협력과 서비스망을 계획하는 역할을 수행한다.

셋째, 중개자 및 조정자로서의 사례관리자는 자원과 클라이언트를 효과적으로 욕구에 부합되도록 중개자 역할을 수행해야 하고, 클라이언트의 욕구와 자원과의 관계, 클라이언트와 원조자 간의 관계에서 효율적인 사례관리가 되도록 조정자 역할을 수행한다.

넷째, 평가자로서의 사례관리자는 사례관리 프로그램에서 클라이언트의 효과성, 비용 효과성, 전반적인 효율성을 검토하고 평가하는 역할을 수행한다.

다섯째, 상담자 및 옹호자로서의 사례관리자는 사례관리 기능의 상담기능과 옹호기능에 언급된 내용을 수행한다.

3. NASW의 사례관리자 기준

미국사회복지사협회(National Association of Social Workers)에서 언급하고 있는 사례

관리자의 기준은 〈표 8-1〉에 나타냈다.

〈표 8-1〉 NASW의 사례관리자 기준

번호	내용
1	사례관리자는 사회복지교육협의회의 인준을 받는 사회사업 프로그램의 학부나 대학원에서 받은 학위를 가지고 있어야 한다. 그리고 사회복지 사례관리자는 사례관리실천을 능숙하게 수행하는 데 필요한 지식, 기술, 경험을 가지고 있어야 한다.
2	사례관리자는 클라이언트의 이익에 최우선의 관심을 갖고 클라이언트에게 서비스를 제공하기 위해 자신의 기술과 숙련성을 사용해야 한다.
3	사례관리자는 클라이언트가 사례관리의 전 과정에서 가능한 한 최대로 관계하고 있음을 확신해야 한다.
4	사례관리자는 타인에게 클라이언트에 관한 정보가 제공될 때 비밀보장의 원칙을 지켜야 하며, 사생활에 대한 클라이언트의 권리를 존중해 주어야 한다.
5	사례관리자는 클라이언트 수준에서 직접적 서비스를 제공하기 위해 개입하고, 클라이언트와 그의 가족에 대한 직접적 서비스의 전달을 조정해야 한다.
6	사례관리자는 서비스체계 수준에서 현존하는 사례관리서비스를 지지하고, 필요한 서비스에 대한 공급 확장과 접근 개선을 위해 개입해야 한다.
7	사례관리자는 자원의 이용 가능성, 서비스 가격 그리고 예산에 관련된 매개변수(parameters)에 대한 지식을 가지고 있어야 하며, 모든 사례관리 기능과 실천을 수행함에 있어 재정적인 책임감을 가지고 있어야 한다.
8	사례관리자는 사례관리가 진행되고 있는 서비스 전달체계는 물론 사례관리자 자신의 사례관리 서비스에 대한 적절성과 효과성을 점검하기 위해 계획된 평가적이고 품질 보장적인 활동에 참여해야 한다. 그리고 이러한 과정에 대해 전문적 책임감을 가지고 있어야 한다.
9	사례관리자는 자신이 클라이언트나 체계 개입과 관련된 사례관리 과제를 효과적으로 계획·제공하고, 평가할 수 있을 정도의 합리적인 사례 수를 가지고 있어야 한다.
10	사례관리자는 친절과 존경을 가지고 동료를 대해야 하며, 클라이언트를 위해 전문가 간, 전문가 내적, 기관 간 협력을 촉진하려고 노력해야 한다.

출처 : www.socialworkers.org.

제4절 사례관리의 구성요소와 원칙

1. 사례관리 구성요소

사례관리는 복합적이고 다양한 욕구를 지닌 클라이언트와 사례관리자 간의 연속적인 지원 관계를 바탕으로 클라이언트의 욕구를 해결하고, 사회적 기능을 증진시키기 위하여 클라이언트가 필요로 하는 보호와 서비스를 적절하고 효과적으로 제공하고, 지역사회 내의 공식적·비공식적 지원체계를 통합, 조정, 관리하여 서비스를 연계 및 조정하고 연속적으로 서비스를 제공하는 종합적인 과정이다(최용민, 2004). 이러한 과정 속에 사례관리의 구성요소는 학자에 따라 다르게 정의되는데, 미국의 핀커스와 미나한(1973)은 통합적 사회사업의 기본 구성요소를 ① 변화매개체계, ② 클라이언트체계, ③ 표적체계, ④ 행동체계의 4가지로 규정하였다. 우리나라의 장인협(1995)은 사례관리실천에 있어서 ① 클라이언트, ② 사회자원, ③ 사례관리자, ④ 사례관리기관 등 4가지를 구성요소로 하고 있다.

위에서 언급된 연구자의 관점을 참고하여 ① 대상자(클라이언트), ② 사회자원, ③ 사례관리자 및 사례관리기관, ④ 사례관리 과정 등으로 살펴본다. 사례관리의 구성요소에 대한 모형은 [그림 8-1]에 나타낸다.

1) 대상자(클라이언트)

사례관리의 적용대상을 나라별로 살펴보면, 미국의 경우에는 정신장애인의 자립을 목적으로 처음 시작한 이후 두 번째로 정신박약장애인, 그다음에 노인, 아동, 비행청소년, 에이즈 환자 등에까지 확대하여 사례관리실천을 하고 있다. 영국의 경우에는 정신장애인을 대상으로 처음 실시했으며, 그 후 의료욕구가 강한 노인을 대상으로 실시하였다. 일본의 경우에는 고령장애인을 비롯한 장애인에게 우선

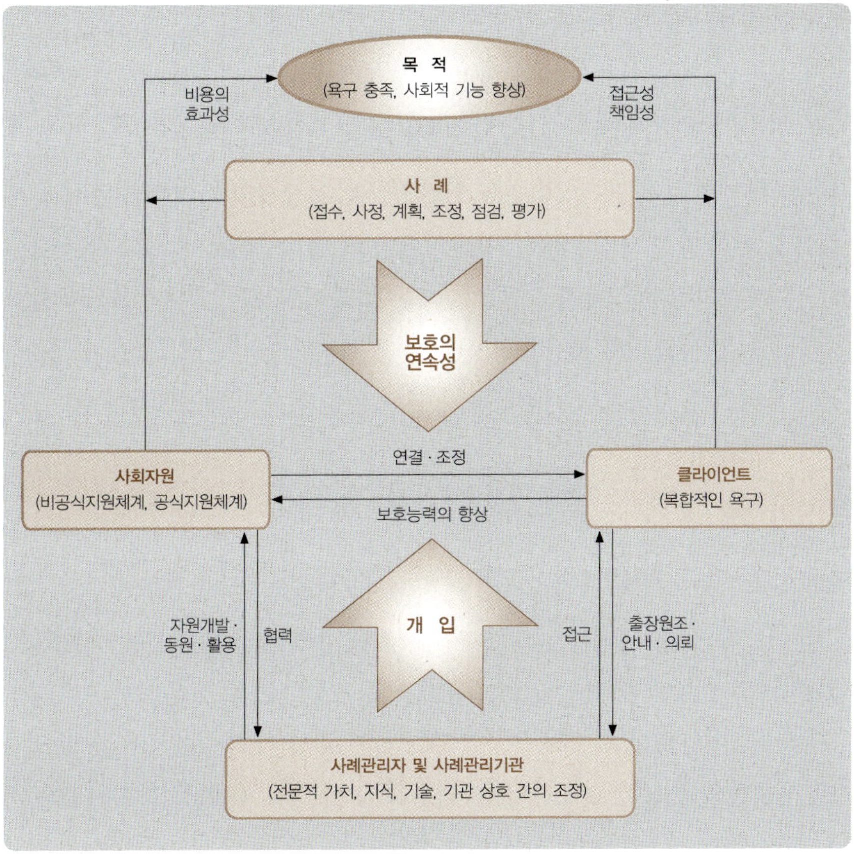

[그림 8-1] 사례관리의 구성요소에 대한 모형

출처 : 이근홍(1998). 케이스 매니지먼트. 대학출판사.

으로 실시하였다. 한국의 경우는 빈곤노인과 장애인에게 우선 실시하였으며, 소년소녀가장 세대가 포함되고 그 외 비행청소년, 부랑인 등도 대상으로 하고 있다(강동인, 2002).

앞에서와 같이 각국의 환경에 따라 대상자가 약간의 차이는 있으나 공통적으로 다음과 같은 특성을 갖고 있다.

첫째, 복합적인 욕구를 충족할 수 있는 사회자원의 존재를 알지 못하고, 사회자원과의 연결에 대한 어려움과 이용방법 등을 알지 못한다.

둘째, 질환이 있고 신체적·정신적으로 나약하다.

셋째, 보호해 줄 가족이 없거나 가족이 있어도 적절하게 보호받지 못하고 있다.

이러한 특성을 가진 클라이언트는 일반적으로 일상생활의 기능 수준이 낮은 노인, 중복장애인, 만성 정신장애인, 발달장애아동, 학대받는 아동이다(이근홍, 1998). 따라서 사례관리실천의 지원을 필요로 하는 클라이언트는 대부분 복합적인 욕구를 가지고 있는 사람으로 복합적인 신체적·정신적 장애를 가지고 있는 클라이언트, 복수서비스를 요하거나 시설입소가 필요로 하는 클라이언트이다.

2) 사회자원

사회자원의 중요성은 지역사회의 서비스와 자원을 클라이언트에게 적절하게 연결시키는 데 있다. 클라이언트가 지역사회에 적응하기 위해서는 광범위한 지역사회자원과 서비스를 확인하고 효과적으로 이용하는 것이 무엇보다도 중요하다. 또한 클라이언트의 복합적 욕구를 해결하기 위한 사회자원의 공급 및 연계는 사례관리실천의 중요한 요소이다. 지역사회 내에 있을 수 있는 사회자원의 예는 〈표 8-2〉와 같다.

〈표 8-2〉 지역사회 내에 있을 수 있는 사회자원의 예

공식적 자원					비공식적 자원				
행정	기업	의료 및 사회복지 법인	지역의 사회단체 및 협회	자원 봉사자	이웃	친구	친족	가족	본인

〈표 8-2〉에서 언급된 사회자원의 공식적·비공식적 자원은 클라이언트의 욕구를 해결하기 위해 유용한 것이다. 그러나 이러한 사회자원의 사회적 지원의 크기

나 내용, 강도, 빈도, 유통성은 차이가 있을 수 있다. 즉, 사회자원 자체는 클라이언트의 입장에 기초해서 서비스와 자원을 적절하고 유용한 수준에서 조절될 수 있는 기능을 갖고 있어야 하고, 잠재된 다양한 지역사회자원을 적극적으로 개발하고 동원하는 것이 요구된다.

3) 사례관리자 및 사례관리기관

사례관리자(case manager)는 사례관리를 실천하는 데 있어서 핵심적인 요소이다. 사례관리자는 사례관리에 관한 전문적인 가치, 지식, 기술 등이 있어야 하고, 클라이언트의 욕구를 파악하여 사정하고, 공식적·비공식적 자원체계를 사정하여 욕구와 자원 간의 연계 및 조정을 하고, 클라이언트 보호의 연속성을 보장하고, 서비스 공급 주체의 능력과 협력을 발전시키는 책임감을 갖고 사명을 다해야 한다. 이러한 사례관리자는 ① 사정자, ② 계획자, ③ 중개자 및 조정자, ④ 평가자, ⑤ 상담가 및 옹호자 등의 역할을 수행한다. 사례관리자의 자격에 있어서 미국과 캐나다는 사회복지사, 보건간호사, 물리치료사, 작업치료사 등이 사례관리자가 되고 있다. 미국노인협회의 사례관리자의 자격 기준에는 간호, 사회서비스, 노인학, 보건학, 기타 관련 영역에서 4년제 대학과정을 졸업하고 민간봉사 분야에서 2년간 실무경험이 있는 자, 사회사업이나 간호 분야에서 대학원 과정을 이수하고 민간봉사 분야에서 1년간 실무경험을 한 자로 규정하고 있다(Joan Quinn, 1993).

사례관리자는 클라이언트 발견 및 사정에서부터 평가 및 종결까지 모든 사례관리 실천과정을 수행하는 사람이고, 사례관리기관은 체계적인 수준에서 서비스의 조정과 연계를 책임지는 주체이다. 사례관리는 지역사회 내의 사회자원을 효과적으로 연결 및 조정을 잘해야 성공할 수 있다. 따라서 서비스 제공기관, 지역의 노인복지관, 병원, 민간비영리기관, 자원기관 등의 사례관리기관은 사회자원을 효과적으로 연결 및 조정하는 지역사회 내의 핵심 기관으로 기능해야 한다.

4) 사례관리 과정

사례관리 실천과정은 사례관리를 시간적 차원에서 전개해 가는 것이다. 한 예로, 로스만(Rothman, 1992)은 접수(초기면접 : intake), 사정, 목표 설정, 개입계획, 클라이언트의 연결, 점검, 재사정, 결과평가로 구성된 8단계의 실천 과정을 제시하였다.

2. 사례관리의 원칙

사례관리는 사례관리의 목적을 달성하기 위하여 사례관리 실천과정이나 구성요소를 기준으로 사례관리 원칙은 다음과 같다(Poindexter et al., 2003; 김통원, 1994).

1) 서비스의 지속성

서비스의 지속성 면에서는 초기접촉에서부터 종결 및 평가까지 사례관리 실천과정에서 클라이언트의 다양화된 욕구 및 기간이 경과하면서 변하는 욕구도 충족시키기 위해 필요한 서비스를 지속적으로 제공해야 된다. 클라이언트가 지역사회의 생활현장에서 잘 적응할 수 있도록 지속적인 서비스가 이루어져야 한다.

2) 서비스의 포괄성

서비스의 포괄성 면에서는 클라이언트의 소득보장, 주택문제, 고용, 직업, 건강보호, 정신건강, 사회적 대인관계, 여가선용, 일상생활기술, 이동수단, 교육과 같은 다양한 영역에서 욕구를 충족시킬 수 있는 포괄적인 서비스 프로그램을 제공해야 된다.

3) 서비스의 연계성

서비스의 연계성 면에서는 지역사회 내의 복잡하고 분산되어 있는 공식적·비공식적 사회자원체계를 통합하고 연결시키는 것이 필요하다. 또한 클라이언트 자신이 필요로 하는 서비스를 이용하는 데 있어서 접근이 용이하여 불편이 없어야 한다.

4) 서비스의 개별성

서비스의 개별성 면에서는 클라이언트의 독특한 신체적·정신적·사회적 상황에 따라 각 클라이언트의 욕구에 맞게 클라이언트와 직접적인 접촉으로 원조 관계를 유지하면서 클라이언트 문제를 개별화해서 사례관리를 해야 한다.

5) 서비스의 책임성

서비스의 책임성 면에서는 클라이언트의 욕구 충족을 위해서 서비스를 보장하고, 클라이언트 개인에 대한 존중, 상호 자기결정권을 가능한 한 보장하는 책임성을 가져야 한다.

6) 서비스의 효율성

서비스의 효율성 면에서는 클라이언트의 욕구만족에 실천되는 서비스의 중복을 피함으로써 서비스 비용의 낭비를 피해야 한다. 중복되어 서비스를 받을 경우 클라이언트의 다른 욕구가 충족되지 못하는 경우가 있을 수 있다.

제5절 사례관리 실천모형

사례관리 실천은 연속적이며 순환적인 과정이라 할 수 있다. 일반적으로 사례관리 실천모형은 사례관리의 구성요소인 대상자(클라이언트), 사회자원, 사례관리자 및 사례관리기관, 실천 과정 등을 중심으로 상황에 맞게 개발되고 있다. 이러한 사례관리 실천모형은 서비스를 전달하는 방법과 다양한 클라이언트 집단에 서비스를 제공하는 기관마다 약간의 차이는 있을 수 있으며, 학자에 따라서 차이가 있을 수 있다. 그러나 서비스 활동에 대한 전반적인 흐름은 거의 유사하다. 일반적으로 학자마다 다를 수 있으나 사례관리 실천모형의 분석기준은 사례관리의 목표, 대상자(클라이언트)의 특성, 사례관리자의 역할, 서비스의 범위 및 내용, 자원 활용의 정도에 따라 실천모형이 달라질 수 있다(강동인, 2002).

이 절에서는 사례관리를 먼저 실천한 외국의 사례관리 실천모형과 한국의 실정에 맞게 개발된 사례관리 실천모형에 대해서 살펴본다.

1. 외국의 사례관리 실천모형

프리슨과 포트너(Friesen & Poertner, 1995)는 사례관리 실천과정에 따라 사례관리 실천모형을 치료자모형, 중개자모형, 팀접근모형, 강점모형인 4가지로 분류하였다(권진숙 외, 2008). 사례관리 실천과정에 따른 사례관리 실천모형은 〈표 8-3〉에 나타냈다.

〈표 8-3〉 사례관리 실천과정에 따른 사례관리 실천모형

기능	치료자모형	중개자모형	팀접근모형	강점모형
특징	기존의 치료에 사례관리를 첨가	서비스 체계가 잘 조정되지 않으므로 클라이언트가 서비스를 잘 받도록 중개	클라이언트가 다양한 서비스 체계와 관련된 경우 다분야의 전문가 팀이 조정하는 기능	클라이언트의 개별적 강점과 그의 체계가 가지는 강점에 주목
사정	DSM-III-R에 의거	기능적 사정에 의거하여 서비스 욕구를 결정(DSM에서 확장)하고 재정 지원을 목적으로 프로그램 자격 조건을 사정	각각의 전문가에 의한 사정 후, 팀이 만나 함께 종합적이고 임상적인 사정을 실시	클라이언트와 가족의 능력과 자원, 강점을 사정
계획	사회복지기관의 치료계획	사례관리자가 클라이언트의 욕구에 부합하는 서비스를 찾고 이를 주선	서비스에 대한 팀 계획과 주선	클라이언트와 가족이 필요한 자원과 기술을 획득하도록 함(더 이상 사례관리자에 의존하지 않도록 함)
옹호	클라이언트와 가족을 위해 필요할 것으로 보이는 다른 서비스를 얻을 수 있도록 초점을 두고 옹호	서비스 자격 조건의 유동성을 얻기 위해 다른 서비스 제공자에게 초점	모든 기관의 서비스 제공자가 서비스 제공에 동의하고 있으므로 옹호 노력이 필요 없음	클라이언트와 가족이 자원을 획득하는 방법을 배울 수 있도록 하고 기관의 변화를 위한 노력도 기울임
모니터링	클라이언트의 피드백을 통해 계획의 진행 정도가 모니터링됨	위기 상황이 다가오면 계획은 수정됨. 주기적 점검. 타 기관 워커가 모니터링하기도 함	정기적으로 팀이 모니터링함	클라이언트와 가족의 지속적인 모니터링
연계	부가적 서비스를 위해 지역사회 내의 다른 기관에 수동적으로 연계(예 : 근무 시간 내 전화 접촉)	특정한 서비스에 대한 가족의 인지부터 재정 보증을 포함한 능동적 의뢰	한 리더 사례관리자가 연계에 대한 책임을 지기도 하고, 팀원으로 구성된 사례관리자가 각각의 기관서비스와 연계함. 가족이 초기 사례관리자의 역할을 하기도 함	클라이언트와 가족이 효과적인 자원의 소비자가 되도록 하며, 연계에 대한 책임은 사례관리자, 클라이언트, 가족이 지게 됨. 공식적인 자원이 없을 경우에는 비공식적 자원을 창출(예 : 이웃의 도움)

출처 : Friesen, B. J. & Poertner, J. (1995).

2. 한국의 사례관리 실천모형

국내 학자들이 한국의 실정에 맞게 사례관리 실천모형을 많이 연구하였으나 일부 학자에 대한 것만 살펴보기로 한다. 먼저 황성철(1995)은 사례관리 기능 및 구조에 따른 한국적 실천모형을 단순형, 기본형, 종합형, 전문 관리형인 4가지로 모형을 제시하였으며, 모형에 따라 목적, 기능, 역할, 전문성 정도, 담당사례 수 등을 세분화하였다. 이러한 모형은 〈표 8-4〉에 나타냈다.

〈표 8-4〉 사례관리 기능 및 구조에 따른 한국적 실천모형

구분	단순형	기본형	종합형	전문관리형
1. 사례관리의 근본 목적	지역사회 자원 및 서비스 연계	지역사회 자원 및 서비스 연계와 기초 상담 및 조언	지역사회 자원 및 서비스 연계와 심층 상담 또는 치료	직·간접적인 서비스 제공과 관리자로서 서비스 관리
2. 사례관리의 기능	욕구 인식 및 사정, 사례계획과 서비스 연계, 서비스 점검	적극적인 사례 발굴, 사정, 사례계획 및 개입, 서비스 연계, 상담, 서비스 점검	로스만의 15개 기능을 수행	기본적인 사례관리 기능과 자원 배분, 통솔, 의사결정 기능 포함
3. 사례관리자의 역할	자원 및 서비스 중재자	중재자, 상담자, 교육자, 지지자, 서비스 점검자	자원 및 서비스 중재자, 상담 또는 치료자, 교육자, 클라이언트 옹호자	연계자, 상담자, 치료자, 교육자, 관리자
4. 사례관리자의 교육 및 전문성 정도	준전문가, 비전문가(전문대 졸업자 또는 훈련된 자원봉사자)	준전문가, 전문가(전문대 졸업자 또는 초년생 사회복지사)	전문가(경력이 풍부한 선임 사회복지사)	특수 분야별 전문가
5. 조직 내 사례관리자의 위치와 슈퍼비전	기존의 조직 및 업무 수행 부서에서 수행. 전문가에 의한 엄격한 슈퍼비전	기존의 조직 내에서 수행. 경험 많은 사회사업가의 슈퍼비전이 필요	독립된 사례관리 부서, 최소한의 슈퍼비전	독립된 팀의 형성 슈퍼비전이 필요 없음
6. 사례관리자의 담당 사례 수	비교적 많을 수 있음	적절한 수의 사례(30 케이스 내외)	비교적 적은 사례의 수	최소한의 사례(10 케이스 미만)

구분	단순형	기본형	종합형	전문관리형
7. 개별/팀 접근	팀 접근이 가능. 그러나 주로 개별적 접근	개별적 접근	개별적 접근	팀 형성에 의한 접근
8. 사례관리자의 업무에 관한 자율성 및 권위의 정도	자율적인 결정권 없음. 전문가와 협의 요망	어느 정도의 자율성 보장	자율적인 의사결정 보장	전문 분야별 자율성 보장. 그러나 공동 결정 요망

출처 : 황성철(1995).

이근홍(1996)은 사례관리 실천모형을 사례관리 제공자에 따라 가족보호 모형, 지역사회지원 모형, 포괄 모형으로 구분하였다. 가족보호 모형은 가족이, 지역사회지원 모형은 지역사회의 비공식 지원체계가, 포괄 모형은 사례관리기관이 각각 주체가 되어 실천하는 모형이다. 사례관리 제공자에 따른 모형은 〈표 8-5〉와 같다.

〈표 8-5〉 사례관리 제공자에 따른 모형

구분	가족보호 모형	지역사회지원 모형	포괄 모형
주체	가족(주로 성인 자녀나 배우자)과 사례관리자	지역사회의 비공식 지원체계	사례관리기관
대상	배우자나 자녀와 동거하는 노인(신체 허약자 또는 만성 질환자로서 일상생활 기능 수준이 낮은 자, 의료 욕구와 수발 욕구가 절실한 자)	독거노인과 노인부부 가족(생활수준이 낮고 신체 허약자이며, 일상생활 기능 수준이 낮은 자, 노인부부 가족은 배우자의 보호 능력이 없는 자)	가족보호 모형과 지역사회지원 모형을 통하여 해결하지 못하는 다양하고 복합적인 욕구와 문제를 가진 노인
기능	가족의 보호능력의 극대화, 노인과 그의 가족의 사회적 기능 향상, 노인과 그의 가족과의 상호작용 촉진, 서비스의 연계, 욕구와 문제해결	가족 외의 1차 집단의 보호능력 향상, 노인과 지역사회와의 상호작용 촉진, 비공식 지원체계와 공식 지원체계의 상호작용 촉진, 서비스의 연계, 욕구와 문제해결	서비스 연계, 사례관리기관 상호 간의 조정, 비공식 지원체계의 기능 강화, 노인의 사회적 기능 향상, 욕구와 문제의 해결, 능력 부여, 옹호

구분	가족보호모형	지역사회 지원모형	포괄모형
방법	가족이 일차적으로 서비스를 제공, 가족이 제공하지 못하는 서비스는 사례관리자가 직·간접적으로 서비스를 제공	지역사회 주민을 교육·훈련시켜 지지적 보호 워커로 활용, 자원봉사자의 활용	동사무소나 보건소를 종합서비스센터로 발전시켜 전문가를 통한 포괄적 서비스 제공
사례관리자의 역할	교육자, 중재자, 지지자, 서비스 점검자, 평가자	중개자, 자원개발자, 교육자, 지지자, 안내자, 정보제공자, 서비스 점검자, 평가자	문제해결자, 중재자, 지지자, 서비스 제공자, 위기개입자, 교육자, 안내자, 정보 제공자 등
재원	가족의 교육훈련비는 국가나 지방자치단체가 부담. 가족이 제공하지 못하는 서비스는 수익자 부담의 원칙으로 가족이 전액 부담	지역사회 주민과 자원봉사자의 교육훈련비는 국가 부담, 서비스 연계비용은 무료, 이용 서비스 중 일부 유료화하되 후원 결연을 통해 해결	사례관리 서비스의 비용은 국가, 민간기관에서 실시할 경우 지역사회자원 동원. 서비스의 종류에 따라 수익자 부담의 원칙을 채택
실시장소	가정	가정, 지역사회 내의 사회복지관 및 유관단체	동사무소나 보건소, 지역사회복지관

출처 : 이근홍(1996).

홍선미(2006)는 사례관리실천의 주체와 목표에 따라 중개모형, 통합모형, 지지모형으로 구분하였다. 중개모형은 사회복지공무원이, 통합모형은 지역복지기관이, 지지모형은 개별 기관 등이 주체가 된다. 이러한 모형은 〈표 8-6〉에 나타냈다.

〈표 8-6〉 사례관리의 주체와 목표에 따른 사례관리모형

구분	중개모형 (중재자모델)	통합모형 (팀접근모델)	지지모형 (강점모델)
주체	사회복지사무소 (전담 공무원)	통합적 기능의 지역복지기관	개별 기관
목표	지역사회 내 보호를 위한 공적 사례관리체계의 구축	지역사회 내 서비스 연계체계를 통해 통합적 사회복지서비스 제공	사업의 활성화와 효과 증진을 위한 지지적 서비스 제공

구분	중개모형 (중재자모델)	통합모형 (팀접근모델)	지지모형 (강점모델)
주요 사례관리 기능	- 아웃리치 - 접수(intake) 및 초기사정 - 기관 연계 - 지역자원 발굴	- 접수(intake) - 사정 및 사례계획 - 사회적 서비스 연계 및 모니터링	- 사정 및 사례계획 - 관련 서비스 제공 - 지지상담 및 옹호
기관의 역할	지역 내 보호체계나 네트워크 내에서 공적 주체와 연계하여 관련 서비스를 제공하는 수행기관의 역할	포괄적 서비스 중심의 사례관리와 결합하여 전문 분야의 서비스를 제공하는 수행기관의 역할	사례관리의 실행 주체로서 사회서비스는 부가적으로 일부 외부 기관으로부터 지원
수준	- 지역사회 보호체계 수준 - 지역 내 공적 보호체계	- 조직·기관 연계망 수준 - 지역 내 통합서비스	- 기관 내 클라이언트 수준 - 개인의 전문서비스

출처 : 홍선미(2004).

제6절 사례관리 실천과정의 모델과 실천과정

1. 사례관리 실천과정의 모델

다양한 사회복지 분야에서 실천방법으로 적용되고 있는 사례관리실천은 그 과정에 있어서 클라이언트나 사례관리자 및 기관의 업무나 성격에 따라 약간의 차이는 있으나, 궁극적으로 사례관리의 목적에 초점이 있다. 이러한 국내외 사례관리 실천과정모델에 대해서 살펴본다.

1) 외국의 사례관리 실천과정 모델

외국의 학자들에 따른 사례관리 실천과정 모델은 〈표 8-7〉에 나타냈다.

〈표 8-7〉 학자에 따른 사례관리 실천과정모델

로스만모델(1992)	윌모델(1991)	SSI모델(영국, 1992)	목슬레이모델(1989)
① 접수(intake) ② 사정: 심리적, 사회적, 의료적 ③ 목표 설정(장단기) ④ 개입계획: 자원 확인, 목록 작성 ⑤ 클라이언트의 연결: 공식적·비공식적 ⑥ 점검 ⑦ 재사정 ⑧ 결과평가	① 클라이언트 발견 ② 개별적인 사정과 진단 ③ 서비스 계획과 자원 파악 ④ 서비스 연결 ⑤ 서비스 수행과 조정 ⑥ 탐색 서비스 ⑦ 옹호 ⑧ 평가	① 정보공개: 정보제공 ② 사정 수준 결정 (인테이크 단계) ③ 욕구사정 ④ 케어계획 ⑤ 케어계획 실행 ⑥ 점검 ⑦ 재사정	① 사정: 클라이언트의 서비스에 대한 욕구, 사회적 네트워크의 능력, 전문적 서비스 제공자의 능력 ② 케어계획 : 포괄적 ③ 개입 : 직·간접적 ④ 점검 ⑤ 평가

2) 한국의 사례관리 실천과정모델

국내 사례관리 실천과정모델의 선행연구에서 장인협(1995)은 외국의 선행연구를 참고하여 ① 접수(intake), ② 사정, ③ 케어계획, ④ 케어 실행, ⑤ 점검 및 재평가, ⑥ 평가 및 종결의 6단계로 정의하였다. 또한 양옥경(1996)은 지역정신연구사업에 있어서 사례관리 실천과정으로 ① 신청, ② 방문, ③ 접수, ④ 사정, ⑤ 개입 계획 및 개입, ⑥ 재사정, ⑦ 종결평가, ⑧ 사후 관리 등 8단계로 모델화하고 있다. 이근홍(1996)은 ① 접수, ② 사정, ③ 계획, ④ 계획의 실행과 조정, ⑤ 점검, ⑥ 평가 등 6단계로 구분하였다. 이러한 국내외 선행연구에서 사례관리 실천과정모델은 사정, 개입계획, 계획 실시, 점검 등은 거의 공통적으로 적용하고 있으나, 시작 부분과 끝 부분에서 약간의 차이점이 발견된다. 이러한 이유는 사례관리실천의 적용 분야와 사례관리 실천이 적용되는 사례관리 구성요소 등 상황에 따른 차이라고 볼 수 있다.

2. 사례관리 실천과정

사회복지실천의 과정론과 마찬가지로 사례관리 실천과정은 다양한 실천과정 모델이 제시되고 있으며 과정도 유사하다. 위에서 언급한 다양한 실천과정모델 중 로스만(Rothman, 1991)의 모델을 기준으로 각 단계의 특성을 살펴보고자 한다. 로스만의 사례관리 실천과정모델은 [그림 8-2]에 나타냈다.

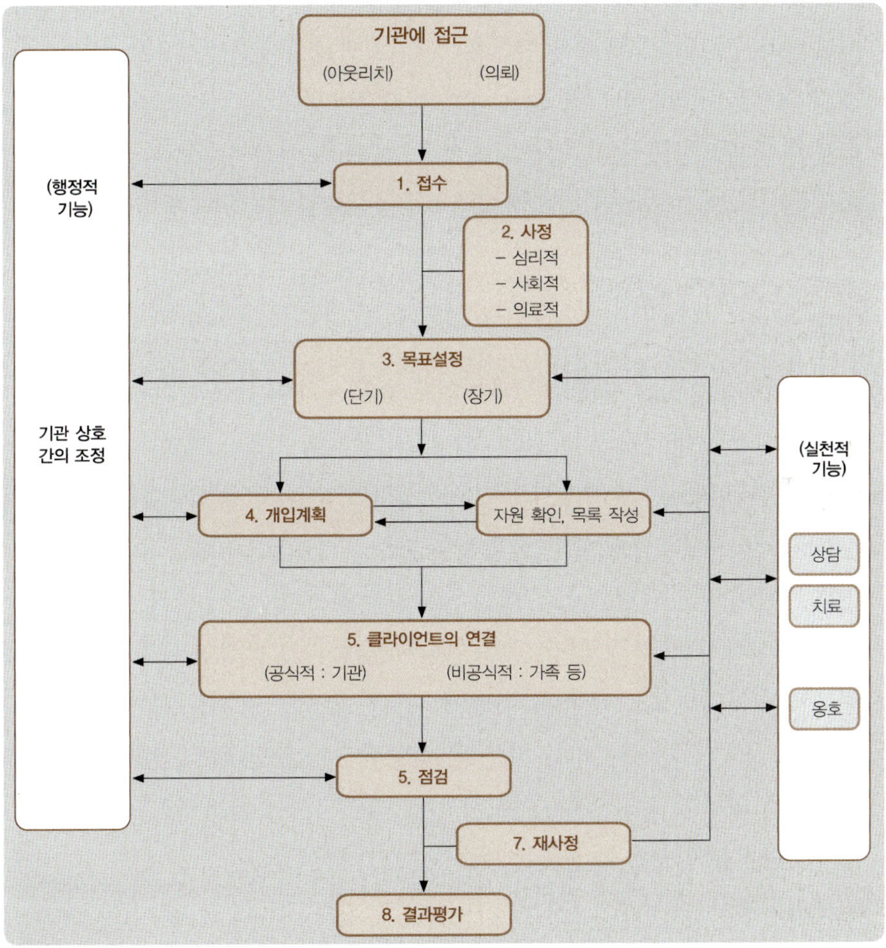

[그림 8-2] 로스만의 사례관리 실천과정모델

출처 : Rothman(1991).

1) 기관에 접근

기관에 접근(access to agency)은 사례를 발견하는 단계이다. 클라이언트가 기관에 접근(screening/intake)하는 방법에는 자율적인 방문과 타 기관이나 가족, 지역사회 조직, 경찰, 동사무소 등의 의뢰가 있다. 여기서 의뢰(referral)는 클라이언트의 문제와 욕구를 기관에서 해결할 수 없거나 문제해결에 더 적합한 기관이 있을 경우 적합한 기관으로 클라이언트를 보내는 것을 의미한다. 또한 다른 접근방법으로 아웃리치(outreach)에 의한 방법인데, 이는 지역사회 접근방식으로 사례관리자가 기관 외부로 클라이언트를 찾아 나서는 접근방식이다. 이러한 아웃리치는 서비스가 가장 필요한 노숙자, 정신장애인, 노인 등의 대상자(클라이언트)가 정보와 기회가 없어 스스로 기관에 접촉하지 못하는 경우에 효과적인 방법이다.

2) 접수

접수(초기면접 : intake) 단계는 클라이언트의 문제와 욕구를 파악하여 클라이언트가 처한 상황을 파악하고, 기관의 서비스와 경제적 지원을 받을 자격이 되는지 결정하는 단계이다. 이 단계에서는 기관에서 제공되는 서비스에 대한 정보, 즉 클라이언트와 가족에게 기관이 제공하는 서비스, 기관이 요구하는 주의사항 및 요구사항, 기관이 갖는 제한점 등에 대한 사항을 알려 준다. 또한 클라이언트의 신상정보, 가족과의 상태, 소득, 건강 상태, 기타 사항 등과 일반적인 사회·심리적 정보 등에 대해서 파악하고 기록한다. 이렇게 파악한 정보를 토대로 기관에서는 사전 적격심사를 통해서 사례관리를 하는 데 적합한지를 판단하고, 적합하지 않으면 다른 기관에 의뢰할 수도 있다. 여기서 사전 적격심사는 클라이언트를 대상으로 서비스 제공의 적합성을 결정하는 것을 의미한다.

3) 사정

사정(assessment)은 인테이크 과정에서 사례관리서비스를 제공하기로 결정한 클라이언트를 대상으로 그들의 복합적인 욕구와 문제, 그들의 현재의 기능, 그들의 장점과 잠재 능력, 공식적·비공식적 지원체계, 그들의 보호능력 등 전반적인 자료를 기초로 종합적으로 분석하는 과정이다(이주헌, 2004). 또한 사정은 클라이언트의 신체적 기능 수준은 물론 심리적·사회적·의료적인 부분 그리고 강점과 제한점 등 모든 사항을 파악하는 과정이다. 사정 과정에서는 클라이언트의 모든 영역에 대해서 사정하는 것이 바람직하고 일반적인 사정 영역에 대한 예는 〈표 8-8〉과 같다(Moxley, 1989). 필요한 경우 사정 내용은 다른 기관에 의뢰하거나 클라이언트가 이용하던 다른 기관의 사정자료나 의료기록을 활용할 수도 있다.

〈표 8-8〉 사정 영역에 대한 예

클라이언트 욕구	자기보호능력	전문적 보호능력	상호적 보호능력
•소득 및 주택 •고용 및 직업 •신체 및 정신건강 •사회활동과 참여 •여가 •일상생활 동작능력	•신체적 기능 •인지적 기능 •정서적 기능 •행동적 기능	•자원 목록 •서비스 유용성 •서비스 충분성 •서비스 적절성 •서비스 수용성 •서비스 접근성	•사회적 관계망의 구조와 상호작용 •사회적 관계망의 지지(정서적 지지, 수단적 지원, 물질적 지원 등)

출처 : Moxley, D. P. (1989).

사정의 방법은 정형화된 질문항목에 의한 경우와 면접기법에 의한 방법이 있으며, 경우에 따라 질문항목과 면접기법을 병행하기도 한다. 또한 자료수집을 효과적으로 하기 위하여 가계도, 생태도, 성격유형 검사, 지능검사, 진단검사 등 각종 심리검사를 활용하기도 한다.

4) 목표 설정

목표 설정은 사정에 기초하여 클라이언트와 사례관리자 및 기관이 공동으로 인식한 종합적인 서비스를 설정하는 것을 의미한다. 목표는 가능한 한 현실적인 범위에서 설정하고, 사례관리기관의 범위 내에서 설정한다. 또한 클라이언트 스스로의 선택에 의한 긍정적인 목표를 설정하는 것이 좋다. 목표 설정은 클라이언트에 따라 장기적인 목표와 단기적인 목표로 설정한다. 예를 들어, 위기 상황과 같은 경우에는 단기목표로 설정하여 바로 서비스를 실천할 수 있도록 하고, 직업 취득 및 주택 마련 등은 장기목표로 설정하여 실천하는 것이 바람직하다.

5) 개입계획

개입계획은 사례관리 목표 설정을 달성하기 위하여 상담과 치료를 포함하는 치료계획과 실질적인 원조를 위해 사회자원에 클라이언트를 연결시키는 계획 등을 포함하는 포괄적인 서비스 전략계획이다(김욱, 2005). 이러한 개입계획에서는 사정을 통해서 얻은 자료나 목표 설정을 바탕으로 활용 가능한 서비스의 양과 질, 보호에 필요한 시간, 적용 프로그램, 욕구의 우선순위 그리고 지역사회 내의 사회자원과 가족 구성원이 취하는 역할 등을 구체화하는 계획을 수립해야 한다. 따라서 사례관리자는 유용한 사회자원을 확인하고 자원목록을 작성하여 활용하는 것이 바람직하고, 필요한 자원은 개발하고 가능한 한 클라이언트 및 보호자를 개입계획에 참여시키는 것이 필요하다(Rothman, 1994).

6) 클라이언트의 연결

이 단계는 클라이언트와 사회자원 간에 서비스를 직접적으로 연결하여 사례관리를 실천하는 과정이다. 이 단계는 서비스 제공(실행) 단계로 클라이언트에게 필요한 서비스 내용과 방법을 개입계획에 따라 필요한 서비스를 제공하고, 공식적·

비공식적 지역사회 내의 사회자원을 연결·조정하여 계속적으로 서비스를 이용할 수 있도록 하는 것을 의미한다. 서비스 제공 단계에서는 서비스의 연속성을 보장하고, 다양한 서비스를 통합·조정하고, 서비스의 접근 및 활용의 효율성이 극대화되도록 개입계획에 따라 클라이언트와 사회자원 간의 서비스 연결이 제공되어야 한다.

7) 점검

점검은 계획된 서비스의 실행 정도, 목표의 달성 정도, 개별서비스의 적절성, 서비스 질에 대한 평가, 클라이언트의 만족도, 서비스 제공자에 대해서 점검하는 과정이다. 이러한 점검 과정을 통해서 클라이언트의 변화와 향상 정도를 파악하게 되고 위기 상황을 예측하여 클라이언트의 욕구와 서비스의 질을 높일 수 있다. 점검방법은 사례관리자 판단에 근거하며 서비스와 지원계획이 적절하게 이행되고 있는지 점검하는 방법과 구조화된 표준문서에 의한 방법이 있다. 이러한 점검방법은 클라이언트 및 가족에게 직접 방문하거나 전화면접을 통해서 점검하게 되고, 비공식 지원체계를 통해서 점검할 수도 있다.

8) 재사정

재사정은 개입계획의 실행 중에 주기적인 사정을 통해서 클라이언트에게 제공되는 서비스가 적합한지, 개입계획의 변경이 필요한지, 개입계획은 어떠한 방식으로 변경될 필요가 있는지 등을 결정한다. 즉, 클라이언트의 보호계획의 적합성을 판단하여 서비스에 대한 변경의 필요성 여부를 결정하는 과정이다(이주헌, 2004). 클라이언트의 상황 변화로 인한 재사정 결과는 새로운 목표 설정으로 피드백되어 새로운 개입계획의 수립 및 새로운 자원의 연결·조정을 위해 활용된다. 일반적으로 재사정은 3개월 또는 6개월별로 실시되고 있으며 중간평가 양식을 기초로 사례관리회의를 통해 이루어진다(김욱, 2005).

9) 결과평가

결과평가는 클라이언트에게 제공되는 서비스, 클라이언트의 진척 상황, 목표설정의 달성, 개입계획의 달성, 서비스 활동 및 서비스 체계의 효율성, 클라이언트의 만족도 등 전반적인 결과를 평가하는 과정이다. 이러한 사례관리 평가는 구조화된 표준문서에 의한 방법으로 클라이언트 및 가족에 대한 직접적인 면접, 전화면접, 사례관리회의, 전문가의 기록에 대한 검토 등을 활용한다. 이러한 결과평가는 클라이언트가 더 이상 서비스 없이 지역사회에서 독립적으로 살아갈 수 있다는 전문적인 판단으로 행해진다. 일반적으로 장기간 보호를 요하는 노인의 경우는 지속적이고 전문적인 보호를 요하므로 최종 결과평가가 드물다.

종결은 서비스의 중단을 의미하는데, 사례관리의 목표가 달성되었거나 더 이상의 서비스를 필요로 하지 않을 경우 종결하게 된다. 이렇게 종결되었을 경우에도 지역사회에서 적응할 수 있도록 지속적인 사후 관리가 이루어져야 한다. 또한 클라이언트가 사망하거나 사례관리기관의 폐쇄 등의 중대한 변화로 인하여 사례관리를 지속할 수 없는 상황에는 사례관리의 과정이 종결된다.

사회복지실천모델

09

CHAPTER

Understanding of Social Work Practice

제1절 클라이언트중심모델

1. 개요

클라이언트중심모델(client-centered model)은 '인간 성장과 변화에 대한 접근법'으로서 개인 치료의 지식적인 면과 무의식적 결정론에 근거한 정신분석 이론과 환경결정론에 근거하여 행동주의 이론에 반대하는 반동으로 생겨나게 되었다.

1940년대 칼 로저스(Carl Rogers)에 따르면, 인간중심접근법의 핵심 사항은 사회복지사가 클라이언트에게 감정이입적 반응(empathic communication), 무조건적 긍정적 존중(unconditional positive regard), 수용(acceptance), 진정한 존중(genuine respect) 등을 표현하여 클라이언트에게 긍정적이고 건설적인 변화를 발생시킨다. 클라이언트에 대해 갖고 있는 사회복지사의 자세 및 가치는 사회복지사와 클라이언트와의 관계를 통해서 상호 전달되며, 인간끼리의 관계 양상이 개입의 효과를 결정하는 데 가장 중요한 요소라고 하였다(Rogers, 1967).

로저스(1959: 196)의 인간에 대한 관점은 인간의 본성을 선천적으로 선한(good) 존재로 보고, 인간이 자아실현의 욕구를 지녔다고 가정하였고, 자아실현의 욕구는 자신을 유지하거나 향상시키는 방향으로 자신의 모든 능력을 개발하는 노력이 인간의 타고난 성향이라고 하였다. 랭크의 이론에 기반을 둔 관계치료(relationship therapy)의 많은 요소가 클라이언트중심 이론의 틀을 형성하였다. 과거의 경험보다는 현재의 경험과 주변 여건을 강조하는 점, 자유로운 공격표현을 긍정적으로 보는 점, 개인의 성장과 개인의 의지에 초점을 두는 점, 치료에서 치료자의 권위적 태도를 달갑지 않게 생각하는 점 등이 랭크의 관계치료가 로저스의 클라이언트중심 이론에 영향을 준 요소이다.

2. 이론적 배경

로저스가 심리학자로서 전문적 일을 시작한 곳은 뉴욕 로체스터에 있었던 '아동범죄를 예방하는 아동 연구부' 모임이었다. 그는 1928년부터 10년간 자신만의 실용적이며 효과적인 치료 방법을 발달시켜 가고 있던 중, 기능주의 이론의 토대를 제공한 인물 중 한 사람인 랭크를 만나 랭크 이론에 대해 배우고 랭크의 이론이 클라이언트중심모델의 탄생에 많은 영향을 주었다. 랭크의 사상은 그가 심리치료에 영향을 미치는 3가지 요인을 기술한 내용에 잘 나타나 있다. 그 3가지 요인은 개인, 치료자 그리고 개인-치료자 간의 관계이다. 랭크(1936)에 따르면, 개인 클라이언트는 그 내부에 건설적인 힘을 가지고 있고, 이는 건전한 성장을 향한 의지를 형성한다. 과거의 사건에 얽매이기보다는 현재 개인의 동기와 의지를 강조한 기능주의 관점이다. 치료자는 개인 클라이언트가 자기 자신을 이해하고 수용할 수 있도록 클라이언트의 안내자 역할을 한다. 이때 치료를 일으키는 것은 치료자가 구사하는 기법이나 기술이라기보다는 인간으로서의 치료자 자신이다.

클라이언트중심 이론은 인본주의(humanism) 사상에 바탕을 두고 있으며 인본주의에서는 인간을 본질적으로 성장 지향적이고 진보적이며 자신의 기본적 잠재능력을 실현하려는 경향을 가진 존재로 보고 있다. 이것을 자아실현 경향이라고 부르는데, 로저스는 이것을 "유기체가 자신을 유지하거나 성장시키는 데 도움이 되는 방향으로 자신의 모든 능력을 개발하려는 선천적인 경향"으로 표현하였다(Rogers, 1959: 196; 엄명용 외, 2006: 374). 로저스는 인간의 본성을 긍정적이고 낙관적으로 보고 각 개인이 사회적으로 구축된 일정한 형식의 틀에 맞출 것을 강요받는 대신, 현재 있는 그대로가 인정받고 받아들여진다면 각 개인의 유기체가 원하는 대로 바람직한 삶을 살게 되고, 이는 개인 자신뿐만 아니라 사회 전체의 안녕상태의 향상을 가져오게 된다고 하였다.

로저스는 클라이언트중심 접근법의 여러 가지 원리와 기본 이론보다는 기존의 관계치료 원리와 기법 그리고 그것을 뒷받침하는 이론 및 철학을 종합한 인물이라고 볼 수 있다. 또한 현상을 유기체가 갖고 있는 고유의 관점에 입각하여 경험하는 것을 강조하는 실존적 현상학 이론의 요소가 클라이언트중심모델에 포함되어 있다.

사회복지실천 과정에서 사회복지사가 자신을 이용하라는 것이 여기서 영향을 받았다고 볼 수 있다. 개인의 동기와 의지, 클라이언트의 자기이해를 돕는 치료자, 개인 - 치료자 간의 독특하고도 진솔한 관계 등이 서로 조화를 이룰 때 개인에게서 건설적인 변화가 발생한다는 것이다.

3. 주요 개념

클라이언트중심모델(client-centered model)은 클라이언트의 자기 성장을 향한 잠재력이 발현될 수 있는 분위기를 조성하는 데 목적을 두며, 개입방향에 대한 일차적 책임이 클라이언트에게 있도록 클라이언트의 문제에 대해 과거사보다는 '지금 - 여기'를 강조한다(양옥경 외, 2005: 339). 모든 사람은 자아실현의 동기를 가지고 있다는 가정에 기반을 두고 있다. 이 동기는 모든 개인이 인간의 존엄성을 유지하거나 고양시키는 방식으로 자신의 능력을 발전시킨다는 선천적 경향으로서 규정된다. 로저스는 주요 개념을 다음과 같이 설명한다(양옥경 외, 2005: 339-340).

1) 실현화 경향

실현화 경향(actualizing tendency)은 유기체를 유지하거나 고양시키는 방식으로 발달해 가려는 유기체의 생득적 경향이다. 즉, 인간은 출생 시부터 성취를 향해 생산적으로 성장하도록 운명 지어졌다는 것이다. 실현화란 자율성을 향한 발달이며, 실현화 경향은 타율성이나 외부세력에 의한 통제로부터 벗어난 유기체가 본래적으로 소유하고 있는 자아실현의 욕구성취를 지향하게 하는 동기(motivation)이다.

2) 자아실현욕구

자아실현욕구(self-actualization)는 보다 기본적인 실현화 경향의 하위체계로 간주된다. 실현화 경향은 기본적인 인간의 동기이며, 자아실현은 이러한 경향의 산물이다. 자아가 형성됨에 따라 일부 실현화 경향이 자아실현으로 표현된다.

3) 무조건적 긍정적 존중

무조건적 긍정적 존중(unconditional positive regard)은 클라이언트의 상황, 관점, 진술의 논리 등을 따뜻하게 감싸 주면서 인정하고 받아들이는 것을 말한다. 인간은 자아가 발달하면서 사랑과 인정을 갈구하게 된다. 즉, 다른 사람으로부터 긍정적인 존경을 받고자 하는 욕구가 생긴다. 이러한 긍정적 존중(positive regard)의 욕구는 타고난 것이며, 어떤 사람들은 상당히 중요한 위치를 차지하게 된다. 필요로 하는 사랑과 애정을 얻고 인정받기 위해 인간은 성장 과정에서 부모와 중요한 타인을 기쁘게 하고 자신의 내적 경험은 무시하게 된다. 즉, 점차 자기 자신에게는 '덜 맞추고' 타인에게 '더 맞추어' 행동하게 된다.

4) 조건부 가치(가치의 조건)

조건부 가치(conditions of worth)는 중요한 타인에게 긍정적 관심을 모두 제공하는 것이 아니라 조건부로 주어짐에 따라 인간이 어떤 측면에서는 자신이 존중받고 있지만, 다른 면에서는 그렇지 않다고 느낄 때 일어난다. 인간이 무조건적인 긍정적 존중을 경험해 왔다면, 새로운 경험은 그것이 유기체를 유지하거나 고양시키는 데 얼마나 효율적인가에 따라서 가치를 부여받거나 또는 부여받지 않을 수 있다. 조건부 가치는 그것이 실현화 과정을 왜곡한 이유 때문에 인간이 자유롭고 최대한의 효율성을 가지는 것을 방해한다고 본다. 즉, 개인이 자신의 유기체적 욕구를 부정적으로 받아들이게 되면 자아통합성이 깨지고 자신의 잠재력과의 접촉이 단절되어 건전한 성장·발달이 방해를 받을 수 있다는 것이다(엄명용 외, 2006:382).

4. 사회복지실천에서의 개입

개입방법에는 공감, 무조건적 긍정적 존중, 진실성이 제시되고 있다.

첫째, 공감(empathy)은 클라이언트 입장에서 클라이언트가 생각하고 느끼는 것을 자신의 감정처럼 느끼는 것을 의미한다. 클라이언트의 경험세계로 자유롭게 여행하며 사회복지사는 이미 클라이언트도 인식하고 있는 것에 대해서 자신이 이해한 것을 클라이언트에게 전달할 뿐만 아니라 그들이 거의 인식하지 못하고 있는 경험의 의미를 말해 줄 수 있다. 높은 수준의 정확한 공감이란 클라이언트가 덜 분명하고 덜 명확하게 경험한 감정에 대해서 분명한 느낌을 인식할 수 있도록 하는 것 이상의 의미를 가진다는 사실을 이해하는 것이다.

둘째, 무조건적 긍정적 존중(unconditional positive regard)과 수용은 클라이언트를 한 인간으로서 깊고 순수한 관심으로 마주한다는 것이다. 관심은 클라이언트의 감정, 사고, 행동에 대해 좋다거나 나쁘다는 평을 달지 않고 따뜻하게 수용한다. 예를 들면, "나는 □ □할 때에만 당신을 수용하겠소."라는 태도가 아니고, "나는 있는 그대로의 당신을 수용하겠소."라는 태도이다.

셋째, 진실성(genuineness)은 사회복지사가 클라이언트와의 관계 속에서 치료시간에 순수하게 일치되어 있으며, 진솔하다는 것을 의미한다. 진실한 사회복지사는 그들에게서 흐르는 부정적이든, 긍정적이든 느껴지는 감정과 태도를 즉각적이고 개방적으로 경험한다. 따라서 진실성을 통해 사회복지사는 진실을 향해 노력하는 인간의 모델이 된다. 일치한다는 것은 관계에서 느끼는 분노, 좌절, 좋아함, 매력, 관심, 권태, 귀찮음 등의 감정을 표현한다.

제2절 권한부여모델

1. 개요

사회복지실천에서 권한부여라는 용어는 사회적·조직적 환경에 관한 클라이언트의 통제력을 증가시키고자 하는 임상실천의 과정, 개입, 기술을 의미하며, 권한부여 접근방법은 사회복지사가 빈곤자, 여성, 성적인 태도로 인하여 억압받는 사람, 신체적·정신적 문제, 청소년, 노인 등의 실체를 연구 가능하게 하며, 계급, 인종 등으로의 장애물에 대항하게끔 원조해 줄 수 있다(Turner, 1996 : 219).

권한부여(empowerment)란 누군가에게 권한을 주는 것 혹은 힘을 부여하는 것, 능력을 주는 것이다. 권한부여는 사람이 개인적인 이유나 사회구조적 이유, 또는 개인과 사회환경 등의 복합적 원인으로 그들의 원리, 기회, 자원을 박탈당하거나 상실한 경우에 이를 회복시켜 주는 노력이다. 따라서 권한부여모델의 개념은 다양한 클라이언트 집단과의 사회복지실천에서의 개입 및 전략, 중요한 기술, 또는 클라이언트를 돕는 일련의 과정으로 정의되고 있다(전재일 외, 2004: 374).

권한부여모델은 1970년대 일반체계이론과 생태이론이 사회복지의 주요 이론틀로 활용되면서, 생태체계 관점에 근거한 강점 지향 혹은 해결 중심 접근의 중요성이 대두되었고, 클라이언트를 문제 중심이 아니라 강점 중심으로 봄으로써 클라이언트의 잠재력 및 자원을 인정하고 클라이언트가 건강한 삶을 결정할 수 있도록 권한 혹은 힘을 부여하고 있는 것이다. 그러므로 이 모델에서 클라이언트와 사회복지사는 협력적인 파트너십을 기반으로 문제해결 과정에 함께 참여한다(장인협, 1999: 39).

권한부여모델은 중증의 정신질환자에 대한 실천모델로 가장 잘 개발되어 왔다. 클라이언트의 병리보다는 강점, 자기결정을 강조하며, 정신질환자도 학습하고 성장하고 변화할 수 있다는 생각을 갖는다. 사회복지사가 클라이언트의 내재된 힘을 지지할 때 그들의 긍정적 성장 가능성을 고양시킬 수 있다는 것이다(김융일 외, 2005: 96).

강점 관점(strength perspective)은 문제에 대한 관심보다는 해결점을 발견하고 강점을 강화시키는 데 주요 초점이 있다. 클라이언트의 강점을 강화시키는 과정이 클라이언트의 역량을 향상시켜 가장 신속하게 클라이언트에게 권한을 부여할 수 있는 전략이라고 본다. 따라서 강점 관점이란 클라이언트를 독특한 존재로서 다양성을 인정하고 존중하면서 클라이언트의 결점보다는 강점에 초점을 두고 가능한 모든 자원을 활용하여 클라이언트의 역량을 실현해 나가도록 돕는 것이다(양옥경 외, 2005: 467).

2. 이론적 배경

권한부여모델에서 생태체계적 관점은 인간과 물리적·사회적 환경 사이의 상호교환 개념을 기반으로 하는 많은 이론의 공통된 관점이다(Germain, 1983; Germain & Gitterman, 1980). 이 관점에서 인간과 환경은 서로 분리되어 있는 것이 아니라 지속적으로 상호 교류(transaction)하는 하나의 체계이다(양옥경 외, 2005: 463). 따라서 생태체계 관점은 인간과 환경이 어떻게 서로 영향을 주고받는지의 준거틀을 제공해 준다.

생태체계에서는 인간의 행동은 인간과 환경 모두의 상호 이익을 추구하는 과정에서 나타나는 것으로 보고, 부적응은 존재하지 않는다고 본다. 부적응적인 결과 혹은 수용되기 어려운 행동이 나타난다 하더라도 적어도 그 환경 안에서는 적응적인 것으로, 모든 행동은 그 상황 안에서는 의미가 있는 것이다. 클라이언트의 부적응에 대한 낙인이나 비난을 하지 않고, 문제행동은 물리적·사회적 환경과 클라이언트 간의 상호작용의 산물이기 때문에 변화 가능한 것으로 간주한다. 생태체계 관점에서는 인간을 매우 복잡한 존재로 보는데, '환경 속의 인간'(person in environment)이라는 인간관을 갖는다.

또한 생태체계의 관점은 변화에 대해서는 매우 개방적이며, 사회체계에 대한 이해는 다양한 체계 수준에서 이루어지는 개인과의 관련성을 강조한다. 이런 다양한 체계의 수준을 브론펜브레너(Bronfenbrenner, 1979)는 생태학적 환경이라 하고 이러한 체계 사이에는 위계질서가 존재한다고 보았다.

생태체계 관점에서는 사회체계는 4체계로 구성한다. 클라이언트 개인을 도울 경우라도 다음에서 제시된 4체계 내부 및 체계 간의 관계의 질을 고려하지 않고는 클라이언트를 완전히 이해할 수 없다. 따라서 개인의 생활공간에서 사회적 관계망을 중요한 변인으로 보고, 클라이언트의 문제행동은 개인, 가족, 집단, 조직, 지역사회, 문화체계 등 다차원적으로 이해되어야 한다. 즉, 미시체계(microsystem)는 가족과 같은 직접적 환경 내의 활동, 역할, 대인관계의 유형을 말한다. 중간체계(mesosystem)는 학교 및 가족, 이웃, 종교 단체와 같은 개인과 긴밀하게 직접 상호작용하는 2가지 이상의 환경과의 사이에서 일어나는 과정과 관련성을 의미한다. 외부체계(exosystem)는 외부환경이 영향을 미치는 과정 및 관련성으로서, 부모의 직장이나 사회정책과 같이 개인과 직접 상호작용을 하지는 않지만 개인의 생활에 간접적 영향을 미치는 체계이다. 거시체계(macrosystem)는 사회제도, 문화, 환경과 같은 보다 광범위한 사회적 맥락을 의미한다(양옥경 외, 2005: 463-466).

3. 주요 개념

1) 권한부여

권한부여는 전통적 힘(power), 통제력 소유 혹은 다른 사람에 대한 영향력, '법적 혹은 행정적 권위, 능력, 물리적 힘에 대한 개념으로 정의할 수 있다(Webster's Ninth New Collegiate Dictionary, 1991: 922; Browne, 1995 재인용). 전통적 모델에서 힘은 권리 및 자원, 기회의 분배를 결정하는 데 있어서 통제력을 갖는 것을 의미한다.

권한부여는 클라이언트의 상황을 환경 안에서 이해하며 자원과 강점을 찾고자 하는 것이다. 권한부여 실천에서는 클라이언트의 결점에 대한 진단보다는 권한부여를 기반으로, 문제를 없애려고 하기보다는 해결책을 찾아내는 데 역점을 둔다. 권한부여(impower)란 힘을 주거나 권위를 주는 것, 능력을 주는 것, 가능성, 허용하는 것이며, 힘을 받을 수 있는 것을 의미한다(Turner, 1996: 224).

따라서 권한부여는 다른 사람에 대한 통제력, 권위, 영향력의 소유일 뿐 아니라 스스로 삶에 대한 통제력을 가지는 것을 의미한다(Browne, 1995: 358-364). 특히 개인의 자기확신, 변화의 가능성 향상, 개인의 진전과 같은 심리학적 경험 등을 강조한다. 권한부여를 클라이언트를 돕는 하나의 과정으로 보는 정의(Gutierrez, 1990)는 개인의 권한부여를 통해 집단의 권한이 강화된다고 보는 것으로 이러한 다양한 정의를 종합할 때 권한부여는 클라이언트를 돕기 위한 하나의 개입전략, 기술, 과정으로 정의한다.

2) 협력과 파트너십

클라이언트와 전문가가 서로의 자원을 상호 협력하여 활용하기 때문에 문제해결을 위한 자원의 범위가 넓어지며 변화책에 대한 전문가의 부담을 경감시킨다. 권한부여모델에서 사회복지사와 클라이언트는 경험과 역량을 가진 원조 과정의 파트너로서, 클라이언트를 특정한 잠재력을 가진 인간 및 자원으로 인식하고, 클라이언트의 참여를 중시하는 변화 노력의 전 과정에서 클라이언트 자기결정권을 강조하는 것이다. 클라이언트는 전문가적 파트너로서 변화 과정에 능동적으로 참여하는 파트너이다.

3) 역량

역량은 개인 특성, 대인 상호 관계, 사회적·물리적 환경에서 비롯되는데, 이러한 세 차원이 잘 기능할수록 각 개인이 환경에 대처할 수 있는 역량은 향상된다

(Miley et al., 1995; 양옥경 외, 2005: 477). 역량(competence)은 주위 환경과 상호작용하기 위해 체계가 소유하고 있는 지식과 기술의 질(quality)로 정의한다. 인간체계의 구성원을 돌보는 기능을 수행할 수 있으며, 다른 체계와 효율적으로 상호작용하고, 사회적·물리적 환경의 자원체계에 기여할 수 있는 능력을 말한다.

4) 소비자

권한부여모델은 클라이언트를 기존의 수혜자, 환자, 도움을 받는 사람이라는 낙인으로부터 소비자(consumer)라는 개념으로 시각을 변화시킨다. '소비자'라는 용어는 사회복지사와 클라이언트체계의 파트너십 내에서 클라이언트의 자기결정권 보호와 활동적 역할을 강조하는 것이다(Gummer, 1983; 양옥경 외, 2005: 476). 또한 클라이언트와 사회복지사의 관계를 협력과 파트너십을 강조한 수평적 파트너로 보고 클라이언트를 개입의 주체로 보기 때문에 자기결정권을 강조한다.

4. 사회복지실천에서의 적용

1) 권한부여모델의 목적과 개입 원칙

현재 상황에 대한 포괄적인 이해, 개입활동을 안내하는 실제적인 행동계획, 변화 전략에 대한 이해, 변화 전략에 대한 지속적인 평가의 중요성을 인정한다. 그러나 권한부여접근은 사회복지 과정의 초점을 문제로부터 이동시켜 클라이언트의 강점, 환경의 자원, 기대되는 해결방안으로 대체시킨다. 문제해결 과정과 같이 권한부여실천에서 사회복지사는 관계 확립, 목적 정의, 상황 사정, 계획 및 변화를 위한 개입을 한다. 그러나 권한부여접근은 전통적인 문제해결 과정과는 달리 문제에 초점이 있는 것이 아니라 클라이언트의 강점과 환경적 자원에 초점을 두고 클라이언트의 역량을 향상시키기 위한 해결 중심의 접근을 한다. 따라서 이러한 접근에서는 약점보다는 강점을 강조하게 되며, 전문가적 전문성보다는 협력적인 파트너십과 해결 지향적인 접근을 하게 된다.

2) 개입 과정

권한부여접근에서 개입 과정은 대화, 발견, 발달의 3단계로 구성된다.

(1) 대화

대화(dialogue) 단계에는 다음과 같은 순서가 있다. 함께 작업하기 위한 준비, 파트너십 형성하기, 도전·탐색하기, 강점 구체화하기, 방향 정하기 등으로 구성된다. 대화 단계는 사회복지사와 클라이언트체계 간의 상호 신뢰라는 협력적 관계를 확립하고 유지시킨다.

(2) 발견

발견(discovery)은 자원체계 탐색하기, 자원능력 분석하기, 해결점 형성하기 등으로 구성된다. 발견 단계에서 사회복지사와 클라이언트는 해결에 필요한 자원 탐색방법을 추구한다.

(3) 발달

발달(development) 단계는 자원을 조직하고, 확대하고, 목적을 달성하기 위해 일하며, 공식적인 개입 과정을 결정한다.

이 단계의 과정은 자원 활성화하기, 기회 확대하기, 성공 인정하기, 달성한 것 통합하기 등으로 구성되어 있다. 자세한 개입 과정은 〈표 9-1〉과 같다.

〈표 9-1〉 권한부여모델 개입 과정

단계	활동	전략	과업	과업달성을 위한 과정
[1단계] 대화: 권한부여 관계 발전시키기	공유 하기	클라이언트가 기존에 가지고 있는 역량 및 자원을 구체화	1. 상호 협력적인 관계 확립 2. 기존 지식 명확화 - 클라이언트의 인지(도전과 강점) - 사회복지사의 인지 3. 클라이언트가 이미 가지고 있는 것 4. 관계를 위한 계약하기 및 사정에 동의하기	1. 함께 작업하기 위한 준비하기 - 권한부여 분위기 활성화를 위한 생산적인 준거틀을 만드는 과정 2. 파트너십 형성하기 - 사회복지사와 클라이언트가 상호 협력적인 관계 정의 및 개발 3. 도전 탐색하기 - 클라이언트의 상황에 대하여 클라이언트의 시각에서 이야기하는 과정 4. 강점 구체화하기 - 변화 가능한 클라이언트의 능력 강조 5. 방향 정하기 - 클라이언트와 사회복지사는 초기 목적 설정 및 다음 단계 준비
[2단계] 발견: 사정, 분석, 계획하기	찾기	클라이언트가 모르고 있는 자원 탐색	1. 쉽게 드러나지 않지만 클라이언트가 가지고 있는 것 확인하기 2. 부가적인 정보와 사실에 대한 경험과 사고 연결하기 3. 감정을 사정·확인·표현하기 4. 대인 상호적인 정보 연결하기 - 클라이언트체계로부터 - 다른 사람으로부터 5. 자원체계 탐색하기 6. 그 밖에 클라이언트체계의 욕구 결정하기(목표 설정) 7. 해결로 이끌어 주는 계획 개발하기 8. 변화를 위한 계약하기	1. 자원체계 탐색하기 - 개인, 가족, 집단, 조직, 지역사회, 사회적·정치적 체계 내에서 잠재적 자원을 사정 2. 자원능력 분석하기 - 수집된 정보 조직화 및 합성 3. 해결점 형성하기 - 사회복지사와 클라이언트는 구체적인 목적에 동의 - 바람직한 결과 달성을 위한 계획 개발

단계	활동	전략	과업	과업달성을 위한 과정
[3단계] 발달 : 실행 및 변화, 안정화 · 정화하기	강화 하기	클라이언트 체계가 아직 활용하지 않은 부가적인 자원, 역량 사정 및 확립	1. 클라이언트 욕구 구체화하기 2. 클라이언트가 사용하지 않으나, 존재하는 자원 사정하기 - 개인적 - 대인 상호 관계적 - 지역사회 사회적 3. 새로운 자원과 기회 만들기 4. 결론을 위한 계약으로 이끌어 가기	1. 자원 활성화하기 - 자원을 활용할 수 있는 방향 모색 2. 기회 확대하기 - 사회복지사와 클라이언트는 환경 내에서 현재는 없으나 꼭 필요한 새로운 자원 형성 3. 성공 인정하기 - 목적 달성 측정, 과정의 효과성 평가, 함께 일한 것 등에 대해 서로 파트너로서 인정하는 작업 4. 달성한 것 통합하기 - 개입을 종결하며 클라이언트체계에 권한부여

출처 : Miley el al.(1995: 90-99) 재구성.

제3절 위기개입모델(crisis intervention model)

1. 개요

위기란 위협적 혹은 외상적 위험사건을 경험함으로써 나약해지면서 스트레스나 외상을 대처하는 데 경감할 수 없는 불균형의 상태이다. 위기개입의 초기모델에서는 위기에 처한 개인 및 가족을 중심으로 하는 임상접근법을 강조하였다. 그러나 위기해결 이후 적응 과정에서의 환경 자원, 특히 지역사회서비스체계의 중요성을 주장하고 인간의 위기가 사회구조적 측면과 사회체계적 측면에 의해 제기된다는 인식이 확산되면서 심리 중심 위기개입과 함께 생태학적 측면의 환경 중심 접근이 강조되는 등 통합적 측면이 더욱 강조되고 있다. 특히 이 접근방법은 단기간을 통해 집중적 활동을 하는 것으로 현재 상황에 구체적 사실과 이를 변화시키는 클라이언트 자신의 노력을 강조한다. 즉, 위기개입이란 위기로 인한 불균형 상태를 회복하기 위하여 일정한 원조 수단을 개인, 가족 및 집단, 지역사회 등에 적용하는 단기치료 과정이라고 할 수 있다(전재일 외, 2004:353).

2. 이론적 배경

사회복지실천은 지속적인 구조적 빈곤, 질병 등의 사회문제와 관련이 있으며, 개인이 실업, 질병 등으로 생존의 위협을 느낄 때 사회적 서비스를 통하여 이를 중재하고, 심리적으로 도와주었다. 심리학적 관점에서 카플란(Caplan)은 제2차 세계대전 후 이스라엘의 수용소에서 아동의 위기상황에 관한 연구를 하였다. 위기란 통상적 행동을 통해 극복할 수 없는 일상의 장애라고 정의하였으며, 위기 상황을 2가지 형태인 '발달적 위기'와 '상황적 위기'로 유형화하였다(양옥경 외, 2005: 358). 발달적 위기란 학교의 입학, 형제의 출생, 결혼의 퇴직과 같은 발달 과정상의 변화에 의해 촉진되며, 상황적 위기란 누구에게나 언제라도 일어날 전후 신체적 질병, 사고, 가정의 붕괴와 같은 위험한 사건에 의해 유발되는 것이다. 카플란은 린더만(Lindermann)의 개념과 단계(비탄에 잠긴 정상적 반응의 행동으로 ① 사별한 사람에 대한 몰두, ② 사별한 사람과의 동일시, ③ 죄책감과 적대감의 표현, ④ 일상생활의 붕괴, ⑤ 신체적 증상의 호소 등이 있다. 그는 이러한 비탄 반응이 6주 이상 지속되면 전문가의 개입이 반드시 필요하다고 보았다.)를 발달적·상황적 위기에 결합시켜 초기의 심리적 트라우마(trauma)를 발생시킨 인의적·정서적·행동적 왜곡을 제거하는 것이 위기개입이라고 하였다(양옥경 외, 2005: 358). 그러므로 위기개입에서는 클라이언트의 정신적 건강을 고려하는 것이 중요하다.

3. 주요 개념

위기는 위험과 기회라는 2가지 요소가 혼합되어 있는 특성이 있는데, 위기 상태를 촉발시키는 특성에 따라 개념을 정의하면 다음과 같다(Gilliland & James, 1997 ; 양옥경 외, 2005:365).

1) 상황적 위기

상황적 위기는 위기 상태를 촉발 사건을 중심으로 분류한 결과, 심각한 질병, 외상, 사랑하는 사람과의 사별, 자연재해(지진, 해일, 화산폭발 등)와 인재(홍수, 전쟁, 화재, 건물이나 교량붕괴, 교통사고 등), 폭력범죄(강간, 강도 등) 등과 같이 갑작스럽게 발생하는 외부사건에 의한 위기(situational crisis) 등이 있다.

2) 발달적 위기

발달적 위기는 발달 단계에서의 성숙 과정(청소년기의 진입, 청소년의 정체성 위기, 중년의 위기, 노년의 위기, 결혼, 자녀의 출생, 노화 등 개인의 생애주기에 따른 위기와 가족의 생애주기에 따른 위기를 포함한다.)에서 발생하는 생활사건이나 발달 단계마다 요구되는 발달 과업에 의한 새로운 대처자원이 필요한 성숙 위기(maturational crisis) 등을 들 수 있다.

3) 실존적 위기

상황적 위기와 발달적 위기의 양대 위기 유형 외에 브래머(Brammer)는 실존적 위기를 추가하였다(Gilliland & James, 1997 재인용). 실존적 위기란 목적, 책임, 독립성, 자유, 헌신 등 인간에게 중요한 이슈를 동반하는 내적 갈등이나 불안과 관련된 위기로 이것은 매슬로우(Maslow)의 최상위 욕구인 자기실현 욕구와 관련된 갈등과 위기로 이해할 수도 있다. 예를 들면, 개인의 특정 전문성, 조직에서 중요한 영향을 주지 못한다는 불안, 60대에 인생이 덧없다고 느끼는 허무감과 위기 등이 이에 해당된다.

4. 사회복지실천에서의 적용

1) 초기

초기에서 사회복지사는 위기에 대한 정확한 사정에 대해 초점을 맞추며, 클라이언트가 자살 또는 타살 의도를 가졌는지를 판단하여야 하고, 잠재적으로 그와 같은 의도가 있다고 판단되면 입원을 위해 정신의학자에게 의뢰한다. 입원이 필요하지 않다고 판단될 때 개입활동에 합리적이고 이성적으로 위기 상황에 대처할 수 있도록 원조하여야 한다.

2) 중기

중기 단계에서는 클라이언트의 주요 주제에 대해서 깊이 탐색하고 위기 발생이 개인의 생활 및 환경에 미친 사건 이후의 자료를 조직화하고 단기에 성취할 수 있는 목표를 세우기 위해 과제에 대하여 작업함으로써 행동변화를 이끌어 간다.

3) 종결기

종결기에는 긴장과 불안을 감소시키는데, 성공적이었던 개인의 적응적 대처기제를 강화시키고, 성취하지 못한 것에 대하여 점검하며 미래에 관한 현실적 계획을 세우는 데 도움을 준다. 또한 현재의 경험이 미래의 위기 직면 시 도움이 될 수 있도록 방안을 모색한다.

4) 정신분석 및 단기 심리치료와 차이점

위기개입은 치료 목표, 치료의 초점, 치료자의 주요 활동, 징후, 평균적 치료기간 등에서 정신분석 및 단기 심리치료와는 구분되는 독자성을 지닌 방법론이다.

〈표 9-2〉 정신분석, 단기 심리치료, 위기개입의 비교

구분	정신분석	단기 심리치료	위기개입
치료 목표	성격의 재구조화	구체적 증상 제거	위기 해결
치료 초점	1. 과거 2. 무의식	1. 현재상황과 관련된 과거 2. 무의식의 억제	1. 현재 2. 위기 이전의 기능 수준의 회복
치료자 주요 활동	1. 탐색적 2. 수동적 3. 비지시적	1. 지지적 2. 참여관찰자 3. 간접적(indirect)	1. 지지적 2. 적극적 참여자 3. 직접적(direct)
징후	신경증적 성격 양상	급성으로 와해된 정서적 고통 및 심각한 상황	인생 상황에 대처하는 능력의 급작스러운 상실
평균 치료기간	무한정	1～20회	1～6회

출처 : Aguilera(1998: 23).

5) 위기개입모델 과정

〈표 9-3〉 위기개입모델 : 초기

<table>
<tr><th colspan="2">사회복지사의 활동지침</th></tr>
<tr><td colspan="2">A. 위기상황에 대한 즉각적 초점</td></tr>
<tr><td>1. ‘여기 - 지금’에서 출발한다. 클라이언트를 의뢰하거나 찾아오게 한 사건, 즉 촉발 요인에 초점을 두고, 범위, 관련 인물, 결과, 영향, 시간을 탐색한다.</td><td>클라이언트 자신이 상황에 대해 말함으로써 자신의 상황을 인지하는 것이 중요하다.</td></tr>
<tr><td>2. 사건에 대한 주관적 반응을 이끌어 낸다. 사건과 관련하여 자신 혹은 다른 사람의 역할에 대한 정서적 반응을 알아본다.</td><td rowspan="2">현재 상황에 대한 정서적 반응(울음, 분노, 비난, 죄책감 등)을 표현하도록 돕는다. 이 시점에서는 해석하거나 직면하지 않도록 주의한다.</td></tr>
<tr><td>3. 감정이 누그러짐에 따라 위험사건과 악화된 변화에 대해 알아본다. 이것이 기능하지 않으면, 적어도 언제부터 상황이 나빠지게 되었는지 알아본다.</td></tr>
<tr><td>4. 취약 상태의 성격과 지속기간을 확인한다. 문제를 다루는 능력에서의 변화, 문제에 대처하기 위한 이전의 시도, 원조를 구하려 했던 노력에 대해 알아본다.</td><td rowspan="2">사정을 시작한다. 클라이언트의 불안 수준, 정서 반응의 정도, 감정과 현실 인식의 적절성, 변화 동기, 사고와 감성, 행동, 생리적 능력, 기능 수준, 이전 문제해결 유형, 작업관계에 관여할 수 있는 능력 등</td></tr>
<tr><td>5. 실제 위기 상황에 대해 사정한다.
– 역기능 영역이 전반적인지, 부분적인지, 상황이 고정되어 있는지, 아직도 진행 중인지.</td></tr>
<tr><td colspan="2">B. 현재 처한 곤경에 대한 평가</td></tr>
<tr><td>1. 무슨 일이 일어나고 있는지, 가장 중요한 문제가 무엇인지, 초점을 두어야 하는 부분이 어디인지를 결정하는 진술을 한다.</td><td rowspan="3">개입초점을 일반적·물질적인 지원에 둘지, 개인적·심리사회적인 지원에 둘지 결정한다. 해결하고자 하는 문제를 선정하기가 어려울 경우 문제의 크기를 줄임으로써 희망과 가능성을 갖도록 한다.</td></tr>
<tr><td>2. 클라이언트가 상황을 어떻게 이해하는지, 가장 중요한 문제를 무엇으로 보는지, 가장 먼저 작업하고 싶은 부분이 무엇인지에 대해 묻는다.</td></tr>
<tr><td>3. 클라이언트와 함께 하나의 표적문제를 설정한다. 서로 연관된 2개의 문제를 설정할 수도 있다.</td></tr>
<tr><td colspan="2">C. 앞으로의 활동에 대한 계약</td></tr>
<tr><td>1. 구체적 목표와 과제에 대한 임시동의안을 만든다. 클라이언트, 사회복지사 혹은 다른 사람이 해야 할 일에 관한 작업계획을 세운다.</td><td>위기 상황에서도 자신의 역할을 수행하는 성숙하고, 기능적인 성인으로 클라이언트를 대한다.</td></tr>
</table>

출처 : Golan(1978). *Treatment in crisis situation*, pp. 84–88. 재구성.

〈표 9-4〉 위기개입모델 : 중기

<table>
<tr><th colspan="2">사회복지사의 활동지침</th></tr>
<tr><td colspan="2">A. 자료의 조직화</td></tr>
<tr><td>1. 위험사건 이후의 상황과 관련 자료를 보충한다. 무슨 일이 일어났고, 현재 진행 중인지에 대해 보다 명확하고 일관된 그림을 그린다.</td><td rowspan="2">원조 관계가 형성된 후, 대부분의 클라이언트는 보다 합리적·이성적·협력적으로 변화한다. 따라서 정확하고 세부적인 내용에 초점을 둔다.
이 부분은 개입의 핵심이 될 수 있다. 초기 단계와는 달리 주제에 대해 깊이 탐색하고 해석하며 반복되는 주제에 대해 언급한다.
클라이언트의 정서가 적절한 경우에는 공유하고, 감정은 적절하지만 대상이 적절하지 않은 경우에는 보다 현실적인 방향으로 돌리며, 감정이 적절하지 않은 경우에는 문제를 제기한다.</td></tr>
<tr><td>2. 여러 개의 주요 주제(상실, 자기존중감에 대한 공격) 가운데 선택한다. 주제의 현재와 적절한 경우 과거에 대해 묻는다.</td></tr>
<tr><td colspan="2">B. 행동 변화의 초래</td></tr>
<tr><td>1. 초기 행동계약(C1)으로 돌아가 과거에는 상황에 어떻게 대처했는지, 결과는 어떠했는지, 위기상황을 다루고 균형을 회복하는 데 얼마나 효과적이었는지를 규명한다.</td><td rowspan="2">중기 개입의 주요 영역이다.</td></tr>
<tr><td>2. 단기에 성취할 수 있는 전반적인 과제 영역 혹은 달성할 수 있는 중간 목표를 설정한다.</td></tr>
<tr><td>3. 목표를 달성하기 위한 구체적인 과제에 대해 작업한다. 과제는 행동 지향적이며, 수행의 변화를 가져올 수 있어야 한다.</td><td>숙제를 부여함으로써 클라이언트가 시작하도록 도울 수 있다. 문제를 다루는 모델의 역할을 보여 준다. 클라이언트를 지지하고 격려한다.</td></tr>
<tr><td>4. 과제는 클라이언트가 행동과정 혹은 이를 수행하는 방법을 결정하도록 사고 지향적일 수 있다.</td><td>지시와 활동에 깊이 관여하는 역할로 시작하지만, 클라이언트가 자율성을 회복함에 따라 소극적 역할을 수행한다.</td></tr>
</table>

출처 : Golan(1978). *Treatment in crisis situation*, pp. 88–91. 재구성.

〈표 9-5〉 위기개입모델 : 종결기

사회복지사의 활동지침	
A. 종결 결정	
1. 계약에 따른 남은 시간 혹은 남은 회기에 대해 상기시킨다.	
2. 계약을 맺지 않았다면, 종결 가능성을 가지고 회기의 공백을 둘 것을 제안한다.	
3. 종결에 대한 클라이언트와 사회복지사 자신의 저항을 다룬다.	종결 반응은 3가지로, 계약이 종료됨에 따라 종결을 원하는 경우 종결에 대한 방어로서 지속적 개입을 원하는 경우, 지속적 개입이 적절하며 이를 원하는 경우가 있다. 클라이언트의 현재 기능 수준에 따라 결정한다.
B. 진보에 대한 점검	
1. 최종 혹은 최종 이전 회기에서 첫 대면부터의 진보에 대해 요약할 것을 제안한다.	
2. 주요 주제인 정서적 이슈와 진보를 점검한다.	
3. 성취한 과제, 목표, 변화와 이루지 못한 일을 점검한다.	
C. 앞으로의 활동계획	
1. 현재 상태와 장래에 대한 클라이언트의 계획을 논의한다.	
2. 문을 닫지만 조금은 열어 둔다.	클라이언트의 독립을 강조하는 한편, 필요한 경우 언제든지 찾아올 수 있도록 한다.

출처 : Golan(1978). *Treatment in crisis situation*, pp. 91–94. 재구성.

제4절 과제중심모델

1. 개요

과제중심모델은 1970년 초 시카고 대학의 리드와 엡스타인(Reid & Epstein)에 의하여 개발된 모델이다. 이것은 특정 심리사회적 문제를 가진 개인이나 가족을 도우려고 계획된 단기 형태 혹은 시간제한적 형태이다. 즉, 기존의 장기적인 치료가 안고 있는 비용의 문제, 중도 포기의 문제, 사회복지사의 업무 부담 등으로 인하여 단기치료에 대한 관심이 고조되면서 보다 집중적인 구조화된 개입 형태를 바라는 경향에서 나온 결과이다. 일반적으로 서비스는 2~3개월의 기간 내에 8~12회 정도까지 제공된다. 사회복지사는 클라이언트와 협력해서 발전시켜야 할 클라이언트의 문제에 관한 과제 또는 문제해결 활동을 조직하게 되며, 클라이언트가 이러한 과제를 수행하도록 돕는 데 그의 노력을 집중하면서 통찰력을 키우고 강화하기에 이르기까지 절충적 중재를 활용한다.

과제중심모델은 단기치료에서 사용하는 많은 방법, 즉 시간제한, 제한된 목표, 초점화된 면접과 현재에의 집중, 활동과 지시, 신속한 초기사정 그리고 치료의 융통성 등을 이용하고 있다.

과제중심모델의 특징은, ① 시간제한적인 단기개입이며, ② 클라이언트와 사회복지사가 계약한 구체적인 문제해결에 개입의 초점을 두는 구조화된 접근이고, ③ 클라이언트의 문제해결 활동은 그가 수행에 동의한 과제를 중심으로 조직되며, ④ 이론보다는 조사에 근거한 경험적 자료를 중심으로 진행된다는 것이다.

과제중심모델은 대인 간의 문제, 개인 내적인 문제, 개인과 환경 간의 문제를 효과적으로 경감할 수 있는 절충적 실천의 틀(frame-work)로서 하나의 이론적 정향에 기초하기보다는 여러 이론을 절충하여 사용할 수 있는 틀을 제시하였다.

2. 이론적 배경

과제중심모델은 1960년대에 본격적으로 시작된 단기치료의 영향을 받아 생성된 모델이다. 단기치료는 그동안의 심리치료에서 장기간을 필요로 했던 정신분석이나 정신역동적 치료 방법에서 벗어나 현재의 갈등에 초점을 맞추어 단기간 동안 개입하는 방식으로 전환하게 하였다.

단기치료의 전환 요인은, ① 장기치료가 반드시 단기치료보다 우세하지 않다는 점이고, ② 사람은 과거의 상처를 되풀이하지 않고 갈등해소와 현재의 문제해결에 집중할 수 있는 능력을 갖고 있다는 가정이다.

과제중심모델은 단기 심리사회적 접근의 테크닉을 이용하여 클라이언트가 자신의 문제를 완화하기 위한 과제나 활동을 고안하고 수행하되 시간에 제한을 두는 구조를 이용하는 것이 특징이다. 이 모델에서는 헬렌 펄만의 문제해결 과정과 엘리엇 스텃(Elliot Studt)의 서비스 초점을 클라이언트의 과제에 둔다는 생각이 특히 유용하게 받아들여졌다.

이 외에도 경험에 기초한 지식을 일반화하고 있다. 예를 들면, 과제중심모델이 창안되기 이전까지의 심리치료나 사회사업상담에서 발견된 사실, 즉 단기의 시간제한적 치료를 받은 사람이 장기치료를 받은 사람과 효과 면에서 별 차이가 없었다든가, 의도된 기관과 상관없이 비교적 짧은 시간 안에 효과를 볼 수 있었다든가 하는 발견이 모델의 밑받침이 되었다.

또 다른 특성은 과제중심모델의 가치 전제와 관련된 것인데 이 모델은 클라이언트의 자기결정권을 존중한다. 이 모델을 사용하는 사회복지사는 자신이 클라이언트의 문제에 대한 최선의 해결책을 알고 있다고 가정하지 않는다. 오히려 클라이언트가 자기 문제라고 인정하고, 함께 해결하고자 지적한 문제에 제한하여 접근한다.

과제중심모델의 특징은 다음과 같다.

① 시간제한이 적은 단기치료로서, 주 1~2회 면접을 6~12회 정도로 구성하여 대개 4개월 이내에 사례를 종료한다는 특징을 가지고 있다.
② 클라이언트와 사회복지사가 표면적으로 계약한 구체적 문제의 해결에 초점을 둔다.
③ 클라이언트의 문제해결 활동을 수행하기로 동의한 과제를 중심으로 단계별로 각자의 과업이 구체화되고, 구조화된 접근으로 사회복지사는 클라이언트가 과제를 수행할 수 있게 원조한다.
④ 조사에 근거한 경험적 자료에 의존하여 직접적인 치료기법을 제공해 주기보다 클라이언트 스스로 실행 가능한 과제로 대치하고 과제를 수행할 수 있도록 인도한다.
⑤ 사회복지사의 역할은 제한된 기간 내에 가능한 한 건설적으로 자신의 문제를 완화시킬 수 있는 활동을 할 수 있도록 원조하는 것이다.
⑥ 기본적인 가치 전제는 클라이언트의 자기결정의 원리이다.
⑦ 개입의 책무성을 강조한다.

3. 주요 개념과 실천 개입

1) 주요 개념

(1) 과제

과제는 클라이언트와 사회복지사 간의 동의에 의해 계획되는 특정 유형의 문제해결 활동이며, 면접 안에서만이 아니라 면접 밖에서도 행해지는 행동이다. 클라이언트 과제는 표적문제를 감소시키기 위해 클라이언트가 수행하는 활동이며, 클라이언트 자신의 환경 내에서 자신의 행동을 동기화하는 데 초점을 가진다. 사회복지사의 과제는 같은 문제를 감소시키기 위해 면접을 진행하는 동안 클라이언트의 입장에서 사회복지사로서 수행하는 활동을 말하며, 나아가 클라이언트의 환경적 변화에 영향을 미치는 수단까지 포함한다.

① 과제계획

과제계획은 표적문제의 선정, 표적문제의 상황, 계약의 내용을 포함한다. 먼저 클라이언트의 문제가 어느 영역에 속하는 것인지를 안 후, 개입대상이 될 표적문제를 선정한다. 문제가 되는 상황으로는 인간관계, 역할수행, 사회적 환경 등의 특성이 있다. 이후 클라이언트와 사회복지사 간에는 개입에 대해 동의한다는 계약을 수립하고 활동의 성격과 개입계획을 세운다.

② 과제의 기본 유형

과제는 일반적 과제와 조작적 과제로 분류된다. 일반적 과제는 항상 클라이언트의 목표를 내포한다. 그러므로 무엇을 해야 하는지에 대한 정확한 언급보다는 행동의 방향(예 : 적응훈련센터에 등록해야 한다, 센터 근처에 생활터전을 마련하고 거기에서 생활해야 한다 등)을 제시한다. 이에 비해 조작적 과제는 클라이언트가 수행해야 하는 구체적인 활동(예 : 센터 방문하기, 심리검사에 대한 약속 정하기, 적응 훈련센터 지원서 제출하기 등)을 말한다. 과제수행에서는 구체적인 세부 사항(무엇을, 언제, 누구와, 어떤 조건에서, 어떤 조건에서, 어떻게 해야 하는가 등)에 대해 클라이언트와 사회복지사 간에 합의가 이루어져야 한다.

2) 실천과정

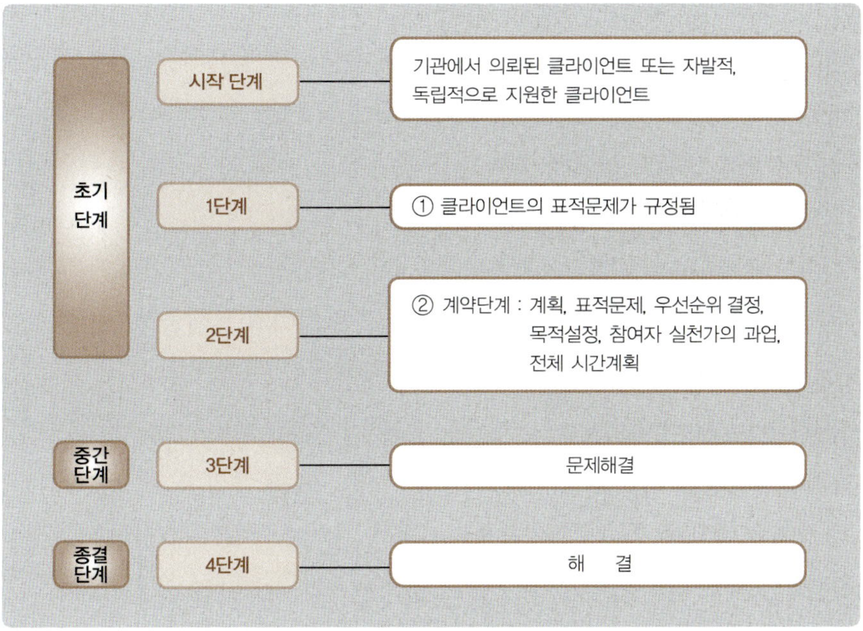

[그림 9-1] 과업중심모델

과업중심모델은 시간제한적인 단기치료로서 진행 과정에서의 계획성을 중시한다. 일반적으로 주 1~2회 면접을 6~12회 정도로 구성하여 대개 4개월 이내에 사례를 종료하게 된다. 이 기간 동안 클라이언트가 가장 중요하다고 생각하는 표적문제 중 2~3가지의 문제만을 선택하여 집중적인 노력을 기울이게 된다.

과업중심모델의 전체 개입 과정은 크게 3단계인 초기 단계, 중기 단계, 종결 단계로 나누어 볼 수 있다.

(1) 초기 단계 : 문제 확인과 계약

면접에서는 표적문제와 그들의 사회적 상황을 세밀하게 조사하고 문제에 영향을 미치는 클라이언트의 특성을 인식하는 데 주력하며 탐색과 사정이 동시에 이루어지게 한다. 표적문제는 클라이언트 자신의 표현을 중심으로 하여 클라이언트가 진술하고 인식한 문제에 주로 초점을 맞춘다. 사회복지사와 클라이언트의 합의에 의한 계약에는 우선순위가 되는 주요 문제(최대 3가지), 구체적 목표, 클라이언트의 과제, 사회복지사의 과제, 개입 스케줄, 면접 스케줄, 개입자의 지속기간, 참여자, 면접장소 등의 주제를 다루어 초기 과제계획을 세운다.

(2) 중간 단계 : 수행

과제중심모델에서는 중간 단계가 과제 수행을 통해 문제가 감소되고 해결되는 과정이므로 매우 중요하다. 전체를 8회로 계획한 개입계획에서 2~7회에 해당된다.

① 수행 단계에서의 사정

초기 단계에서의 사정을 정교화하는 과정으로 기초선 설정, 사회적 맥락에 대한 사정, 인지·정서적 상황에 대한 사정이 이루어진다. 기초선 설정은 문제 상황을 세밀히 이해하고 관련된 개입방법을 설계하는 데 필요하다. 사회적 맥락은 클라이언트의 물리적 환경, 사회적 관계망, 사회·경제적 조건, 문화, 지역사회 등을 말하며, 클라이언트의 문제는 이러한 사회적 맥락에 연관되어 있다. 인지·정서적 상황의 사정은 심리검사 등이 유용하며, 클라이언트의 성격, 대인관계 양상, 생활방식, 문제해결 등이 문제에 어떤 영향을 미치는지, 잠재력과 한계는 어떠한지를 이해하도록 돕는다.

② 문제해결 과정

사회복지사와 클라이언트가 결정한 과제를 수행해 나가는 과정에서 문제가 해결되거나 감소된다. 문제의 초점화를 통해 문제에 대한 집중을 꾀하며 과제수행계획을 세운다. 과제수행에 방해가 되는 장해물에 대한 사정과 재검토를 통해 장애물을 경감시키기 위한 기술의 향상, 다른 사람으로부터 협력과 지원, 자원의 발굴 등을 위해 노력해야 한다. 또한 두려움, 의심, 지식 부족, 부정적 신념의 상담 등 인지적인 방해 요건의 완화도 고려해야 한다. 과제계획은 가능한 과제의 제시, 동기 형성, 과제이행의 계획, 예견되는 장애물의 규명과 해결, 모의실험 및 예행연습, 과제 동의, 과제계획의 요약, 과제의 이행을 포함하여 수행된다.

(3) 종결 단계

표적문제의 목표 달성 정도와 전체 문제 상황을 검토하여, 목표를 달성하고 표적문제를 해결했을 때는 개입을 종결한다. 최종 면접에서 과제에 대해 전체적으로 돌아보고 미래의 문제해결을 위한 능력이 획득되었음을 확인하고 용기를 북돋아 주어야 한다. 개입의 연장이 필요한 경우 계약을 연장하거나 사후 지도를 할 수도 있다.

3) 사회복지사의 역할

과제중심모델은 클라이언트와의 명확한 동의를 근거로 구체적인 특정 문제를 다루며 사회복지사와 클라이언트는 문제해결 행동의 과정에서 과제를 정한다. 대부분 사회복지사의 역할은 클라이언트가 과제를 발견하며 달성하도록 돕는 것이다. 여기서 과제란 클라이언트가 관심을 가지고 있는 것으로서, 클라이언트가 명확히 인식하고 있는 문제에 초점을 맞추는 것이다. 따라서 사회복지사와 클라이언트와의 관계는 보호가 아닌 협조적인 관계이다. 즉, 사회복지사는 개입 과정에서 기본적인 가치 전제인 클라이언트의 자기결정 원리를 존중하고 클라이언트가 동의한 과제 및 해결방법을 사용해야 한다. 나아가서 사회복지사는 직접적인 치료기법을 제공해 주기보다는 클라이언트가 스스로 실행 가능한 과제로 대처하고 과제를 수행할 수 있도록 인도한다.

과제중심모델은 효과성 위주의 경험적인 연구에서 지지되는 방법과 이론을 선호한다. 사회복지사는 클라이언트의 문제와 행동에 대한 추리적 이론화는 피하며, 사례를 다룰 때 사정에서부터 구체적인 문제행동에 초점을 갖는다. 따라서 사회복지사는 사례에 대해 평가할 때도 세운 과제가 문제해결에 어떻게 도움을 유도했는지를 고려하면서 개입 과정에 따른 자료를 체계적으로 수집할 필요가 있다. 이러한 성과에 대한 자료수집 및 분석은 이후 지속적인 프로그램 개발에 유용하다.

4. 평가

과업중심모델은 간결성과 단기 접근법이라는 특성으로 인해 그동안 부부 갈등, 청소년 비행, 학교 부적응, 재가노인 문제 등 사회복지의 다양한 실천현장에서 다양한 사람에게 적용됨으로써 효과성과 효율성이 인정되었다. 사회복지서비스에 대한 효과성의 강조가 요구되는 시점에서 이 모델은 유력한 실천모델이 되며 비용 효율성에서도 유용하다. 또한 과제의 선택이나 이행 과정에서 클라이언트의 자기결정을 중시하고 성취될 수 있는 과제를 선택함으로써 성공 확률과 자신감을 증진시키는 치료 효과를 기대할 수 있다.

한편 이러한 과업중심모델의 특징으로 인한 강점은 한계점으로도 작용할 수 있다. 우선과제로 선정된 문제는 단기에 접근 가능하지만, 가장 어렵고 근본적인 문제는 확인하거나 해결하기 쉽지 않다. 예를 들어, 과업 중심적 접근은 정치적·사회적 차원을 쉽게 놓칠 수 있다. 특히 문제가 빈곤, 실업, 불량주택과 같은 사회적 원인에 기인할 때 이들 문제는 단기에 해결되기 어려우며, 사회적·정치적 변화 없이는 극복되기가 어렵다. 또한 적용 대상에 있어서 클라이언트와의 협력관계에 근거하는 이 모델은 과제를 부과하는 방식에 대한 협력에 준비되어 있지 않거나 이를 꺼려하는 비자발적인 클라이언트와 함께 일할 때는 쉽게 이용될 수 없다. 나아가 일부 사람은 그들이 직면한 문제에 압도되어 있으며, 이 접근에 헌신적으로 참여할 만한 정서적 에너지를 갖고 있지 않다. 그러므로 이 접근은 서비스 이용자의 입장에 보면 상당한 노력을 요하게 된다.

제5절 인지행동모델

1. 개요

인지행동모델은 인간이 생각하고(사고), 판단·추리하며, 정보를 처리하는 과정인 인지과정의 개념과 함께 행동주의이론과 사회학습이론의 여러 개념을 통합하여 적용한 이론이다. 여기서 말하는 인지이론(cognitive theory)은 아들러(Adler)의 개별심리학, 엘리스(Ellis)의 이성 및 감성 정신치료, 워너(Werner)의 이성적 개별사회사업, 글래서(Glasser)의 현실치료 등의 사고체계를 포함하는 통합적 범주이다. 여기에다 과제 내주기, 강화, 보상, 반복, 행동 기술의 교육 및 습득원조 등의 행동주의적 요소가 결합된 것을 인지·행동주의적 접근이라 한다. 주요 학자로는 벡(Beck), 엘리스, 메이크바움(Meichbaum) 등이 접근에 기여하였다

인지행동모델은 인지이론과 행동주의 모델이 결합된 모델이다. 인지행동모델에 입각한 치료 과정은 문제를 일으키는 잘못된 가정과 사고의 유형을 확인·점검하고, 재평가하여 수정하도록 격려하고 원조한다. 이 접근에 포함되는 치료적 하위 접근에는 행동치료, 인지치료, 합리정서치료, 현실치료, 인지행동치료가 있다.

엘리스에 의하면, 어떤 사람의 믿음, 생각, 자신에게 하는 말 등이 이성적이고 합리적일 경우에는 어떤 현상에 대해 순기능적인 감정이나 반응을 보이게 되나, 반대로 믿음, 생각, 자신에게 하는 말 등이 혼란스럽거나 비이성적일 경우에는 역기능적인 감정, 정서 및 행동을 표출하게 된다고 보았다.

인지행동모델은 개인과 환경 모두에 초점을 두면서 문제에 접근할 수 있는 이론적 틀을 제시한다. 즉, 인지행동모델은 개인과 환경 사이의 상호적 영향이 대개 정보의 교환을 통해 발생한다고 보고 있다. 개인이 환경으로부터 방출되는 정보 신호를 전혀 알아차리지 못하거나 그것을 잘못 해석한다면, 그 개인은 사회환경 가운데서 맞게 되는 각종 문제에 잘 대처할 수 없다고 한다.

1960년 이후 다양한 인지행동모델이 등장하였으며 인지행동주의모델은 다음과 같은 기본적인 가정을 공유한다.

첫째, 인지활동은 행동에 영향을 미친다.
둘째, 인지활동은 모니터링되고 변경될 수 있다.
셋째, 바람직한 행동변화는 인지 변화를 통해 영향을 받는다.

대부분 인지행동모델은 문제에 초점을 둔 시간제한적인 접근으로, 클라이언트가 자신의 사고와 행동을 통제하기 위한 대처기제를 학습하는 교육적 접근을 강조한다. 또한 인지변화는 감정의 변화로 쉽게 이어지지만 인지변화가 자동적으로 행동변화를 수반하는 것이 아니므로, 인지변화를 행동변화로 이끌기 위해서는 다양한 행동주의 기술과 기법을 적극적으로 활용한다.

2. 이론적 배경

인지행동모델에서는 '무엇을 어떻게 생각하는가?'가 정서적 반응과 행동에 영향을 미친다고 본다. 그러므로 문제행동과 개인적인 디스트레스(distress)는 비합리적이고 경직된 사고와 비현실적이고 근거 없는 신념에 기초한다. 인지행동모델에서 인간은 내적 심리세력에 의해서만 영향을 받는 존재도 아니며, 환경적 영향에 의해서만 행동하는 것도 아닌 개인적·환경적 조건은 개인의 행동을 조성하고, 개인적 조건은 다시 환경조건을 형성한다는 상호 결정론적인 입장을 취한다.

벡은 인간의 기분을 상하게 하는 데 있어서 중심적인 역할을 하는 것은 어떤 사건 자체이기보다는 사건에 대해 개인이 갖고 있는 생각 또는 오해로 보았고, 아들러는 인간이 각기 다른 행동을 하게 되는 것은 성공적인 삶이 무엇인가에 대해 개인이 갖고 있는 생각과 그 성공을 이루기 위해 개인이 수립한 목적이 다르기 때문이라고 보았다.

엘리스는 비논리적이거나 비이성적인 혹은 경직된 사고가 혼란스럽거나 뒤틀린 감정 및 행동을 유발한다고 주장하였다. 엘리스에 따르면, 생각은 '자술언어'(self-verbalization), '자기 자신에게 하는 말'(self-talk) 혹은 '내면화된 문장'(internalized sentences)이다.

따라서 엘리스는 클라이언트가 갖고 있는 자기 파괴적인 내면화된 문장을 보다 이성적이고 현실적인 것으로 전환시킴으로써 행동의 변화가 가능할 것이라고 보았다.

라자러스(Lazarus)는 인간의 행동은 자신이 갖고 있는 자기 자신과 타인에 대한 이미지에 의해 지배된다고 가정하였다. 라자러스의 입장에 따르면, 잘못된 지레짐작이나 비합리적인 인지 등은 우리의 일상생활을 명백히 해치고 있기 때문에, 이러한 잘못된 생각은 사실에 바탕을 둔 현실적이고 합리적이며 이성적인 생각으로 대체되어야 한다고 주장했다.

인지행동모델에 많은 영향을 준 연구는 엘리스의 합리적 정서치료(rational-emotive therapy), 벡의 인지치료(cognitive therapy), 캔퍼(Kanfer)의 자기규제(self-resulation), 반두라(Bandura)의 자기 효능감(self-efficacy) 등이다.

3. 주요 개념과 실천 개입

1) 행동주의이론에서의 주요 개념

(1) 강화와 처벌

긍정적 강화란 보상(사회적 보상 : 칭찬, 인정; 도구적 보상 : 선물, 사탕, 토큰)을 의미하는데, 행동의 결과에 보상이 주어지면 행동은 이후에 증가한다. 반면, 어떤 행동의 결과가 불·유쾌한 자극을 경감시켜 주면, 그 행동은 강화되므로 그것을 부정적인 강화라고 한다.

긍정적인 처벌이란 어떤 행동의 결과가 싫어하는 어떤 것, 즉 처벌로 이어지면 이로 인해 그 행동이 줄어드는 결과가 되는 경우를 말한다. 그 결과가 행동의 감소이기 때문에 그 조작은 처벌이다. 부정적인 처벌은 어떤 유쾌한 것을 제거하는 것을 포함하며, 그 결과로 그 행동이 미래에 나타날 가능성이 줄어든다. 예를 들면, 벌금 부과와 같은 것으로 조작된다.

(2) 소거

조작적 소거는 강화를 통하여 유지되는 행동과 함께 일어날 수 있다. 강화물이 중단되면 행동이 일시적으로 강화될 수는 있으나, 이어서 줄어들 것이며 궁극적으로는 완전히 소멸된다.

(3) 강화스케줄

표적행동의 지속을 위한 강화스케줄은 강화의 간격과 비율에 따라 지속적 강화(고정간격스케줄, 고정비율스케줄)와 간헐적 강화(가변간격스케줄, 가변비율스케줄)로 세분화된다. 흥미로운 점은 간헐적으로 강화가 이루어진 행동이 지속적인 강화스케줄에 의한 행동보다 유지율이 높아 잘 소거되지 않는다는 것이다.

2) 인지이론에서의 주요 개념

(1) 비합리적 신념(엘리스)

사람이 가지고 있는 11가지 비합리적 신념은 다음과 같다.

- 나는 내가 만나는 모든 사람에게 사랑이나 인정을 받아야 한다고 생각한다.
- 나는 완벽할 정도로 유능하고 합리적이며 가치 있고 성공한 사람으로 인식되어야 한다.
- 어떤 사람은 나쁘고 사악하고 악랄하기 때문에 비난과 벌을 받아야 한다.
- 내가 원하는 대로 일이 되지 않는 것은 내 인생에서 큰 실패를 의미한다.
- 불행은 내가 통제할 수 없는 상황에 의해 발생한다.
- 위험하거나 두려운 일이 내게 일어나 큰 해를 끼칠 것이 항상 걱정된다.
- 어떤 난관이나 책임은 부딪혀 해결하려 하기보다는 피하는 것이 더 쉽다.
- 나는 다른 사람에게 어느 정도는 의존해야 하며 나를 돌봐 줄 사람이 주위에 있어야 한다.
- 과거의 영향은 결코 사라지지 않고, 과거의 경험과 사건은 현재 나의 행동을 결정한다.
- 나는 다른 사람의 문제나 고통을 나 자신의 일처럼 아파해야 한다.
- 모든 문제에는 완벽한 해결책이 있으므로 그 해결책을 찾아야 한다. 그렇지 않으면 결국 큰 혼란이 생길 것이다.

(2) 자동적 사고

한 개인이 어떤 상황에 대해 내리는 즉각적이고, 자발적인 평가로 심사숙고하거나 합리적으로 판단한 결과가 아니며, 자동적으로 튀어나오는 스쳐 가는 생각을 의미한다.

(3) 스키마(schema)

사건에 대한 한 개인의 지각과 반응을 형성하는 인지 구조로 대개 이전의 경험에 의해 형성된다. 스키마는 한 개인에게 적응적인 기능과 부적응적인 기능을 할 수 있다.

(4) 인지적 오류

추론 과정에서의 체계적 오류로 임의적 추론(어떤 결론을 지지하는 증거가 없거나 위배되는데도 그러한 결론을 내림), 선택적 요약(사소한 부분에 초점을 맞추고, 그 부분적인 것에 근거하여 전체 경험을 이해함), 과잉일반화, 확대와 축소, 개인화(외부 사건이 자신과 관련이 없음에도 불구하고 자신과 연관시킴), 절대적, 이분법적 사고 등을 일컫는다.

3) 실천 과정 : 엘리스의 ABCDE모델의 과정과 기법

엘리스의 ABCDE모델은 4단계를 거치면서 클라이언트에게 A-B-C 관계를 설명하고, 비합리적인 생각 B(belief)를 논박 D(dispute)를 통해 재구조화 E(effect)하도록 돕는 과정으로 구성된다. 이 모형에서 A(activating Event)는 사건, 상황, 행동 또는 개인의 태도이며, C(consequence)는 각 개인의 반응이나 정서적 결과이다. 그림에서 제시하듯 이 모델은 사건 A가 결과로서 정서 상태 C를 일으키는 원인이 아니라 사건 A에 대한 개인의 신념체계인 B가 C를 유발하는 주요 원인이라고 보는 것이다. 따라서 B지점이 가장 중요한 부분으로 간주된다. 사회복지사는 개인이 가지고 있는 비합리적인 신념체계를 발견하여 이를 철저히 논박함으로써(D), 합리적인 신념체계를 바꾸어 주도록 시도한다. 그리하여 부당한 죄책감, 불안, 적개심과 같은 부정적 정서와 자기 파괴적인 행동을 감소하거나 제거(E)하게 하는 것이다.

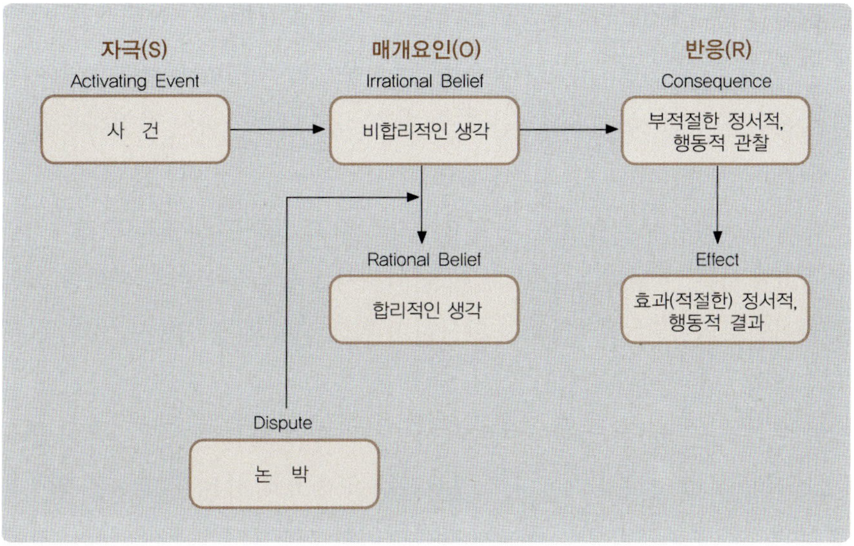

[그림 9-2] ABCDE모델

예컨대 P라는 이혼자가 우울증을 경험하고 있다면 이혼은 우울증을 경험하게 하는 원인이 아니라 배우자를 잃은 사실에 대한 P의 믿음이나 사고가 우울을 초래한다고 보는 것이다. 그리하여 P 자신의 정서반응이나 장애를 일으키는 비합리적인 생각을 어떻게 바꾸는지 그 방법을 클라이언트에게 제시하는 것이 모형의 핵심이다. 이 방법은 바로 D로 표현되는 논박으로서, 엘리스는 성공적인 면접은 비합리적 사고를 계속적으로 논박하여 어느 정도 재교육에 성공하느냐에 의해 좌우된다고 강조하고 있다. 일단 논박이 성공을 하면, 효과(E)로서 클라이언트의 적절한 정서와 적응적 행동이 드러난다.

4) 사회복지사의 역할

인지행동모델의 목표는 클라이언트가 자기 자신, 다른 사람 그리고 삶에 대해 정확하고 객관적인 평가를 함으로써 보다 건설적이고 대체적인 인지를 발견하거나 만들어 낼 수 있게 도와주는 것이다. 치료의 과정에서 사회복지사는 클라이언트로 하여금 합리적인 철학을 내면화시킬 수 있는 의식적이고 목적 지향적인 노력을 꾀한다. 사회복지사의 구체적인 역할은 문제에 직면한 클라이언트에게 자신의 잘못된 가정과 사고의 유형을 확인, 점검하고 재평가하여 수정하도록 격려하고 원조하는 것이다.

개입의 과정에서 주의할 점은 사회복지사가 갖고 있는 가치체계를 클라이언트에게 강요해서는 안 된다는 것이다. 이를 위해서는 클라이언트의 문화를 이해하여 클라이언트의 생각이 적절한지 판단하기 위해 생활의 장, 영향을 미치는 주요 타인에 대한 생각 등을 고려한다.

또한 원조 과정에서는 클라이언트와 사회복지사의 진정한 협력 관계가 중요하다. 합리적 사고를 찾아 나가는 과정에서 도움을 필요로 하는 문제나 목적에 도달하기 위한 계획의 수립은 사회복지사와 클라이언트의 합의를 통해 이루어져야 한다. 이러한 과정에서 클라이언트는 자신감과 자아 존중감을 갖게 되며, 문제 상황에 접근하는 새로운 방법을 배우게 된다. 이처럼 새로운 시각에서 삶의 도전을 맞이할 준비를 하는 것이 치료의 목적이다.

4. 평가

사회복지실천현장에서 인지행동모델의 장점은 다음과 같다.

첫째, 간단하고 널리 적응될 수 있으며, 잘 구조화되어 있어 비교적 학습하기 쉽다. 인지행동모델은 사회복지사가 즉시 실천에 옮길 수 있도록 개입 전략에 대한 분명한 시사점과 안내지침을 제공한다. 앞에서 살펴본 엘리스의 모형에서도 알 수 있듯이 치료방법을 뒷받침하고 있는 기본 원칙이 쉽게 정의되어 있어 클라이언트, 치료자, 연구자 사이에 의사소통이 용이하다.

둘째, 인지행동모델은 구체적인 문제해결에 대한 효과성이 매우 성공적으로 입증된 것으로 나타났다. 많은 연구조사를 통해서 인간관계, 삶 전반에 대한 비현실적인 기대, 우울증, 사회적 부적응 등에 대해 인지행동모델이 치료적 효과가 드러났다고 보고하고 있다. 인지적 접근법과 행동주의 접근법이 통합된 인지행동모델은 각 접근이 갖는 강점을 통해 문제에 효과적으로 대응하도록 함으로써 사회복지실천현장에서 더욱 확대되어 가고 있다.

한편, 인지행동모델은 클라이언트에 대한 기대가 비교적 높고, 프로그램에 대한 그들의 헌신을 요구한다. 즉, 클라이언트가 자신의 인지구조를 파악하고 행동수정을 이루는 과정에서 분석력과 집중력을 요구한다. 따라서 언어구사 능력이나 최소한의 내적 통찰 능력을 갖추지 못한 대상에 대해서는 이 모델을 사용하는데 한계가 있으며, 변화가 지속되지 않으면 개입 효과성이 없을 수도 있다.

또한 현재에만 집중하기 때문에 과거에 발생한 상처, 억압된 분노를 과소평가하며, 문제의 원인을 바람직하지 못한 사회·환경적인 측면으로 보아 사회의 구조적인 문제를 도외시하는 경향이 있다.

참/고/문/헌

강동인 (2002). 재가장애인복지서비스 향상을 위한 사례관리모델의 연구. 동아대학교 정책과학대학원 석사학위논문.

강재륜 (1996). 윤리학의 역사. 서울: 대왕사.

권진숙·박지영 (2008). 사례관리의 이론과 실제. 서울: 학지사.

길귀숙·강희숙·이재호·천덕희·김상곤·오영훈·현영렬·임승희 (2010). 사회복지실천론. 경기: 양서원.

김경미·윤재영 (2010). 강점관점과 지역사회네트워크를 기반으로 하는 통합적 사례관리 실천방법의 구조화, 28.

김기석 역 (1987). 사례관리. 경기: 하나의학사.

김기태·김수환·김영호·박지영 (2002). 사회복지실천론. 경기: 양서원.

_______ (2005). 사회복지실천론. 경기: 양서원.

_______ (2007). 사회복지실천론. 경기: 공동체.

김기태 (1998). 위기개입론. 서울: 대왕사.

김만두·안혜경 (1993). 현대사회복지개론. 홍익재.

김만두 역 (1992). 케이스워크 관계론. 홍익재.

김봉순·김향선·김현호·박영국·오정옥·이기량·이남순·이연복·이채식 (2010). 사회복지실천론. 서울: 창지사.

김상균·오정수·유채영 (2003). 사회복지 윤리와 철학. 경기: 나남출판.

김성옥 (2004). 사회복지 윤리와 철학. 서울: 청목출판사.

김욱 (2005). 사례관리와 사회복지실천에 관한 연구: 노인을 위한 서비스를 중심으로. 사회과학총론, 8. 경기대학교 사회과학연구소.

김융일·조흥식·김연옥 (1995). 사회사업실천론. 경기: 나남출판.

_______ (2005). 사회복지실천론. 경기: 나남출판.

김익균 (2006). 사회복지실천론. 경기: 교문사.

김인숙·김용석 역 (2002). 사회복지실천기술연습. 경기: 나남출판.

김정진 (2002). 기독사상과 사회복지실천이념에 관한 연구. 기독교와 인간복지. 나사렛대학교 출판사.

김통원 (1994). 만성장애인을 위한 사례관리 서비스. 사회과학, 33(2), 135. 성균관대학교 사회과학연구소.

김혜란·홍선미·공계순 (2001). 사회복지실천기술론. 경기: 나남출판.

민소영 (2012). 사회복지사가 경험한 강점관점 사례관리 실천: 영유아 빈곤가정을 대상으로. 사회복지연구, 43(1).

박선영 (2011). 강점관점 사회복지실천모델에 대한 시론적 연구. 사회과학논총, 30(1).

백은령 외 (2006). 사회복지실천론. 서울: 대왕사.

사회복지교육연구센터 (2019). 1급 사회복지사 기본서 사회복지실천론. 서울: 나눔의집.

사회복지사 1급 시험연구회 (2003). 사회복지실천론. 서울: 나눔의집.

사회복지사 기본서 (2014). 사회복지실천론. 서울: 나눔의집.

생각의마을 (2018). 사회복지사 1급 수험서: 사회복지실천론. 경기: 공동체.

서진환·이선혜·정수경 역 (2001). 현대 사회복지실천이론. 경기: 나남출판.

소흥렬 (1985). 윤리와 사회. 서울: 이화여자대학교 출판부.

신성자 외 (2000). 사회복지실천론. 서울: 고헌출판부.

양옥경 (1996). 지역사회정신건강. 경기: 나남출판.

양옥경·김정진·서미경·김미옥·김소희 (2000). 사회복지실천론. 경기: 나남출판.

________ (2003). 사회복지실천론. 경기: 나남출판.

________ (2005). 사회복지실천론. 경기: 나남출판.

양정남·최선령 (2003). 사회복지실천론. 경기: 양서원.

________ (2007). 사회복지실천론. 경기: 양서원.

엄명용·김성천·오혜경·윤혜미 (2000). 사회복지실천의 이해. 서울: 학지사.

________ (2005). 사회복지실천의 이해. 서울: 학지사.

________ (2006). 사회복지실천의 이해. 서울: 학지사.

________ (2007). 사회복지실천의 이해. 서울: 학지사.

이근호 (1996). 한국제가노인의 사례관리 실천모형에 관한 연구. 중앙대학교 대학원 박사학위논문.

이근홍 (1998). 케이스 매니지먼트. 대학출판사.

이상균·박현선 (2002). 사회복지 면접의 길잡이. 서울: 나눔의집.

이영분 외 (2001). 사회복지실천론. 서울: 동인.

이원숙 (2008). 사회복지실천론. 서울: 학지사.

이윤로 (2008). 최신 사회복지실천론. 서울: 학지사.

이종복·전남련 (2008). 사회복지실천론. 경기: 학현사.

이종복·전남련·김덕일 (2006). 사회복지실천론. 경기: 학현사.

이주헌 (2004). 재가노인을 위한 사례관리 유형개발과 그 효과성 검증에 관한 연구. 성균관대학교 사회복지대학원 석사학위논문.

이준우·이화옥·임원선 (2006). 사회복지실천론. 서울: 인간과 복지.

이팔환 역 (1999). 사회복지실천이론의 토대. 서울: 나눔의집.

일각 퍼시픽북스 학술편찬국 (2011). 사회복지실천기술론. 서울: 일각.

임상록·구승신·권향임·박주현·손경숙·윤영미·이명순·정옥희 (2009). 사회복지실천의 이해. 서울: 파란마음.

임은희 (2004). 사회복지실천론. 서울: 학지사.

장인협 (1980). 사회사업실천방법론(상). 서울: 서울대학교 출판부.

______ (1980). 사회사업실천방법론(하). 서울: 서울대학교 출판부.

장인협 (1995). 지방화시대의 지역복지실천방법론 – 케어/케이스관리. 서울: 서울대학교 출판부.

장인협 (1999). 사회복지실천방법론. 서울: 서울대학교 출판부.

장인협 외 (1999). 사회복지학. 서울: 서울대학교 출판부.

전재일 (1981). 사회사업실제의 통합적 접근방법에 관한 연구. 사회복지연구 (10).

______ (1998). 사회복지실천의 이해. 사회복지개발연구원.

전재일·이종복·조운희·이준상·이애재·이성희 (2006). 사회복지실천론. 서울: 형설출판사.

정명숙 (2007). 사회복지와 상담학. 서울: 시그마프레스.

조휘일 외 (2003). 사회복지실천론. 서울: 학지사.

조흥식·오승환·박현선·공계순·신영화·우국희·성정현·오세란·이상균·황숙연·이용표·유채영·김혜련·조성희·이현주·김용득 (2000). 사회복지실천분야론. 서울: 학지사.

천성문 외 (2013). 상담심리학의 이론과 실제. 서울: 학지사.

최금해·오정아·홍기순 (2010). 사회복지실천론. 서울: 파란마음.

최옥채 (2002). 사회복지실천론. 경기: 양서원.

최용민 (2004). 사회복지실천과 사례관리: 재가장애노인복지 서비스를 중심으로. 진각사회복지, 1(2004). 위덕대학교 사회복지연구소.

최해경 (2009). 사회복지실천론. 서울: 학지사.

한국사회복지협의회 (1994). 사회복지사전. 한국사회복지협의회.

한국전문대학사회복지교육협의회 (2005). 사회복지실천론. 경기: 양서원.

허남순·한인영·김기환·김용석 (2004). 사회복지실천 이론과 기술. 서울: 나눔의집.

홍선미 (2005). 특성화된 사회복지기관에서의 사례관리 모델링과 적용방안. 한국사회복지학회 학술대회 자료집. Vol. 2005 No. 4.

홍선미 (2006). 자활지원 사례관리 모형과 운영방안 연구. 사회복지연구, 29.

황성철 (1995). 사례관리 실천을 위한 모형개발과 한국적 적용에 관한 연구. 한국사회복지학, 통권 제27호. 한국사회복지학회.

Aguilera, D. C. (1998). *Crisis intervention: theory and methodology* (8th ed.). Mosby.

Anderson, S. & Mandell, D. (1989). The use of self disclosure by professional social workers. *Social casework, 70*(5).

Barker, R. L. (1987). *The social work dictionary*. Silver Spring, Md.: NASW.

Barker, R. L. (1995). *The social work dictionary* (3rd ed.). Washington D.C.: NASW Press.

Bartlett, H. M. (1970). *The common base of social work practice*. N. Y.: National Association of Social Workers.

Bertalanffy, L. (1968). *General system theory and human relations*. N. Y.: Braziller.

Biestek, F. P. (1957). *The casework relationship*. Illinois: Loyola University Chicago, Press.

Biestek, F. P. (1987). *The casework relationship*. Illinois: Loyola University Chicago, Press.

Bisman, C. (1994). *Social work practice: cases and principles*. Pacific Grove, CA: Brooks/Cole Publishing.

Boehm, W. W. (1958). The nature of social work. *Social work, 3*(2).

Bogo, M. (2006). *Social work practice: Cases and principles*. Pacific Grove, CA: Brooks/Cole Publishing.

Briar, S. & Miller, H. (1971). 케이스워크에 나타난 문제와 논점. 이명홍 역 (1986). 서울: 양서각.

Briar, S. & Miller, H. (1971). *Problems and issues in social casework*. N. Y.: Columbia University Press.

Brieland, D. (1995). *Social work practice: History and evolution*. In Edwards, R. L.(Eds), Encyclopedia of social work(19th ed.). Washington D.C.: NASW press.

Brill, N. I. (1985). *Working with people: the helping process*(3rd ed.). N. Y.: Longman.

Brill, N. I. (1998). *Working with people: the helping process*(6th ed.). N. Y.: Longman.

Brown, J. A. (1992). *Handbook of social work practice*. Springfield, IL: Charles. C. Thomas Publisher.

Browne, C. V. (1995). Empowerment in Social Work Practice with Older Women. *Social work, 40*(3).

Buckley, W. (1967). *System and entities*. Englewood cliffs, NJ: Prentice-Hall.

Compton, B. R. & Galaway, B. (1984). *Social work practice* (3rd ed.). Belmont CA: The Dorsey Press.

Compton, B. R. & Galaway, B. (1984). *Social work processes*. Belmont CA: The Dorsey Press.

Compton, B. R. & Galaway, B. (1994). *Social work processes* (5th ed.). Pacific Grove, CA: Brooks/Cole Publishing.

Compton, B. R. & Galaway, B. (1999). *Social work practice* (6th ed.). Pacific Grove, CA: Brooks/Cole Publishing.

Connaway, R. S. & Gentry, M. W. (1988). *Social work practice*. Englewood cliffs, NJ: Prentice Hall.

Cormier, S. & Nuriyus, P. (2003). Pacific Grove, *Interviewing and change strategies for helpers: fundamental skills and cognitive behavioral interventions* (5th ed.). CA: Thompson.

CSWE (2001). Educational policy and accreditation standards. Alexandria, VA: Author.

Dolgoff, R. & Feldstein, D. (1980). *Understanding social welfare*. N. Y.: Harper & Row.

Dorfman, R. A. (1991). *Paradigms of clinical social work*. 임상사회사업연구회 역 (1993). 임상사회사업기술론. 홍익제.

Epstein, L. (1980). *Helping people : the task-centered approach*. St. Louis: C. V. Mosby.

Flexner, A. (1915). Is Social Work a Profession?. *Research on social work practice*, *11*(2). (reprinted, 2001).

Fox, R. (1993). *Elements of the helping process: A guide for clinicians*. N. Y.: Haworth Press.

Friesen, B. J. & Poertner, J. (1995). *From case management to service coordination*.

Gabor, P. & Grinnell, R. (1994). *Evaluation and quality improvement in the human services*. Boston: Allyn and Bacon.

Gambrill, E. (2006). *Social work practice: A critical thinker's guide* (2nd ed.). N. Y.: Oxford University Press.

Garrett, A. (1998). 사회사업 면접의 이론과 사례. 경기: 한울 아카데미.

Germain, C. B. & Gitterman, A. (1980). *The life model of social work practice*. N. Y.: Colmbia University press.

_______ (1980). *The life model of social work practice*. N. Y.: Columbia University Press.

_______ (1986). *The life model of social work practice*. N. Y.: Columbia University Press.

Germain, C. B. (1976). An Ecological Variable in Social Work Practice. *Social Casework*, *57*(7).

Gilliland, B. & James, R. (1997). *Crisis intervention strategies*. Pacific Grove, CA: Brooks/Cole Publishing.

Golan, N. (1978). *Treatment in crisis situation*. N. Y.: Free Press.

Goldstein, E. & Noonan, M. (1999). *Short-term treatment and social work practice: An integrative perspective*. N. Y.: Free Press.

Goldstein, H. (1973). *Social work practice: A unitary approach*. Columbia: University of South Carolina Press.

Grinnell, R. M. Jr., Kyte, N. S., & Bostwick, G. J. (1981). *Environmental modification*. In Maluccio, A. N. (ed.), Promoting Competence in Clients. N. Y.: The Free Press.

Hamilton, G. (1940). *Theory and practice of social casework*. N. Y.: Columbia University Press.

Hepworth, D. H., Rooney, R. H., Rooney, G. D., Strom-Gottfried, K., & Larsen, J. A. (2006). *Direct social work practice: theory and skills* (7th ed.). Pacific Grove, CA: Brooks/Cole Publishing.

Hepworth, D. J. & Larsen, J. A. (1986). *Direct social work practice: Theory and skill*. Chicago: Dorsey.

_______ (1990). *Direct social work practice: Theory and skills*. Belmont, CA: Wadsworth Publishing Company.

_______ (1993). *Direct social work practice: Theory and skills* (4th ed.). Pacific Grove, CA: Brooks/Cole Publishing.

Johnson (1995). *Social work practice: a generalist approach* (5th ed.). Boston: Allyn and Bacon.

Johnson, L. C. & Yanca, S. J. (2007). *Social work practice: a generalist approach* (9th ed.). Boston: Allyn and Bacon.

Kane, R. A. (1990). *The relevance of case management*. In B. S. Fogel, A. Furino, & Gottlieb (Eds.). *Mental health policy for older Americans*. Washington D.C.: American Psychiatric Press.

Kirst-Ashman, K. K. & Hull, G. H. (1993). *Understanding generalist practice*. Chicago: Nelson-hall.

Kirst-Ashman, K. K. & Hull, G. H. (1999). *Understanding generalist practice* (2nd ed.). Nelson-hall.

Levy (1973). Value and ethics. In S. Dillick (Eds.), *Value Foundation of Social Work*. Wayne State University.

Maguire, L. (2002). *Clinical social work, beyond generalist practice with individuals, groups, and families*. Thomson Learning Inc.

Mattaini, M. A., Lowery, C. T., & Meyer, C. H. (Eds.) (1998). *The foundations of social work practice* (2nd ed.). Washington D.C.: NASW Press. 이팔환 외 공역 (2000). 사회복지실천이론의 토대. 서울: 나눔의집.

Mattison, M. (1997). Ethical Decision Making in Social Work Practice. Paper Presented at the 15th Annual Baccalaureate Program Directors Conference, Philadelphia.

McGoldrick, M., Gerson, R., & Shellenberger, S. (1999). *Genograms: Assessment and intervention* (2nd ed.). N. Y.: W. W. Norton.

Meyers, C. (1976). *Social work practice: A response to the urban crisis*. N. Y.: Free Press.

Miley, K. K., O'Melia, & DuBois, B. L. (1995). *Generalist social work practice: An empowering approach*. Boston: Allyn and Bacon.

Moore, S. T. (1990). A Social Work Practice Model of Case Management: The Case Management Grid. *Social work, 35*(5). Silver Spring, MD: National Association of Social Workers.

Moxley, D. P. (1989). *The practice of case management*. CA: Sage Publications. 김만두 편역 (1993). 홍익재.

NASW (1973). *Standards for social service manpower*. Washington D.C.: National Association of Social Workers.

NASW, Commission on Social Work Practice (1958). Working definition of social work practice. *Social Work, 3*(2).

Northen, H. (1969). *Social Work with Group*. N. Y.: Columbia University Press.

Northen, H. (1982). *Clinical Social Work*. N. Y.: Columbia University Press.

Notron, D. (1978). *The dual perspective*. N. Y.: Council of Social Work Education.

Nugent, W. R. (2008). Assessment and data collection. In W. Rowe & L. A. Rapp-Paglicci (Eds), *Comprehensive handbook of social work and social welfare Vol. III*. Hoboken, NJ: John Wiley & Sons, Ins.

Nugent, W., Sieppert, J., & Hudson, W. (2001). *Practice evolution for the 21st century*. Belmont, CA: Wadsworth.

Perlman, H. H. (1957). *Social casework: A problem-solving process*. Chicago: The University of Chicago Press.

Perlman, H. H. (1970). The Problem-solving Model in Social Casework. In W. R. Roberts & R. H. Nee (Eds.), *Theories of Social Casework*, 129-179. Chicago Press.

Perlman, H. H. (1974). *Perspectives on social casework*. Philadelphia: Temple University of Chicago Press.

Perlman, H. H. (1978). *Relationship: The heart of helping people*. Chicago: University of Chicago Press.

Perlman, H. H. (1979). *Social casework: A problem-solving process*. Chicago: University of Chicago Press.

Pincus, A. & Minahan, A. (1973). *Social work practice: Model and method*. Itasca: F. E. Peacock Publishers, Inc.

Pincus, A. & Minahan, A. (1973). *Social work practice: Model and method*. Itasca: F. E. Peacock

Publishers, Inc. 문인숙 외 역 (1988). 사회사업방법론: 통합적 접근. 보진제.

Poindexter, C. C., Valentine, D., & Conway, P. (2003). *Essential skills for human services*. Thomson.

Quinn, J. (1993). *Successful case management in long-term Care*. Springer Publishing Company.

Rapp, C. A. (1998). The Strength Model: Management with People Suffering from Severe and Persistent Mental Illness. N. Y., Oxford: Oxford University Press.

Reamer, F. G. (2000). 사회복지실천의 가치와 윤리 (고미영 외 역). 사회복지실천연구소.

Richmond, M. E. (1922). *What is social case work?*. N. Y.: Russell Sage Foundation.

Rothman, J. (1991). A Model of Case Management: Toward Empirically Based Practice. *Social Work*, *36*(6).

Rothman, J. (1994). *Practice with highly vulnerable clients: Case management and community-based service*. Englewood cliffs, NJ: Prentice-Hall.

Schubert, M. (2000). 사회복지 면접의 길잡이. 서울: 나눔의집.

Sheafor, B. W. & Horejsi, C. R. (2006). *Techniques and guidelines for social work practice* (7th ed.). Boston, MA: Pearson Education, Inc.

Sheafor, B. W., Horejsi, C. R., & Horejsi, G. A. (1994, 1997). *Techniques and guidelines for social work practice*. Needham Heights. Boston: Allyn and Bacon.

Skidmore, R. A., Thackeray, M. G., & Farley, O. W. (1991). *Introduction to social work*. Englewood cliffs, NJ: Prentice-Hall.

SSI (1991). *Care management and assessment*.

Thyer, B. A. (2008). Practice evaluation. In W. Rowe & L. A. Rapp-Paglicci (Eds.), *Comprehensive handbook of social work and social welfare Vol. Ⅲ*. Hoboken, NJ: John Wiley & Sons, Inc.

Timberlake, E. M., Farber, M. Z., & Sabatino, C. S. (2002). *The general method of social work practice: McMahon's generalist perspective*. Boston, MA: Pearson Allyn & Bacon.

Tolson, E. R., Reid, W. J., & Garvin, C. D. (1994). *Generalist Practice: A task centered approach*. N. Y.: Colombia University Press.

Turner, F. J. (1996). Social Work Treatment: Interlocking Theoretical Approaches. N. Y.: Free Press.

Will, M. & Karls, J. M. et al. (1995). *Case management in human service practice*. Sanfrancisco, CA: Jossey Bass, Inc.

Zastrow, C. (1992). *The practice of social work* (4th ed.). Belmont, CA: Wadsworth.

________ (1995). *The practice of social work* (5th ed.). Pacific Grove, CA: Brooks/Cole Publishing.

찾/아/보/기

[숫자]

[A~Z]

저/자/소/개

김향선 • 신한대학교 사회복지학과

황희숙 • 신한대학교 사회복지학과

김봉순 • 한국영상대학교 사회복지과

김현호 • 충북도립대학교 사회복지과

박영국 • 안동과학대학교 사회복지과

오정옥 • 창원문성대학교 사회복지학과

이금숙 • 신한대학교 사회복지학과

이연복 • 우송정보대학교 사회복지과

제2판

사회복지실천의 이해

초 판 1쇄 발행 2015년 12월 30일
제2판 1쇄 발행 2019년 11월 25일

지 은 이 | 김향선 · 황희숙 · 김봉순 · 김현호
박영국 · 오정옥 · 이금숙 · 이연복
펴 낸 이 | 김기섭
편 집 인 | 김민수
펴 낸 곳 | 창지사 www.changjisa.com
08589 서울시 금천구 가산디지털 1로 83 파트너스타워 1차 9층
전화 (02) 719-2211~3
팩스 (02) 701-9386
등 록 | 1977년 4월 28일 · 제1-421호

ISBN 978-89-426-1263-5 (93330)

값 19,000원

「이 도서의 국립중앙도서관 출판예정도서목록(CIP)은 서지정보유통지원시스템 홈페이지(http://seoji.nl.go.kr)와 국가자료공동목록시스템(http://www.nl.go.kr/kolisnet)에서 이용하실 수 있습니다.(CIP제어번호: CIP2019047099)」